MAXIME DU CAMP
DE L'ACADÉMIE FRANÇAISE

LE
CRÉPUSCULE
PROPOS DU SOIR

> Le temps s'en va, le temps s'en va, madame ;
> Las ! le temps, non ; mais nous nous en allons !
> RONSARD.

DEUXIÈME ÉDITION

PARIS
LIBRAIRIE HACHETTE ET Cⁱᵉ
79, BOULEVARD SAINT-GERMAIN, 79

1893

Droits de traduction et de reproduction réservés.

4266
Ex.1

LE

CRÉPUSCULE

PROPOS DU SOIR

OUVRAGES DU MÊME AUTEUR

PUBLIÉS DANS LA BIBLIOTHÈQUE VARIÉE

PAR LA LIBRAIRIE HACHETTE ET Cie

Souvenirs littéraires; 2° édition. 2 vol. in-16..............	7 fr.	»
Les Convulsions de Paris; 7° édition. 4 vol. in-16...........	14	»
Souvenirs de l'année 1848; 2° édition. 1 vol. in-16.........	3	50
Le Nil, Égypte et Nubie; 5° édition. 1 vol. in-16...........	3	50
Histoire et Critique. 1 vol. in-16...........................	3	50
Paris, ses Organes, ses Fonctions et sa Vie; 8° édition. 6 vol. in-16...	21	»
La Charité privée à Paris; 4° édition. 1 vol. in-16.........	3	50
La croix rouge de France, société de secours aux blessés militaires de terre et de mer. 1 vol. in-16......................	3	50

LE CRÉPUSCULE

PROPOS DU SOIR

AVANT-PROPOS

Figure-toi, lecteur, que ton mauvais génie....

On sait le reste. L'Opéra fait relâche, la pluie tombe à torrents ; le lecteur, qui est de mes amis, aperçoit de la lumière à travers les fenêtres de mon cabinet ; il sonne à ma porte et s'installe au coin du feu. Je ne puis, pour bien des motifs, lui donner, comme Alfred de Musset, un spectacle dans un fauteuil, mais je peux causer avec lui en lui offrant une tasse de thé. Nous sommes seuls, et le dieu Ganésa, qui n'a pour autel, chez moi, que la tablette de ma cheminée, ne nous dérangera pas : il est discret et tient modestement en main sa trompe de porphyre.

Mon hôte est mon contemporain, à six mois près nous sommes du même âge ; il combat mes idées qui ne sont point les siennes ; il me raille et je ne m'en offusque point. Il se tait, il m'écoute, je redouble d'arguments; mais au silence qu'il garde, je comprends qu'il a clos ses paupières. Dans la crainte de le réveiller par mon silence, je continue à parler, de sorte que le dialogue se termine en soliloque. Personne ne m'interrompt, rien ne m'arrête; mon contradicteur serait convaincu s'il m'entendait, mais il ne m'entend pas. Le ronron de ma parole entretient son sommeil.

En frappant minuit, le timbre de la pendule le fait sursauter. Il s'étire et s'écrie : « Tout ça, c'est du rabâchage; mais c'est égal, vous devriez l'écrire. »

C'est ce que je viens de faire, afin qu'il puisse lire ce que je lui ai dit pendant qu'il dormait.

M. D.

Janvier, 1893.

I

VESPER.

Il est une heure de la journée que je trouve douce entre toutes. Le ciel répand assez de clarté pour que l'on hésite à faire allumer les lampes, et cependant le soleil, disparu à l'horizon, l'ombre qui déjà se fait pressentir, invitent à cesser le travail. Le moment du repas n'est point venu et il n'est pas temps de reprendre les occupations du soir. On se repose en cette heure indécise qui n'est plus le jour et qui n'est pas la nuit. Elle est propice aux rêveries sur soi-même, aux évocations des faits que l'on a vécus, des pensées qui ont agité l'âme, des aspirations qui ont gonflé le cœur, des amis qui nous ont précédés sur le chemin des existences futures. On se revoit tel que l'on était, on se voit tel que l'on est, et l'on a grand'peine à se reconnaître.

Qui vive? — Celui qui fut et qui n'est plus, celui qui est et qui s'étonne d'avoir été.

Cette heure où tout se calme dans la nature, où le tumulte de l'esprit semble s'apaiser, c'est le crépuscule.

Bien souvent, enfoui dans mon fauteuil, immobile comme si je dormais, éveillé mais silencieux, soustrait au monde extérieur, le regard fixe et les mains inertes, bien souvent je suis resté si profondément absorbé par mes rêvasseries, que je n'en sortais qu'avec un effort douloureux, comme s'il m'avait fallu rompre un charme qui m'eût enchaîné. Que de chères voix parlent alors! qu'elles sont harmonieuses, malgré l'accent de tristesse dont elles sont voilées! qu'elles sont ingénieuses à faire vibrer l'écho du souvenir! Elles émeuvent, elles enchantent; on voudrait les écouter toujours. Elles ont la douceur des airs qui ont bercé le sommeil de notre petite enfance et que l'on ne peut entendre sans avoir les yeux humides.

Cette heure « de lumière douteuse », comme le dit si bien l'étymologie du mot, qui chaque jour se reproduit, apparaît aussi et se prolonge plus ou moins au cours de l'existence; elle sonne entre la vieillesse et la caducité; elle conserve encore quelque reflet des lumières d'autrefois, mais elle annonce la nuit définitive, que souvent elle précède de bien peu. Bientôt il conviendra d'allumer la dernière lampe, la petite lampe sépulcrale qui doit éclairer l'obscurité permanente, sans astre, sans aurore et où peut-être elle s'éteindra. C'est le crépuscule de l'âge, qui, lui aussi, a sa douceur, car il est fait de renoncement et de résignation.

On ne s'irrite plus, on ne récrimine pas; on est enclin à excuser les fautes d'autrui et tout blâme parait pénible ; car, au cours de la vie, on a souffert, on a été trompé, parfois même on a failli, et de là résulte la grande vertu des sages, qui est l'indulgence. Si l'on est sévère, c'est pour soi-même, car on s'aperçoit, en se racontant l'histoire de ses jours écoulés, que l'on a aimé plus pour ce que l'on donnait que pour ce que l'on a reçu, et l'on se reproche de n'avoir pas donné davantage. Le nid reste tiède et doux dans lequel l'amour — je ne dis pas le plaisir — est éclos jadis. C'est là que sont blottis les plus chers fantômes ; on les contemple avec émotion et on leur demande pardon de ne pas les avoir mieux servis et plus adorés alors que leur jeunesse illuminait la nôtre.

Au vieux homme, je le reconnais, la vigueur fait défaut ; mais la débilité venue graduellement est enveloppée d'une sorte de somnolence qui endort les forces corporelles et les maintient dans un état indécis que j'appellerais volontiers la rêverie de la matière. Une à une les joies physiques ont disparu, et l'on se souvient, non sans regret, de l'activité autrefois prodiguée. Rien ne fatiguait alors et tout lasse aujourd'hui. Une nuit passée en wagon exténue ceux qui, aux heures de la primevère, restaient juchés pendant des mois, sans défaillir, sur le dromadaire des caravanes. Au cours des années, les forces se sont épuisées par le seul fait du long usage ; l'élément vital qui les anime encore n'a plus l'énergie de les réparer ; tout effort leur est pénible, si pénible qu'il reste vain. — « As-tu remarqué, me disait un de mes vieux camarades, que les architectes font maintenant les escaliers beaucoup plus raides qu'autrefois ? — Oui, mon ami, je l'ai remarqué. »

La guenille, chère au bonhomme Chrysale, a fait son temps ; elle ne rend plus que de faibles services, tout juste assez pour démontrer qu'elle n'est pas entièrement détruite ; d'elle on n'exige plus rien, par prudence autant que par commisération ; on ne la contraint pas, on se contente de ce qu'elle donne d'elle-même, en vertu de l'impulsion originelle dont les vibrations ondulent encore par habitude plus que par volonté. Dans cette matière devenue incomplète et trop souvent souffreteuse, l'esprit a conservé son acuité, du moins il le croit. Quand même ce serait une illusion, cette illusion est si bienfaisante, qu'il serait cruel de la contredire ; vieille lanterne, mais vive lumière, que l'on ne saurait entretenir avec trop de soin. Du reste elle s'entretient d'elle-même, et si parfois, dans les heures de malaise, elle semble pâlir, elle se rallume promptement et reprend son éclat.

Dans les vieux cerveaux la bataille des idées ne prend jamais fin ; les armes sont plus courtoises qu'au début de la virilité, mais elles sont solides encore et de bonne trempe. Les aspirations sont ardentes, la foi aux grands principes de justice et de liberté est intacte, malgré les déceptions inhérentes à la vie; l'horreur des prévarications ne s'est point attiédie, le mépris des ambitions vulgaires et des intrigues souterraines n'a rien perdu de sa probité. Si l'esprit garde le silence et se complaît en ses propres conceptions, s'il ne les émet pas et les soustrait aux curiosités d'autrui, c'est qu'il n'ignore pas que les discussions sont rarement fécondes. Les idées se sont simplifiées et par conséquent fortifiées. L'élimination s'est faite d'elle-même; on dirait que l'âme s'est blutée au souffle des années; elle a rejeté les scories, les parasites, les accessoires, les inutilités, les inconsistances : frivolités où se plaît la jeunesse et qu'emporte le vent de l'âge mûr. Reste un petit nombre d'idées primordiales, très nettes, très fermes, débarrassées de tout hors-d'œuvre : cela suffit à la vie intellectuelle.

Cette lueur qui brille dans l'homme intérieur se projette avec prédilection vers le passé. La pensée se retourne et regarde en arrière. Dans la perspective de la vie parcourue qui ressemble à une longue, longue allée de cyprès, tout au bout on aperçoit une lumière : c'est le rayonnement du souvenir; clartés douces, un peu effacées, mais charmantes; on s'y attache, on les aime plus peut-être qu'il ne conviendrait, et on les contemple avec émotion, sans se rappeler qu'on les considérait dédaigneusement lorsqu'elles brillaient en toute vivacité. On y revient sans cesse, comme attiré par une force supérieure, car elles permettent de revivre avec attendrissement les jours que, bien souvent, on a vécus avec indifférence, sinon avec ennui, à coup sûr dans l'ignorance du bonheur qu'ils contenaient, et qui peut-être n'est si regretté que parce qu'il ne peut renaître. Est-on déraisonnable de se raconter, sans lassitude pour soi-même, le roman des jeunes heures envolées? Cela ne vaut-il pas mieux que de s'épuiser en conjectures et vouloir pénétrer l'impénétrable?

A quoi bon en effet regarder vers l'avenir et se hausser pour voir les années qui se préparent? L'expérience ne nous a-t-elle pas enseigné que pour le vieillard, comme pour l'adolescent, les ténèbres futures ne se déchirent jamais? L'homme n'est pas doué de prévision : nul n'est prophète, ni pour son pays, ni pour soi-même. Aujourd'hui serait horrible si l'on savait ce que demain tient en réserve; on l'ignore, et c'est un bienfait de l'ignorer. « Qui voudrait vivre, s'il connaissait l'avenir »? a dit Bernardin de Saint-Pierre. L'espérance seule donne la force d'exister.

Qu'elle est vraie, qu'elle est bonne conseillère, la devise des souffleurs du grand œuvre : *Dum spiro, spero*. Sous ce rapport, l'humanité entière appartient à Hermès : tant qu'elle respire, elle espère. Elle a droit au bonheur, puisqu'elle en a conçu l'idée; ne pouvant le rencontrer en cette vie mortelle, tout au moins ne pouvant l'y fixer, elle l'a placé au delà, dans les régions célestes des compensations et de la justice. Ces régions, l'avenir les promet, mais le passé les a décrites en ses légendes sacrées; elles ont été le berceau des premières créatures humaines; elles rayonnent d'un tel charme, que l'on en a fait le séjour où seront admises les âmes sans tache; c'est une sorte de patrie idéale, qui sera rendue aux descendants du premier couple après le long exil de la terre.

Tous, à des degrés divers, nous avons un paradis perdu: pour les uns c'est l'enfance, pour les autres c'est la jeunesse; pour tous c'est une période éloignée qu'embellissent les illusions du souvenir, où disparaissent les imperfections, les souffrances et les lassitudes. C'est comme un point lumineux que nulle ombre ne pourrait atténuer. Vu de loin et du haut des montagnes, le paysage est admirable: tout y est pondération des lignes, harmonie des couleurs, splendeur des formes, grâce et beauté. On s'extasie et l'on s'écrie : Qu'il ferait bon vivre là! Que de fois cette exclamation m'est échappée en ma vie de voyageur! Je me hâtais pour aller regarder de près la merveille qui m'avait ébloui de loin. A mesure que j'approchais, la fantasmagorie s'évanouissait : marécages, sables, landes arides, arbres rabougris, rochers rongés par la lèpre des lichens, tristesse et stérilité. Qui donc a tout changé? Est-ce une fée perverse? Non pas; la coupable, c'est la fée des lointains, la fée bienfaisante qui transmue les cailloux en pierres précieuses, les broussailles desséchées en buissons bordés d'azur, pour la délectation du sage resté à distance, jouissant de l'apparence et ne se souciant point de pénétrer dans la réalité.

C'était le bon temps, dit l'homme ; c'était le bon vieux temps, dit l'histoire ; lieux communs que l'on répète parce qu'on les a reçus des ancêtres, qui les tenaient de leurs aïeux. Ce n'est pas hier que Nestor, assis au milieu des chefs de l'armée grecque, raconte que de son temps, du bon temps de sa jeunesse, on était plus sagace, plus courageux, plus agile ; tout a dégénéré : les pierres sont lancées moins loin, les flèches frappent moins vigoureusement, la force humaine n'est plus ce qu'elle a été. C'est la manie des vieillards, c'est leur consolation peut-être de dénigrer le présent au détriment du passé qu'ils glorifient :

<blockquote>Et les fils de nos fils qui sont moins grands que nous,</blockquote>

dit le vieux Job dans les *Burgraves*.

Notre enfance personnelle a pu être heureuse, mais le temps de notre enfance n'a pas été plus heureux que le temps de notre vieillesse. C'est là ce qu'il faut savoir, car partout et toujours les misères, les déboires, les erreurs ont été le lot de l'humanité. Apprendre à souffrir, c'est apprendre à vivre.

Si, par le caprice d'une divinité moraliste et railleuse, nous étions tout à coup reportés à soixante-dix ans en arrière, au milieu des rues boueuses, mal pavées, sans trottoirs et sans becs de gaz; dans une ville sans omnibus, sans tramways, parcourue par un nombre insuffisant de fiacres sordides; dans un pays que ne traverse aucun chemin de fer et où les diligences se traînent paresseusement sur des routes effondrées; si la censure comprimait la pensée, si une part infime de la population était seule appelée à désigner les mandataires législatifs qui votent le budget, approuvent les emprunts et participent au gouvernement du pays; si les théâtres, les journaux, n'existaient qu'en vertu de privilèges toujours révocables; si le transport des lettres était onéreux, si le système des communications télégraphiques n'était même pas soupçonné, si le chloroforme n'avait point émoussé le bistouri, si Pasteur n'avait point muselé la rage, si l'hélice de nos navires ne tournait point sur les océans, si l'isthme de Suez était toujours le désert que les Saint-Simoniens voulaient percer dès 1832; si la police de sûreté était entre les mains d'un forçat libéré, si la chaîne des galériens voyageait en France à petites journées, nous serions en droit de nous écrier: Quelle horreur! Qu'est-ce que cela?

Cela, c'est le bon temps, celui d'hier; jugez de celui des siècles passés. L'homme est injuste envers lui-même et semble s'ingénier à méconnaître les progrès qu'il accomplit.

Ce regret des jours d'autrefois est sans inconvénient, et ne peut rien aujourd'hui sur la marche ascensionnelle de l'esprit humain; mais jadis il n'en était point ainsi, et cet amour immodéré d'un temps que l'on n'a pas connu a été de conséquence grave, car il en est résulté que des doctrines sans valeur ont été affublées, en vertu de leur caducité même, d'une autorité qui paraissait indiscutable et avait force de loi. « En tout, les anciens sont maîtres » : c'est là un axiome par lequel, pendant longtemps, l'esprit d'initiative a été vaincu. Pour s'y être fortement attaché, le moyen âge a failli éteindre toute clarté et plonger le monde dans la nuit. Le progrès n'a pas été arrêté — rien ne l'arrête — mais il en a été ralenti. En matières scientifiques, tout ce qui ne se trouvait pas, au moins en germe, chez les anciens, était frappé d'exclusion : eux seuls avaient découvert la vérité et l'avaient proclamée. C'était être imprudent et parfois hérétique que de la chercher ailleurs que chez eux : médecine, astronomie, géométrie, mathématiques, ils avaient tout approfondi avec une telle perspicacité, que, pour si peu que l'on s'en écartât, on sombrait dans l'erreur.

Aux jours mêmes où un souffle de vitalité a passé sur l'Europe, où elle secoue sa torpeur, où l'Amérique est découverte, où l'imprimerie apporte à la réforme de Luther une force d'expansion extraordinaire, à l'heure où tant de voiles sont déjà déchirés, cette passion du « jadis » subsiste avec énergie ; elle est le support de l'iniquité et provoque des niaiseries criminelles : c'est sur la parole d'un ancien que Galilée est condamné. Ce qui n'a pas empêché la cosmologie de faire les progrès que l'on sait, car, elle aussi, elle se meut.

Le regret du passé, à tous les degrés, est instinctif à l'homme ; je n'ai point la prétention d'échapper au sort commun. Moi aussi je regarde avec émotion vers les jours écoulés ; j'écoute leur murmure qui berce le crépuscule de ma vie, car je suis en plein cours de vieillesse. J'espère que l'arrêt sera brusque et que je n'aurai point à descendre, échelon par échelon, jusqu'aux ténèbres de la caducité : j'ai eu assez de mon enfance, je n'y voudrais pas retourner. La mort enviable est celle qui, en passant, a touché le général Chanzy, que j'aimais d'une si haute affection et qui portait au cœur un prodigieux amour de la France. Un matin on l'a retrouvé souriant, la tête sur l'oreiller : déjà il était froid. Il n'a eu ni le déclin, ni l'angoisse, ni les affres. On dirait que cette fin paisible a été la récompense de son admirable existence.

Elle est odieuse, la mort, lorsqu'elle frappe des êtres d'élite que leurs qualités auraient dû rendre immortels ; mais en elle-même elle n'a rien de redoutable. Elle m'apparaît sous forme d'une horizontalité blanche qui est la détente des efforts accumulés, le repos sans rêve, la sérénité que rien ne troublera, ni le regret de la veille ni l'inquiétude du lendemain. Les anciens ne semblent guère s'en être effrayés, eux qui ont dit : « Celui qui meurt jeune est aimé de Dieu. » On ne saurait trop se répéter la parole du Tasse mourant : « Si la mort n'était pas, il n'y aurait au monde rien de plus misérable que l'homme. »

Ce qu'il y a de laid dans la mort, ce qu'il y a de malpropre, c'est l'appareil dont elle s'entoure, c'est le cortège qui l'accompagne. Ce n'est pas la fin qui est pour faire reculer, c'est ce qui la précède ; c'est la lente décomposition de la matière, c'est la souffrance agissant comme un tortionnaire qui prolongerait le supplice pour s'en délecter ; c'est l'agonie qui dure non seulement pendant des heures, mais pendant des jours, parfois pendant des semaines. Là est l'iniquité suprême ; la physiologie l'explique, la science la commente ; la raison se refuse à la comprendre et plus d'un cœur en est révolté.

Rien n'est resté intact dans le pauvre moribond, les sentiments eux-mêmes ont été décomposés : de toutes les facultés qui avaient fait de lui un être complet et pondéré, la sensibilité de la chair seule subsiste ; la douleur physique s'en empare et en abuse jusqu'à l'exaspération. Pour les témoins de ces luttes sans merci, où l'immoralité de la nature se montre dans sa lâcheté supérieure, un soupir de soulagement se mêle au dernier râle de la victime : enfin, il ne souffre plus ! Certaines sectes annoncent le décès d'un des leurs par une phrase consacrée : Notre frère est entré dans le repos. Cela rappelle l'exclamation de Luther dans le cimetière de Worms : *Invideo quia quiescunt!* — je les envie parce qu'ils reposent !

Nous avons la manie de chercher des causes morales à toute chose, même à des accidents exclusivement physiques. Combien de malades, de femmes dévorées par un cancer, d'hommes désarticulés par l'arthrite, disent avec une conviction qui est touchante à force d'être naïve : « Je ne sais pas pourquoi je souffre tant, car je n'ai jamais fait de mal à personne. » En somme, ils ont raison de ne pas comprendre l'incompréhensible, de s'indigner contre l'injustice de la douleur et de s'étonner de l'inaction de la Providence qu'on leur a enseigné à invoquer. J'avoue que je ne suis pas plus sage que le commun des mortels. Toute souffrance physique me fait moralement horreur, car je la trouve inique. Une seule me semble justifiée, car elle précède et détermine la plus exquise des compensations : c'est celle de la mère qui oublie tout en entendant le cri, l'ineffable premier cri du nouveau né. Mais quand la mort fait son œuvre, à quoi bon la torture matérielle? Cesser de vivre devrait suffire : le reste est superflu et par conséquent féroce.

Cette souffrance de surcroît, qui semble l'œuvre d'une divinité malfaisante, explique les *Molochs* dévorateurs, altérés de sang, éclatant de joie aux supplices et que la crédulité enfantine des superstitions s'imaginait apaiser en les gorgeant de victimes humaines. — « Puisque tu ne te plais qu'aux gémissements, aux sanglots, aux maux incurables, accepte en sacrifice les meilleurs, les plus purs, les plus innocents d'entre nous, et que cela nous mérite d'être épargnés par toi, ô Dieu de haine que rien n'apaise, maître de la guerre, générateur des pestes, protecteur des lentes agonies! O Seigneur du meurtre, de la lèpre et des ulcères, détourne ton souffle et laisse-nous mourir en paix! »

Les cultes sanguinaires ont fait leur temps et ne reviendront plus; mais est-on bien certain que les créatures simples, lorsqu'elles souffrent, ne se tournent pas vers Dieu en l'accusant, en lui disant : « Que t'ai-je donc fait pour tant souffrir ? » C'est le cri de la douleur, comme le cri du bonheur est : « O! mon Dieu, je te remercie! » Cela prouve qu'en notre pauvre race les erreurs ont la vie dure, car faire remonter à la divinité, quelle qu'elle soit, la responsabilité des incidents de la vie humaine, c'est accepter la pensée qui semble naître avec le monde historique et que l'on trouve inscrite en tout chapitre des premiers livres de la Bible : L'homme est ici-bas récompensé ou puni selon ses mérites ou ses fautes, non point par le groupe au milieu duquel il vit, mais par Celui auquel un mot a suffi pour créer le ciel et la terre.

Cette conviction s'est emparée des esprits. Les croyants les plus convaincus d'une vie future et rémunératrice la subissent, s'y soumettent et font des actes de contrition et de charité, afin d'éloigner un malheur qu'ils redoutent ou de recevoir une faveur qu'ils sollicitent. Encore à cette heure, comme au temps de Jérémie, bien des gens croient que les plaies qui frappent les peuples sont un témoignage de la colère céleste, irritée du péché des hommes. Je me rappelle qu'en 1849, pendant que le choléra multipliait ses meurtres à Paris, on a prêché que l'épidémie était la punition de la révolution de Février. Couramment on disait : C'est la main de la Providence !

Pour ce qui lui paraît encore inexplicable l'homme fait intervenir la puissance mystérieuse d'où tout émane ; c'est pourquoi il a sans cesse le nom de Dieu sur les lèvres, et c'est pourquoi de toute région, en tout idiome, à tout instant, un flot de prières monte vers le ciel. Prières vaines, a-t-on dit ; il se peut ; la question est redoutable et je ne me permettrai point de la traiter. Il m'est indifférent de passer pour un esprit faible ; mais j'estime que si la prière n'atteint pas celui à qui elle s'adresse, elle n'en est pas moins bienfaisante pour celui qui prie ; ne serait-elle que le moteur de l'espérance,

elle est respectable, et c'est être peu compatis-
sant que d'en démontrer l'inefficacité. La bonne
femme qui fait brûler un cierge et s'agenouille
devant l'autel se relève plus vaillante et rassé-
rénée.

L'existence est si fertile en infortunes, qu'il faut
conserver à l'homme tout ce qui peut l'aider à la
supporter, fût-ce une inconcevable superstition.
Les simagrées, les hurlements, les danses pivo-
tantes des derviches à Constantinople et au Caire
ne m'ont point fait sourire; à Jérusalem, les lamentations des Juifs, pleurant la tête appuyée sur les
substructions du Temple, m'ont attendri; dans
le désert, je cessais de fumer lorsque mes chame-
liers priaient, prosternés dans la direction de la
Kaaba.

Tout ce qui fait du bien à la créature humaine,
tout ce qui la soulage en ses misères, tout ce qui
est comme une étape de repos en son dur chemin, est digne de respect et ne doit jamais être
raillé. Il est facile de nier Dieu, mais on ne l'a pas
encore remplacé dans le cœur de ceux qui ont
besoin d'y croire; la raison ne satisfait que le raisonnement, et le raisonnement est impuissant contre la souffrance et le désespoir. De telles opinions
ne sont point d'un philosophe; je m'en doute
et ne saurais m'en affliger, car la philosophie
n'est peut-être qu'un exercice agréable à ceux qui
en ont le goût. Apprend-elle à vivre, apprend-elle

à mourir ? Je ne sais ; à coup sûr elle apprend à discuter, ce qui est une bonne ressource le soir, en hiver, au coin du feu.

Ne sachant pas pourquoi il naît, pourquoi il existe, pourquoi il meurt, l'homme a inventé des hypothèses qui satisfont plus ou moins sa tendance irrésistible au surnaturel et son besoin de croire à la pérennité de soi-même, mais qui n'expliquent rien. A voir la quantité prodigieuse de dieux qui ont régné depuis que le monde est sorti du chaos, on est étonné de la fécondité des imaginations ; mais on peut reconnaître que chacune de ces divinités a été, en son heure, un levier d'espérance, un stimulant et un point d'appui pour l'âme humaine. Il est possible que tout ce que l'on nous a enseigné n'existe pas : il n'en faut pas moins conduire sa vie comme si tout cela existait : dans la crainte d'un châtiment, dans l'attente d'une rémunération ? Non pas ; dans le seul intérêt de notre conscience, par devoir envers nous-mêmes ; je dirai le mot brutal : par propreté pour notre âme. Toute bonne action qui vise une récompense perd de sa valeur. La véritable vertu est abstraite ; si elle se manifeste pour obéir à autre chose qu'à l'injonction intérieure, elle est diminuée.

Cette pensée est irréductible en moi ; elle me vaudra, j'espère, l'indulgence des « esprits forts » qui professent ce que Montaigne appelait « l'opinion si rare et incivile de la mortalité des âmes », opinion qu'il m'est impossible d'admettre. De celui qui vient de mourir, je dirais volontiers comme le moyen âge : *Non obiit, se abiit*, — il n'est pas mort, il est parti. C'est presque la formule de la doctrine indienne rappelée par Chateaubriand dans les *Mémoires d'outre-tombe* : « La mort en nous touchant ne nous détruit pas, elle nous rend seulement invisibles. » Sans essayer de discuter des théories et des dogmes, je m'en tiens à la formule d'Épicure que Lucrèce a interprétée lorsqu'il a dit :

Ex nihilo nihil, in nihilum nil posse reverti.

Mot pour mot on peut traduire le vers latin en un vers français :

Rien ne vient du néant, rien n'y peut retourner.

Quand même la race humaine, rejetant toute doctrine spiritualiste, s'abîmerait dans les bestialités du matérialisme, l'homme individuel, en toute circonstance grave de sa vie, ne pourrait s'empêcher de prier, ne serait-ce que par une involontaire exclamation. Une parole, une seule, est souvent une oraison complète, une invocation à une puissance supérieure et infaillible. Où vont-elles, ces prières qui, comme l'encens des souffrances et des félicités de la terre, s'élancent vers les régions espérées par la ferveur et entrevues par la foi ? Voilà bien des années que j'ai reçu une réponse à cette question, en des termes qui sont plus d'un poète mystique que d'un savant, mais que je n'ai pas oubliés. J'étais à bord d'un bateau à vapeur faisant le trajet de Malte à Syra. Nous avions doublé le cap Matapan; la nuit était venue, une nuit claire et douce, éclatante d'étoiles qui se reflétaient dans les eaux tranquilles. J'étais assis sur le pont à côté d'un jeune missionnaire, né à Vérone, à la fois enthousiaste et ascète, qui rêvait le martyre et allait le chercher dans le Béloutchistan.

Nous restions silencieux, bercés par le flot, absorbés dans la contemplation du ciel où la Voie lactée se répandait comme un fleuve de lumière. Je la montrai à mon compagnon de hasard et je lui dis : « Qu'est-ce que cela peut être ? » — Il me répondit : « Ce sont les Limbes célestes; c'est le séjour que Dieu a réservé dans l'immensité aux espérances déçues et aux prières inexaucées; il y en a tant, que nul calculateur n'a pu les dénombrer; elles sont si haut, que nul télescope ne les peut apercevoir; elles sont hors de la portée des hommes; heureusement, car il en sort de telles lamentations, que si la terre les entendait, elle mourrait de tristesse; si elles tombaient des profondeurs de l'Empyrée, où elles sont recueillies sous forme d'étoiles imperceptibles, le monde serait écrasé sous leur masse. » — Je lui dis : « Êtes-vous astronome ? » Il se mit à rire et répondit : « Non. » — Je ripostai : « Ni moi non plus. » C'est ce qui me permet de reproduire son opinion, qui, malgré mon ignorance, ne me paraît pas avoir une base scientifique sérieuse.

II

LA VANITÉ.

Lorsqu'un vieillard a failli être appelé aux destinées d'outre-tombe, lorsqu'il a traversé une crise que l'on avait crue mortelle et que, revenu à la santé, il parle des images qui s'évoquaient spontanément en lui, on constate presque toujours le même phénomène : ce qu'il a revu dans les heures où il avait perdu sa propre direction, c'est son enfance, c'est sa prime jeunesse, celle de l'initiation, de l'entrée impétueuse dans l'effervescence de la vie. Est-ce donc là ce qui a laissé dans l'âme l'empreinte ineffaçable, puisque l'homme, dès qu'il n'est plus en possession de soi-même, est hanté par les visions des exubérances de la vingtième année? On pourrait croire que la maladie en exaspère l'impression ; mais plus d'un sexagénaire solide encore et bien portant s'y reporte avec prédilection et seul, au coin du feu, souriant et soupirant, se raconte ses anciennes aventures.

Peut-être ces plaisirs ne valent-ils que par le souvenir amplifié que l'on en conserve ; et cependant, il faut bien admettre qu'à une heure donnée ils aient une importance en quelque sorte vitale, car on leur a fait plus d'un sacrifice, car on les a célébrés sur tous les tons. Pour les avoir mis en vers, des poètes ont été illustres. Aux jours de mon enfance, ces fredaines juvéniles ont eu leur chantre attitré, qui les a exaltées sans rien leur enlever de eur médiocrité. Comme elle passe la gloire de ce monde et comme l'âge mûr dédaigne les enthousiasmes de sa propre jeunesse! Je suis étonné, et depuis longtemps déjà, de la hauteur du piédestal sur lequel on avait juché l'idole que nul autrefois n'eût osé ne pas encenser.

Pindare, Anacréon, Horace, Tibulle, il ne fallait alors rien de moins pour symboliser Béranger. J'imagine que les comparaisons sont moins pharamineuses aujourd'hui et que l'auteur du *Dieu des Bonnes gens*, de la *Cantharide* et de la *Bacchante* n'est plus en si glorieuse compagnie. Parmi tant de choses qu'il a flonflonnées sur son luth, qui parfois sonnait un peu comme une guimbarde, il a placé en vedette « les plaisirs de son jeune âge que d'un coup d'aile a fustigés le temps ». Il regrette le grenier où il a vécu en son avril, car c'est là que l'on est bien « pour rêver gloire, amour, folie »; en y songeant, « sa raison s'enivre » et « il donnerait ce qui lui reste à vivre pour un des mois du temps où, leste et joyeux, il grimpait six étages ». Effet d'optique. C'est encore la fée des lointains, celle-là même qui embellit les paysages, qui pare aussi les mansardes, en les cachant si bien sous les brumes de l'imagination, qu'on ne les reconnaît plus.

Effet d'optique, effet de crépuscule : souvent c'est tout un ; c'est peut-être plaisant en couplets avec refrain, mais dans la réalité c'est abominable. J'ai connu des hommes aujourd'hui célèbres qui, à la sortie du collège, ont connu les heures du dénuement et du jeûne. Ils n'estimaient pas que « dans un grenier l'on est bien à vingt ans » ; ils ne parlaient qu'avec ressentiment de cette époque de leur vie, et quelques-uns en ont conservé je ne sais quoi de morose qui a pesé sur leur existence. L'un d'eux, dont le nom est retentissant, me disait : « Là, j'ai eu une variole morale dont je suis resté marqué. » Je dois ajouter que ses visées étaient hautes et qu'il n'en était détourné ni par la grisette près de qui l'amour est un Dieu, ni par la gaudriole, ni par le bruit des verres, ni même par l'archet de la folie.

Ils sont respectables, entre tous, ceux qui ont traversé l'enfer de la jeunesse, de la misère, de la déception quotidienne et qui en sont sortis entiers, n'ayant rien sacrifié de leur foi en eux-mêmes, n'écoutant que la parole du Dieu intérieur et marchant par-dessus tout obstacle vers le but où leur vocation les guidait. Pour ne point mourir de faim, je parle sans hyperbole, ils ont accepté l'humiliation des métiers infimes, des métiers qui répugnaient le plus à leur nature d'artiste. Ils ont été expéditionnaires dans des administrations, ils ont copié les adresses sur des bandes destinées à des prospectus ; bien plus, ils ont couru le cachet et donné des leçons à des enfants rétifs. L'un d'eux surveillait le travail nocturne des ouvriers de la salubrité et faisait des vers en escortant, par fonction, les lourds tonneaux qui s'en allaient du côté de Pantin ou de Montfaucon. Il faut avoir une âme singulièrement énergique et une robuste conviction pour résister à de telles épreuves.

Nous savons ceux qui ont triomphé des avanies du sort, nous avons entendu proclamer leur nom au milieu des applaudissements, nous avons joui de leur gloire, qui accroît celle de la France ; nous les saluons, parce qu'ils sont illustres et que leur illustration rejaillit sur le pays ; mais ceux qui ont succombé en route, ceux que leur débilité physique aggravée par les privations a vaincus, ceux qui sont morts à la peine en disant comme André Chénier : « J'avais quelque chose là », ceux qui ont été détruits avant de pouvoir se manifester et qui ont emporté dans leur tombe ignorée le secret de leur talent, peut-être même de leur génie, nous ne les connaissons pas. Ils ont disparu avant l'heure propice, tombés dans la bataille inhumaine, faits pour la lumière, ensevelis dans l'obscurité, semblables à ces soldats du premier Empire, aptes à devenir des maréchaux de France, des dompteurs de nations, des improvisateurs de victoires et qu'une balle perdue a tués alors qu'ils étaient lieutenants ou capitaines. A plus d'un l'on pourrait appliquer la vieille citation :

> .....*Et si fata aspera rumpas,*
> *Tu Marcellus eris!*

Ils n'ont pu briser les destins contraires et n'ont pas été. Qui doit-on accuser? L'homme lui-même, ou l'état social dans lequel il a vécu? En vérité, je ne sais que répondre.

Ces jours d'angoisse, où l'on vit au hasard des heures et à la fortune des minutes, ces jours de délabrement m'ont été épargnés. Je doute fort que je les eusse supportés; en revanche, les fatigues et la vie brutale n'étaient point pour m'effrayer lorsque j'étais jeune. Je serais probablement parti pour l'Algérie, j'aurais endossé le burnous rouge des spahis et j'aurais fait les chevauchées de la guerre. Plus d'un de mes camarades de collège, dégoûtés de la médiocrité de leur existence ou de la fonction qu'on voulait leur imposer, en ont fait autant et, malgré les revenants-bons du métier, coups de sabre et coups de feu, n'ont pas eu à s'en plaindre. Aujourd'hui, lorsque je les rencontre, je puis dire, en leur serrant la main : « Bonjour, mon général, comment vas-tu ? » Plusieurs sont tombés en Crimée, en Italie, en Lorraine, ont bien servi notre vieille France et n'ont pas vécu sans gloire.

Ma jeunesse n'a point connu la gêne ; dès que je fus majeur, j'ai vécu à ma guise, car j'étais orphelin et de situation indépendante. J'ai toujours aimé passionnément les lettres, mais si, au début même, il m'avait fallu en exiger le pain quotidien, je suis persuadé que j'y aurais renoncé sans esprit de retour. Il m'a été donné de pouvoir attendre ; c'est là une bonne fortune dont j'ai gardé une gratitude inaltérable envers la destinée. Je n'ai pas hésité à refaire mon instruction, sur laquelle je ne me faisais aucune illusion, malgré le diplôme de bachelier que j'avais enlevé d'emblée, mais qui ne me rassurait guère sur mon ignorance. Que de choses on pourrait dire à cet égard, si ce n'était peine perdue ! Je me contenterai de rappeler que Beaumarchais retrouvant, dans sa vieillesse, une lettre, prose et vers, écrite par lui lorsqu'il était jeune, a dit : « Il a toujours fallu refaire son éducation en sortant des mains des pédants. » Lire Virgile en Italie, Homère en Troade, Pausanias en Grèce, Champollion en Égypte et la Bible en Palestine, c'est là un bon complément pour les humanités : je le recommande à ceux qui seront de loisir, qui auront un peu de curiosité dans l'esprit et quelques écus en poche.

Ce n'est pas la seule grâce dont je sois redevable envers le pouvoir mystérieux qui distribue les dons au jour de la naissance. J'ai été naturellement exempt des deux passions qui, entre toutes, dépriment l'homme, le poussent à l'abîme et l'abrutissent. J'ai eu ce bonheur que le jeu m'ennuie ; il en résulte que je n'ai jamais joué, si ce n'est à la bataille, quand j'avais six ans, avec « ma bonne », qui me trichait. Je n'y ai aucun mérite, car je n'ai pas eu à lutter contre de mauvaises suggestions. Que de fois, recevant les confidences, écoutant les lamentations de quelque camarade effaré, j'ai eu pitié des pauvres gens qui ne savaient point se résister et succombaient à des tentations plus fortes que leur volonté ! On m'a dit souvent : « Je vous plains de ne point connaître ces émotions qui centuplent la vie. » Si elles centuplent la vie, elles l'empoisonnent, et je n'en avais que faire. Par une double bonne fortune, je n'ai pas plus de goût pour la boisson que d'attrait pour le jeu.

Que l'on ne se récrie pas et qu'on ne vienne pas hypocritement dire : Fi donc ! c'est là un vice populacier. C'est un vice humain. Nulle classe sociale n'y a échappé d'une façon absolue ; la qualité des boissons peut différer, mais le résultat est le même : vin d'Argenteuil, grand vin de Bordeaux retour des Indes, vin de Chypre, de Johannisberg, de Champagne ou de Romanée, piquette de Brétigny qui fait danser les chèvres, c'est tout un quant à l'effet, c'est tout un quant à la cause. La science commence à reconnaître que c'est une maladie : l'alcoolisme. Je crois que la science a raison. Quelle maladie digne de commisération et quel homme de génie que celui qui en découvrira le remède ! Si, jusqu'à un certain point, on l'excuse chez le malheureux qui n'a d'autre joie que de « s'étourdir » en buvant une gaieté factice, que penser des gens bien nés, instruits, auxquels nul honnête plaisir n'est interdit, et qui trouvent là je ne sais quelle jouissance suprême, qu'ils recherchent au lieu de la rejeter avec dégoût ?

Ni le rang, ni la fortune, ni l'éducation n'en garantissent, et de hautes intelligences y ont sombré. J'ai connu le descendant d'une de nos grandes familles historiques, qui roulait volontiers sous la table ; je pourrais nommer un millionnaire qui se grise, — pour être exact, — qui se soûle avec ses palefreniers ; il est telle femme du monde, correcte d'allures et distinguée, qui s'enferme et boit jusqu'à ce que sa femme de chambre la ramasse et la couche. O vous qui jamais n'avez bu plus que de raison, bénissez les Immortels, ils ont tourné vers vous des yeux bienveillants !

J'ai toujours eu en dédain les chansonniers dont la muse titubante célèbre le jus divin, le sang de la treille, les dons de Bacchus, « les joyeux drilles et les francs lurons ». Ils sont nombreux, en toute langue, les refrains à hoquets rimés pour la plus grande gloire de ceux que Rabelais nommait les « humeurs de piot », et ce n'est point à l'honneur de la poésie cosmopolite. Il serait mieux de reconnaître que toute ivrognerie est crapuleuse et qu'elle met l'homme de plain-pied avec la brute. Des races entières périssent du mal d'eau-de-vie : regardez du côté des Peaux-Rouges, bientôt ils ne seront plus.

Dans un couvent situé non loin d'Agré Dagh, qui est le mont Ararat, un moine arménien m'a raconté une légende qui peut n'être pas déplacée ici. Lorsque Ève et Adam eurent détaché et mangé la pomme, ils furent subitement doués de connaissances qu'ils n'avaient point soupçonnées et dont le Seigneur Dieu fut inquiet. Au vingt-deuxième verset du troisième chapitre, la Genèse nous enseigne qu'il a dit : « L'homme est devenu comme l'un de nous, sachant le bien et le mal. » Craignant que l'homme ne fût semblable aux Dieux, ainsi que le serpent l'avait promis, l'Éternel créa la vigne afin qu'il devînt semblable aux bêtes. Le bon moine, caressant sa longue barbe noire et faisant ronfler son narguileh, me regarda avec malice et ajouta : « Dieu était en cas de légitime défense, je le reconnais ; mais j'ai peur qu'il n'ait dépassé le but, car, malgré sa prescience, il n'a pu deviner que l'on mettrait la fureur et la folie en bouteille. » Ayant dit cela, il avala un verre de raki et fit claquer sa langue.

Ces deux vices, ces deux maladies dont le remède pourrait bien être simplement un effort de volonté persistant, n'ont point enlaidi « les plaisirs de mon jeune âge », qui se sont traînés entre la médiocrité des choses et la banalité des relations. Ce qui a été plaisirs proprement dits, aux heures de mon printemps, ne m'a point laissé de bons souvenirs, et ma mémoire n'aime pas à les évoquer, car je sais aujourd'hui ce que j'ignorais alors. Dans ma bonne foi encore imberbe, j'étais persuadé que je ne cherchais qu'à me divertir ; mais à cette heure où l'ensemble de ma vie m'apparaît, où j'en puis relever les étapes et compter les relais, je reconnais que, pendant l'époque qui suivit la fin de mes classes et précéda mon entrée dans l'existence réelle, mes plaisirs, ou ce que l'on appelait ainsi, eurent surtout pour mobile un sentiment peu recommandable : la vanité. La vanité irraisonnée du jeune homme qui ne s'est pas encore complètement débarrassé des gangues de l'enfance, qui ne sait rien de la vie, n'en apprécie que la surface et se prend aux apparences où il voit des modèles qu'il brûle d'imiter.

L'écueil est périlleux ; je n'y ai pas sombré, mais je m'y suis heurté et j'en ai conservé quelque rancœur contre moi-même. S'afficher en certaines compagnies, non point parce que l'on s'y plaît, mais parce qu'elles sont suffisamment mauvaises pour flatter l'amour-propre des novices et des niais; rivaliser de sottise avec les plus futiles et d'extravagance avec les plus frivoles ; outrer les modes, par conséquent les ridicules de son temps ; s'astreindre à des lieux de promenade, à des spectacles, à des façons d'être, réglés, déterminés par un engouement inexplicable; ne vouloir dîner qu'en tel endroit, parce que c'est de bon ton; ne consentir à occuper que telle place au théâtre, parce que « c'est bien porté » : en vérité ce n'est pas là « s'amuser » comme il convient à la franche jeunesse; c'est jouer un personnage, c'est faire l'important au détriment de sa propre satisfaction, c'est exciter les quolibets de ceux dont on cherche à se faire admirer, c'est être un sot. Je l'ai été, pas trop longtemps, mais assez pour m'en vitupérer lorsque j'y pense.

Plus d'une fois je me suis senti subitement rougir, lorsqu'un soubresaut de ma mémoire me rappelle quelque sottise de ma vingtième année. Il m'arrive d'en sourire, le plus souvent j'en reste confus et mal à l'aise : est-il possible que j'aie été aussi nigaud? Toute cette période m'apparaît alors comme une sorte de bal masqué que j'aurais traversé avec un faux costume, un faux nez, de faux sentiments et surtout de fausses sensations. A cet âge l'équilibre mental est-il complet? Pour beaucoup l'on en peut douter. Dans l'exubérance même de la jeunesse il y a souvent plus qu'un grain de déraison. Et cependant est-il donc si digne de blâme le bachelier qui, son diplôme en poche, s'imagine qu'il en a fini avec tout apprentissage, qu'il a droit à la vie et que le monde va lui faire place? Il a passé huit ou neuf ans au collège, dans un milieu qui, de 1830 à 1840, participait de la caserne et du couvent; là il a vécu forclos de l'existence sociale; on lui a enseigné beaucoup de belles choses qui ne lui seront d'aucune utilité pratique au cours de sa vie, mais il n'a rien appris des usages du monde, et pour cause; il ne saura point se protéger, car on ne lui a pas indiqué les périls; non seulement on ne l'a pas armé pour le combat, mais on ne l'a même pas averti qu'il aurait à combattre. Il est sans défense et sans défiance.

Tout le monde — pédagogues et parents — semble s'être donné le mot pour lui masquer la vie. Le plus souvent à ses questions on a répondu : Tu sauras cela plus tard. Non seulement il ignore la vie, mais — ceci est plus grave — il se la figure; pour mieux dire, il la défigure, car celle qu'il imagine ne ressemble en rien à celle qui est. Lecteurs, souvenez-vous de vos dernières années de classes, dites si la vie a répondu à l'image que vous vous en étiez faite et que l'on s'était complu à vous en faire, sous prétexte qu'il ne faut pas porter atteinte aux illusions de la jeunesse. C'est charmant, la voix des illusions; mais déjà au temps d'Homère c'était le chant des Sirènes qui conviait au naufrage.

Donc le garçon frotté de grec, bourré de latin, badigeonné de philosophie, empêtré de rhétorique, ébauché d'histoire et teinté de quelque science, en somme fort ignorant, car l'on n'a guère exercé que sa mémoire, arrive en Sorbonne, le cœur battant. Ému jusqu'à l'angoisse, il s'assoit devant quatre honnêtes gens qui n'ont jamais causé préjudice à personne et qui cependant ont fait bien des malheureux. On l'interroge : il traduit trois vers de Sophocle, six lignes de Tacite, il ne confond pas Molière et Corneille, il reconnaît, avec bonne foi, que Louis XIV est mort en 1715, il fait une multiplication et démontre qu'une sécante est une ligne droite qui coupe une circonférence en deux points. Il n'a commis qu'un nombre toléré d'erreurs ; il est reçu : *Dignus, dignus est entrare !* On lui délivre un parchemin embelli de sceaux et de signatures : coût cent francs.

Il est libre. De l'obscurité scolaire, il passe subitement au plein soleil et reste ébloui. S'il fait quelques écoles, ce n'est peut-être pas lui qu'il convient d'en accuser, mais le système d'enseignement, c'est-à-dire l'absence d'éducation qu'il a dû subir. En une seule année, en moins d'une année souvent, il la fait, cette éducation dont on s'était ingénié à lui cacher les ressorts ; mais toute expérience se paye, il l'apprend à ses dépens et constate qu'Émile Augier a eu raison de dire dans *les Lionnes pauvres* : « On fait ses classes au collège, on ne fait ses humanités que dans le monde. » Et il en sera ainsi tant que la paternité et la maternité, pour mieux sauvegarder la liberté de leurs allures, procéderont par délégation : ça commence par la nourrice, ça continue par la bonne, ça se prolonge par l'institutrice, ça se termine par l'internat; en somme ça ne dure guère que dix-neuf ans. Ai-je besoin de dire que ce reproche ne s'adresse qu'aux gens dont la fortune et la situation permettent les sacrifices en faveur et pour le plus grand bien de l'enfant? Il ne manque pas de jeunes hommes instruits et vaillants dont on ferait d'excellents répétiteurs pour l'écolier qui, suivant en externe les cours d'un lycée, resterait en contact permanent avec la famille, près de laquelle il prendrait des habitudes correctes et épellerait au moins la préface de la vie. Je crois que l'on pourrait ainsi éviter aux très jeunes gens bien des sottises et bien des déceptions.

Ces sottises, j'en ai commis quelques-unes et j'en ai vu commettre beaucoup; je me hâte de dire qu'elles ne tiraient point à conséquence et que plus d'un viveur en aurait souri. Elles n'en sont pas moins restées désagréables à mon souvenir, parce qu'elles étaient bêtes et, je le répète, entachées de vanité. Ce sont, en quelque sorte, de petites maladies morales auxquelles on n'échappe que bien rarement et qui sont à la jeunesse ce que la rougeole est à l'enfance. Une locution vulgaire exprime bien cet état de l'éphèbe longtemps comprimé par la claustration scolaire et tout à coup délivré; on dit : Il jette ses gourmes. S'il les jette, c'est au mieux, à la condition qu'elles ne reparaîtront plus ; mais s'il les garde, quelle misère et quelle dérision ! Lorsque, par malheur, il a pris le goût de ces plaisirs médiocres où les sens et un amour-propre peu exigeant trouvent leur pâture, si l'habitude dégénère en besoin, il est perdu ou bien près de l'être. S'il n'est qu'inutile, ce sera demi-mal ; en tous cas, l'exemple qu'il donne sera nuisible.

Il restera prisonnier des futilités qui constituent le fond même de ce qu'un singulier euphémisme appelle la vie élégante, et s'il veut, par hasard, s'en évader pour regarder vers une chose sérieuse, il s'apercevra que ses facultés atrophiées n'en ont plus la compréhension. A défaut de la jeunesse promptement disparue, car elle ne s'attarde pas près de ceux qui ont abusé d'elle, il en voudra simuler les apparences et se vieillira d'autant plus qu'il fera son visage, teindra sa barbe et exagérera la juvénilité de son costume. Qui de nous n'a pas réprimé un sourire en voyant les fioritures dont un vieux beau peut orner son visage ? Les onguents, les pommades, les élixirs, n'y font rien : on a toujours le corps de son âge ; en avoir l'esprit est plus difficile, et lorsqu'on ne l'a pas, il semble que la vieillesse, outrée du dédain qu'on lui témoigne, se venge et s'acharne contre le malavisé qui n'a point voulu d'elle. Le type même de ces Jézabels mâles a réjoui Paris pendant la durée du second Empire : mes contemporains n'ont point oublié certain duc de Brunswick, ses perruques, son fard et le trait d'antimoine dont il bordait ses yeux. Il ressemblait à un convive du festin de Trimalcion.

Aucun des jeunes hommes que j'ai côtoyés à l'heure des plaisirs faciles, n'est descendu à ce degré de ridicule ; ceux qui résistent encore et que je rencontre aujourd'hui, s'appuient volontiers sur une canne qui n'est point une badine ; ils ont de belles barbes blanches et ne cherchent point à dissimuler leur calvitie ; ils ont compris qu'il est sage d'aller au-devant de la vieillesse et de lui faire bon accueil. C'étaient des garçons d'entrain ; mais ils n'étaient ni vicieux, ni bêtes, tant s'en faut, et la plupart avaient des qualités maîtresses qui leur ont permis de faire bon chemin dans la vie par la diplomatie, par la politique, par le ministère des finances et par l'épaulette. En traversant le ruisselet de la première jeunesse, ils n'ont jamais perdu pied, et le terrain sur lequel ils ont marché a été un terrain solide, fait pour porter des gens d'esprit droit et de cœur honnête. Lorsque le hasard nous met en présence, nous causons des choses du passé ; nous sourions avec indulgence au souvenir des fredaines d'autrefois, mais je remarque que ceux qui ont des enfants sont plus sévères pour leurs fils qu'ils ne l'ont été pour eux-mêmes.

Il est un de nos anciens compagnons, qui n'est plus de ce monde, dont nous parlons avec regret, car il était digne d'affection, et avec d'inévitables éclats de rire, car il était doué d'une vanité qu'il éleva jusqu'au comique, quoiqu'il ait joué souvent sa vie pour la défendre ou pour la faire respecter. Je ne le nommerai pas ; mais comme, pour en parler, je dois lui donner un nom, je le baptiserai à l'aide du calendrier de la *Nouvelle Héloïse* ; je dirai donc qu'il se faisait appeler Saint-Preux. Il était d'extraction fort commune, issu d'honorable petite bourgeoisie, mi-partie négoce, mi-partie robe, et devait à son acte de naissance un nom d'une rare vulgarité. Dès qu'il fut hors du collège, il rejeta avec humeur ce nom qui lui déplaisait, quoiqu'il l'eût entendu proclamer à la distribution des prix du concours général, et il en changea. Il n'y mit point de mystère. Un soir que nous descendions de cheval en revenant du Bois de Boulogne, il nous dit : « Je vous préviens que dorénavant je m'appelle Monsieur Saint-Preux. » Six semaines après, il était M. de Saint-Preux. En goguenardant nous le félicitâmes de sa promotion ; il fut bon prince et nous répondit : « La particule est plus convenable » ; ce n'était que pour se mettre en goût, car il ne devait pas s'arrêter là.

Quelques mois plus tard, il arriva chez moi un matin avec l'air d'un homme préoccupé d'une idée grave. Comme il était assez prompt de l'épée, je crus qu'il avait eu quelque querelle et qu'il venait me demander de lui servir de témoin. Je me trompais : qui ne se serait trompé ? Il s'assit et, sans sourciller, il me dit : « Vous êtes de bon conseil et je désire vous consulter sur une résolution que je vais adopter et sur la forme que je dois lui donner, car je suis encore indécis. Veuillez m'écouter, la chose en vaut la peine. Je suis Monsieur de Saint-Preux, mais cela ne me suffit pas. Il n'est aujourd'hui si mince croquant qui n'ajoute un *de* à son nom; il m'est désagréable d'être confondu avec ces espèces. Je vais prendre un titre, mais lequel ? Je vous avouerai que mon embarras est extrême ; j'hésite, conseillez-moi. Le marquis de Saint-Preux, c'est bien ; le comte de Saint-Preux, ça n'est pas mal ; je vous prie, tirez-moi de perplexité ; à ma place que feriez-vous ? » — Je répondis : « L'un et l'autre sont de résonance agréable et l'on peut en être satisfait ; mais tous deux offrent un inconvénient qui n'est pas sans gravité : la Restauration a fait des marquis, l'Empire a créé des comtes ; ne craignez-vous pas que, si vous choisissez un de ces deux titres, on ne s'imagine que vous êtes de noblesse récente ? — Eh ! parbleu ! s'écria-t-il, je sais bien que c'est là l'objection, mais on peut l'adresser à presque tous les titres ; il est certain que je préférerais être sénéchal, mais il n'y a pas à y songer. Voyons, faisons une répétition, cela nous aidera peut-être à bien choisir. » Il sortit, ferma la porte, la rouvrit et annonça : « Monsieur le marquis de Saint-Preux ! » — Je dis : « L'impression est favorable. » Il recommença le même manège : « Monsieur le comte de Saint-Preux ! » Je dis : « Ma foi, j'opine pour le comte ; c'est du reste un titre de noblesse d'épée et que le théâtre a moins raillé que celui de marquis. — Vous avez raison, me répondit-il ; adieu et merci, je vais commander mes cartes de visite. »

Il vivait dans un milieu ironique et batailleur, on se moqua de lui, il se fâcha ; après son troisième duel on le laissa tranquille et le titre lui fut acquis, si bien qu'il le porta pendant la durée de son existence et qu'on le peut lire sur son tombeau. J'ajouterai que c'était un homme de courage et de grand talent.

Est-il le seul, dans le monde parisien, qui ait reçu des lettres de noblesse de sa propre chancellerie ? De ces vanités de la jeunesse en son aurore subsiste-t-il quelque chose aux heures du crépuscule ? J'espère que non, mais je n'en répondrais pas.

III

L'ANTAGONISME.

Lorsque j'avais vingt ans, les vieillards étaient unanimes à reconnaître que les hommes de mon âge étaient fous; à l'heure qu'il est, mes contemporains proclament que les jeunes gens n'ont pas le sens commun. Refrain suranné, que chaque génération entend chanter sur le même air; cela ne change rien à l'ordre des choses, surtout dans notre pays de France, où le paradoxe du matin est souvent le lieu commun de la soirée. Je crois que les vieillards d'aujourd'hui ne sont pas plus clairvoyants que les vieillards d'autrefois, et que les regrets du temps passé ne justifient pas le dénigrement du temps présent.

Je me souviens d'un ami de ma famille, excellent homme, pris en Russie avec la division Partouneaux dont il commandait une brigade, grand ergoteur, détestant l'odeur du tabac et déclarant que, s'il était « gouvernement », il enverrait les jeunes fumeurs aux compagnies de discipline. Il parlait de tout avec autorité, comme s'il eût commandé une marche en échelons pour enlever une redoute. En matière d'art, de littérature et même d'histoire, il lâchait des hérésies contre lesquelles je me hérissais, car alors je n'avais point la riposte lente. Il me regardait, levait doucement les épaules, souriait avec quelque commisération et me répondait : « Mon garçon, attends que tu aies fait la guerre pendant vingt ans, avant de te permettre d'avoir une opinion. » Je n'ai jamais pu en tirer d'autre argument. Ce vieux brave, — je n'ose dire cette vieille culotte, — se satisfaisait de peu, car bien souvent il m'a dit : « Si je redresse tes idées, c'est parce que je t'aime beaucoup : quand tu auras fait vingt ans la guerre »... *vide supra*.

Les hommes d'intelligence supérieure n'échappent point à ce travers, qui semble être le produit même de l'âge. « Je meurs avec l'Europe, » écrivait Joseph de Maistre en 1821. Bah ! petit bonhomme vit encore; Joseph de Maistre ignorait-il donc que décès et transformation sont choses différentes? Croire que tout meurt parce que l'on va mourir, c'est vraiment s'attribuer trop d'importance et c'est se diviniser plus qu'il ne convient. Faire de son *De profundis* individuel un *De profundis* général est peut-être excessif, quelles que soient les illusions que l'on se soit faites sur soi-même ; nul n'est la clef de voûte d'un monde et le monument n'est point compromis parce qu'une pierre s'en détache. Il y a quelque chose de maladif dans ce besoin de rapporter tout à soi-même et d'absorber la destinée. Ce fut la manie de Chateaubriand. Il sonne le glas de son temps et de son pays ; il prophétise les destructions ; sur tous les murs il écrit : *Mane, thecel, pharès* ; du haut de ses déceptions, il hulule, il se lamente ; il se cantonne dans les ruines du petit coin de l'histoire à laquelle il a été mêlé, et s'imagine que tout est détruit, que tout est pulvérisé, parce que sa tête branle de vieillesse et qu'il a des rhumatismes. La note lugubre de ces nénies assombrit son œuvre ; elle donne à son talent quelque chose de monotone et d'emphatique qui en atténue la valeur.

Il a écrit : « A l'époque actuelle tout est décrépit en un jour ; qui vit trop meurt vivant. » Oui, certes, mais pour celui-là seul qui ne vit que de soi-même, qui compte les pulsations de son cœur en se figurant que c'est celui de l'humanité, qui, semblable au solitaire de l'Hindoustan, s'hypnotise dans la contemplation de son nombril, qui s'adore et ne daigne pas abaisser les yeux sur le reste des mortels. Cette maladie de la sénilité, on peut la guérir. Comme la voie Appienne, la route de la vie est bordée de tombeaux, je le sais autant que personne ; mais jetez les yeux plus loin, sur les terrains qui vont être peuplés, et comptez les berceaux où vagit l'avenir. Il faut avoir le courage de rompre le charme qui retient attaché à la préoccupation personnelle ; au lieu de n'avoir pour souci que de se regarder mourir et de se pleurer, il faut regarder vivre les autres.

Le spectacle en vaut la peine; il est d'enseignement fécond, car il constate la marche incessante du progrès, — ô pessimistes, ne me lapidez pas! — et de l'amélioration. Je prends pour point de départ la date de ma naissance : 1822. Énumérez les découvertes, les grandes œuvres, les grands hommes; calculez le prodigieux effort accompli : la face et le cœur du monde en ont été renouvelés, tellement que si un homme, mort le jour où je suis né, revenait tout à coup sur terre, il mourrait de surprise ou deviendrait fou en présence du spectacle qu'il aurait sous les yeux. Nous y sommes accoutumés et n'y faisons pas attention ; nous vivons au milieu de notre propre histoire et nous la dédaignons; mais cette histoire, si nous en lisions un récit d'ensemble, au lieu de la voir se composer devant nous détail par détail, cette histoire nous arracherait un cri d'admiration. Nous exaltons le seizième siècle, nous célébrons la grandeur du siècle de Louis XIV: ce sont deux siècles enfantins si, sans opinion préconçue et sans esprit rétrograde, on les compare au nôtre.

Je sais bien que j'ai vieilli pendant qu'éclataient toutes ces merveilles dont je profiterai jusqu'à mon heure dernière. Eh bien! qu'est-ce que cela fait ? Le jour où je disparaîtrai, il y aura un vieil homme de moins, voilà tout. Pour si peu, est-ce donc la peine de prendre les Dieux à témoin et de s'imaginer que « tout est décrépit en un jour » et que l'on meurt avec ou sans l'Europe? Phraséologie de Narcisses littéraires, éperdus d'amour pour eux-mêmes, et qui ne s'aperçoivent pas qu'en croyant faire l'oraison funèbre d'une société, d'une civilisation, d'un monde, c'est la leur qu'ils prononcent par excès de vanité. Ils invectivent leur époque, mais ils sont désespérés d'en être éliminés par l'âge, mais ils redoutent les ténèbres où ils vont entrer et où ne rayonnera plus l'éclat de leur amour-propre. Si, au lieu de ne songer qu'à eux, ils avaient pu s'oublier et penser aux autres, ils auraient moins souffert et auraient compris la grandeur de leur temps; ils n'auraient point médit des jeunes générations et douté de l'avenir qu'ils condamnent à la médiocrité, sinon à la nullité, parce qu'ils n'en feront point partie.

Ce n'est pas une des moindres infirmités de la vieillesse que cette myopie égoïste qui empêche de voir autour de soi; on en souffre et l'on en fait souffrir les autres. Comme tout ce qui est injuste, la négation systématique est douloureuse, et lorsque, sous prétexte de regrets, elle englobe toute une période, elle devient absurde. Les bonnes gens qui, ayant outrepassé la soixantaine, ferment résolument les yeux aux œuvres d'aujourd'hui, se voilent la face, lèvent les bras au ciel et crient : *O tempora! o mores!* ces bonnes gens, à force de se tourner vers les choses d'autrefois, en ont contracté je ne sais quelle raideur qui les empêche de se pencher vers les spectacles immédiats : c'est le torticolis du souvenir. Ils sont sincères dans leur erreur et c'est de bonne foi qu'ils accusent la race encore adolescente d'être dégénérée, pour ne dire déjà décrépite. Ils oublient, ces prophètes de la désespérance, qu'aux environs de leur majorité, alors qu'ils étaient joyeux et en éclosion de leurs passions nouvelles, à table, au dessert, à côté de camarades trop désaltérés et de jeunes personnes moins farouches que décolletées, ils oublient qu'ils ont chanté la vieille chanson :

> Les enfants de nos enfants
> Auront de f... grands-pères.

Ils oublient surtout que ces grands-pères ne sont autres qu'eux-mêmes. On peut conclure qu'il convient, lorsque l'on est vieux, de se rappeler que l'on a été jeune : je reconnais que pour plus d'un cela n'est pas facile.

Chaque époque a sa grandeur, sa gloire et ses joies; il ne suffit pas de ne pouvoir en jouir pour s'arroger le droit de les nier. J'imagine qu'ils étaient succulents les raisins que le renard trouvait trop verts. Les dyspeptiques ont coutume de prêcher la sobriété. Quelle est la vieille femme qui n'ait dit, qui n'ait cru que les jeunes gens ont perdu toute habitude de galanterie. S'accommoder du temps où l'on vit, c'est un grand art; s'accommoder de son âge, c'est preuve de sagesse. Il n'est période si terne qui n'ait sa lumière; il n'est vieillesse si lourde que ne puisse soulever quelque contentement qui ranime l'esprit et réchauffe le cœur. Plus que les jeunes gens, les vieillards tiennent à l'existence; ils ne la trouvent donc point stérile; pourquoi donc essayent-ils souvent de le laisser croire? Qu'ils déplorent d'avoir vu fuir leurs jours d'énergie et d'amour-propre satisfait, cela se conçoit et je n'y trouve pas à redire; mais se figurer que l'on ne sait plus vivre, aimer, combattre et travailler, comme jadis ils ont travaillé, combattu, aimé, vécu, c'est une aberration qui démontre simplement qu'ils sont devenus incapables de faire ce qu'ils faisaient dans « le bon temps ». S'ils peuvent s'abstraire de leurs réflexions grognonnes, ils reconnaîtront que le parfum des roses est toujours exquis, que le soleil est toujours le bienfait de la nature et que toujours il est bon d'aimer. Ils reconnaîtront également que le déclin d'un individu ne touche en rien à la vitalité d'une époque. Au lieu de morigéner les jeunes gens et de leur dire : « De mon temps on était plus généreux, plus fort et plus beau! » ils leur diront : « Courage à la vie et, si vous le pouvez, faites mieux que nous n'avons fait. »

Qu'ils écartent le bandeau que l'âge rancunier a mis sur leurs yeux, et l'éloge leur viendra naturellement aux lèvres, car jamais on n'a plus, on n'a mieux travaillé que maintenant; jamais l'émulation n'a été plus active, jamais la haute ambition de bien faire n'a été plus puissante. Comptez les élèves qui se pressent dans l'amphithéâtre des écoles spéciales, vous serez étonné de leur nombre et de leur assiduité. C'est une foule. Sous peine d'encombrement, il faut la tenir à distance, et c'est pourquoi les programmes d'examen se chargent tous les jours de matières nouvelles, de façon à former obstacle devant des carrières que l'on ne peut laisser envahir et qui ne s'entr'ouvrent que par la plus sévère des sélections. Cours libres et cours obligatoires sont aussi suivis les uns que les autres; les étudiants s'associent pour multiplier leurs moyens de travail; les bibliothèques publiques sont assaillies : les journées ne suffisent pas aux lecteurs, on y ajoute les soirées.

Non, il n'est pas juste de contemner la jeune génération; elle semble ne rien répudier des tâches de la vie, elle ne boude pas devant le devoir de la culture intellectuelle et, sans défaillance, elle accepte la charge du service militaire qui recule de plusieurs années l'instant où le labeur rémunéré pourvoira aux besoins de l'existence; d'un cœur vaillant elle s'offre aux sacrifices, et se tient prête à répondre : Me voilà! lorsqu'elle sera appelée. Les grands-pères se sont acheté un homme jadis, lorsqu'ils ont été pris par la conscription : j'en sais quelque chose; ce qui ne les empêche pas de trouver que la jeunesse est molle au travail et trop encline au plaisir. La jeunesse s'amuse, et elle a raison de s'amuser; elle se trémousse dans certains bals, comme on se trémoussait à la Grande Chaumière, au bal Mabille, au Ranelagh; elle fait des monômes : nous en faisions; elle est tapageuse, turbulente, parfois agressive : nous l'étions autant; elle turlupine ses maîtres : nous respections bien peu les nôtres; si je citais le nom des professeurs que l'on a fait « sauter » en Sorbonne, au Collège de France, à l'École de Médecine et ailleurs, je n'en finirais pas.

Quelques-uns, comme Hippolyte Royer-Collard, prenaient leur mésaventure avec esprit; d'autres, comme Sainte-Beuve, ne s'en sont point consolés. Un des meneurs du « boucan » qui força l'auteur des *Rayons jaunes* à descendre de sa chaire est en ce moment l'un de nos plus laborieux députés et l'un de nos plus alertes écrivains. Non, la jeunesse qui fleurit aujourd'hui ne fait rien que nous n'ayons fait autrefois, car pas plus qu'elle nous n'étions nés podagres, sourds et rhumatisants. Elle est souvent excentrique, baroque, dévergondée dans ses allures : laissez faire, les années suffiront à la dépouiller de toute originalité et à lui infliger l'aspect uniforme qui réjouit les âmes bien pensantes. N'ayez souci, elle ne durera pas, elle se modifiera, elle aussi elle vieillira, et alors elle aura tout loisir, à son tour, de grommeler entre deux quintes de toux. Les sottises que font les jeunes gens, nous les avons faites, et de même que nous rabâchons, ils rabâcheront plus tard; de sorte qu'au bout de la vie, quand on fera l'addition, on trouvera total égal. Si l'on m'avait dit cela lorsque j'étais jeune, je ne l'aurais pas cru : ce qui me fait supposer que les jeunes gens d'aujourd'hui ne me croiront pas.

Vieillesse et jeunesse n'ont du reste rien à s'envier : elles peuvent, sans compromettre leur dignité, se donner la main; elles sont aussi injustes l'une que l'autre. Si les aînés doutent de la valeur des cadets, les cadets ne se gênent point pour faire des gorges chaudes de leurs aînés. « Jeunes écervelés, disent les premiers. — Vieilles perruques, » répondent les seconds. Les sous-lieutenants estiment que le colonel est une « baderne » et les aspirants de marine affirment que l'amiral est un « pot à tabac ». Ainsi va le monde, ainsi il a été, ainsi il ira : c'est son allure, et, en vérité, il n'en va pas plus mal. Si le travers des vieillards est de dédaigner les jeunes gens, le travers des jeunes gens est de nier les vieillards. Ce n'est pas hier qu'Élihu, fils de Barakuel, disait à Job : « Les gens âgés ne sont pas des sages, et les vieux manquent de jugement. » Ne dirait-on pas, en vérité, que chacun s'imagine que le monde a été créé pour lui?

Lorsque nous avions vingt ans et que nous venions de sauter sur la croupe déjà fatiguée du Pégase romantique, tout ce qui avait précédé l'avènement de la nouvelle école nous paraissait à peine digne d'être cité ; quelques rares exceptions admises avec réserve en faveur de Ronsard, de Philippe Desportes, n'étaient point pour nous faire accuser de trop d'indulgence ; depuis lors nous en avons appelé, et cependant j'ai connu des fanatiques impénitents qui sont morts avant d'avoir pardonné à Racine et à Boileau. Nous étions fort ridicules, j'en conviens ; mais nous n'y regardions pas de si près, et le harcèlement de nos convictions ne nous permettait point d'être miséricordieux. L'intolérance dont nous étions animés pour tout ce qui touchait aux choses de l'art quel qu'il fût, je la retrouve chez les jeunes gens de nos jours. Les vers qui nous ont fait pleurer les font sourire et ils haussent les épaules devant des tableaux qui nous ont charmés. « C'est bien poncif ! » disions-nous en parlant des œuvres que nos pères avaient admirées ; c'est ainsi qu'aujourd'hui on qualifie les œuvres que nous admirions. *Hodie mihi, cras tibi;* c'est la loi, et cela se renouvelle, jusqu'à ce que la postérité désigne les places et donne un impartial numéro d'ordre dans son Panthéon.

Bien des fois en écoutant les jeunes gens discuter, en constatant la raideur, on peut dire l'intransigeance de leurs opinions, en voyant avec quelle cruauté jacobine ils décapitent les réputations que notre enthousiasme avait saluées, bien des fois je me suis rappelé les controverses de nos vingt ans, alors que l'on rugissait en entendant prononcer certains noms illustres, alors que l'on renvoyait au musée Curtius les grands hommes célébrés avant notre naissance et que nous les traitions de bonshommes de cire. *Ars longa, vita brevis ;* celui qui a prononcé cette parole a dompté le temps et reste immortel ; j'ajouterai : *Fama brevis.* La réputation a peu de durée et pour beaucoup la trompette de la Renommée a l'haleine courte. Le terrain de l'Olympe est glissant, il faut le croire, car on en tombe fréquemment. Que de chutes j'ai déjà vues, que de Phaétons précipités dans le vide !

J'ai connu des triomphateurs dont le nom est maintenant ignoré ; j'ai assisté à des succès éclatants qui présageaient un renom universel et qui n'ont pas eu de lendemain. Aux heures de mon enfance, un homme fut célèbre ; il mettait les foules en rumeur, son nom était sur toutes les lèvres, tout applaudissement l'accueillait, on s'effaçait pour le laisser passer et l'on souriait d'aise rien qu'à l'apercevoir. Il vécut très vieux, persistant plus que sa notoriété. Il disparut de la mémoire des hommes et rentra dans l'ombre. Je le rencontrai, voilà plus d'une trentaine d'années : il marchait comme un revenant qui a peur de la lumière. Je l'accostai avec le respect que l'on doit aux fantômes. Il s'arrêta, parut étonné d'être reconnu et me dit : « Comment ! vous savez que je suis encore de ce monde ? C'est d'un bon cœur et je vous en remercie; mais vous êtes le seul! » Le pauvre homme m'affligea. Je pensai à ceux qui font un peu de bruit de leur vivant, et je conclus qu'il est sage d'être modeste.

Cette déchéance de renommée, qui n'attend pas le départ définitif pour se manifester, est souvent proclamée prématurément par la jeunesse, que son insouciance naturelle ne rend pas discrète et qu'éclaire, en certains cas, une intuition qu'il n'est pas facile de définir. L'homme que nous avons juché trop haut, elle le place généralement trop bas, par esprit de réaction; le niveau se fait de lui-même et semble établir une transaction justifiée entre deux opinions extrêmes. En fait de réputation, la moyenne est encore ce qu'il y a de plus prudent, et dans cette œuvre d'équité la jeunesse a une part considérable. Pour ne citer qu'un exemple et répéter un nom que j'ai déjà prononcé, c'est la jeunesse de mon temps qui a mis en place Béranger, que la jeunesse de la Restauration avait installé précisément au milieu du soleil : à vouloir le regarder, on était aveuglé. La jeunesse actuelle est sévère pour des hommes auxquels nous n'avons rien ménagé, ni la gloire, ni les promesses d'immortalité : je crains que l'avenir ne ratifie plus d'un de ses jugements.

Entre des hommes éloignés les uns des autres par un grand nombre d'années, l'entente est souvent difficile, car nul malentendu ne les sépare. Ils appartiennent à des ordres d'idées différents ; ils ne parlent point le même langage, ou pour eux les mots n'ont pas toujours la même signification. Cela tient à ce que la culture de l'esprit n'a pas été, n'a pu être analogue. Lorsque se produisent des œuvres nouvelles, contradictoires aux œuvres passées, le cerveau vierge de la jeunesse les reçoit avec curiosité, les cultive avec plaisir et les fait fleurir par son enthousiasme. Le cerveau de la vieillesse y reste réfractaire, car il est saturé : par habitude, par sélection, peut-être par tendresse du souvenir, les œuvres anciennes y tiennent toute la place. Où caser des admirations supplémentaires lorsque déjà l'esprit est encombré des admirations d'autrefois ? Je suis d'âge à l'avoir souvent constaté ; on dirait que la réplétion intellectuelle est telle, que nul aliment ne peut plus être accepté. Un aliéniste, physiologiste et psychologue, m'a dit : « Vers la cinquante-cinquième année, le cerveau de l'homme devient ruminant. »

Ce qui tendrait à prouver qu'il y a quelque vérité en cet aphorisme, c'est que le goût pour les productions de l'art se modifie d'une façon très sensible selon les générations qui se succèdent. J'ai vu cela pour la musique et j'ai assisté à des transformations qui ont renversé une à une les statues dressées autrefois. Au plus vieux qu'il me souvienne, je retrouve Spontini et Weber ; Rossini apparaît, et tout semble rentrer dans le silence pour mieux permettre de l'écouter; Boïeldieu, Auber, gravitent autour de lui comme les satellites d'une planète harmonieuse; l'engouement est aux Italiens: il faut l'énergie de Habeneck pour faire accepter Beethoven: musique savante; on veut donner bonne opinion de soi et l'on applaudit; mais le cœur n'y est pas et l'on court se pâmer aux accents de Bellini, de Donizetti, qui se taisent à leur tour au retentissement de Verdi. Les Italiens, qui ont soulevé tant d'émotion, baissent la voix devant Meyerbeer, que ma génération a déifié et à qui, pour ma part, je suis resté fidèle. Arrive Wagner; on le discute; des questions étrangères à l'art interviennent sottement et retardent, chez nous, l'heure de l'apothéose qui va sonner.

Les jeunes gens s'éprennent de ces formes nouvelles où l'art, dit-on, va se régénérer. Tout ce que les hommes de mon âge ont aimé est conspué : on ne veut plus rien entendre des mélodies qui nous ont émus; nos Dieux sont détrônés et on les remplace par un Jupiter dont le langage est certainement admirable; mais ce langage, nous n'en avons qu'une intelligence incomplète, car nous ne l'avons jamais appris. Lorsqu'il se fit entendre pour la première fois, au milieu des éclats du tonnerre, afin de mieux promulguer la loi des sonorités, nous étions déjà saturés. Faut-il donc nier? Nullement; nous ne pouvons que confesser notre impuissance. Après la soirée du 16 avril 1849, j'ai failli me brouiller avec un de mes amis, qui avait une trentaine d'années de plus que moi, parce qu'il refusait de reconnaître que *le Prophète* est un chef-d'œuvre. Au cours de l'hiver dernier, j'ai été sévèrement admonesté par un jeune homme qui estimait que j'avais parlé de *Parsifal* avec trop de réserve. Juste retour des choses d'ici-bas. J'ai fait la part de la différence des âges, je me suis rappelé mon indignation parce que l'on contestait un opéra de Meyerbeer, et je n'ai soufflé mot.

Cette divergence d'opinions entre ceux que l'on pourrait appeler « les pères et les enfants », est une forme de regret, et c'est aussi une manifestation de l'antagonisme, qui semble être un besoin, sinon une fonction de la créature humaine. On dirait qu'il est dans sa nature d'inventer toujours quelque chose qui lui permette d'être l'adversaire de quelqu'un. La religion, la politique, la philosophie, l'art, la littérature, tout, en un mot, semble créé pour engendrer des conflits où les hommes trouvent incessamment prétexte à leur esprit de discorde et satisfaction à leur goût des querelles. Diderot a dit : « Dans la nature les espèces se dévorent, dans la société les conditions s'entre-détruisent. » Je n'affirme que l'esprit et non la lettre, je cite de mémoire. Cela est tristement vrai. Dans l'animalité, depuis le ciron jusqu'à l'homme, tout être paraît né pour le combat. Dans le monde civilisé, la lutte entre les âges, comme entre les conditions, est permanente. Le mot de Hernani, de Hernani qui a vingt ans, n'a rien d'excessif :

> Vieillard, va-t'en donner mesure au fossoyeur.

Le vieillard regimbe, on ne peut l'en blâmer. Bien souvent la clameur est venue jusqu'à nous : « Place aux jeunes! » et l'on entend des voix affaiblies qui répondent : « Ayez quelque patience, et laissez-nous mourir en paix, ça ne va pas tarder. » C'est par politesse que les impatients ne répliquent pas : « Soit! mais dépêchez-vous! » On doit croire qu'il en a toujours été ainsi; n'est-ce pas le vieil Hésiode qui a dit : « Le potier porte envie au potier, le poète porte envie au poète » ?

Cet antagonisme, il est partout: inoffensif dans notre sujet, terrible et vraiment satanique dans l'ensemble des faits qui constituent la vie de l'humanité. Il existe et parfois il fait rage, de continent à continent, de nation à nation, de ville à ville, de village à village, de famille à famille. Si l'on regarde dans celles-ci, on sera parfois effrayé de ce que l'on y peut découvrir; j'en vois de race et de prétentions souveraines, qui ont donné de détestables exemples. Tout sert de prétexte à l'acharnement des compétitions et des violences. La religion, qui aurait dû être la pacificatrice des âmes et la tutrice des cœurs, n'a pas échappé à la loi commune; quelle est la secte qui peut lever les mains et dire : « Elles sont vierges de sang » ? Les annales humaines ne sont qu'un long gémissement poussé à travers les incendies, les massacres et les ruines. Si l'homme vieilli, rendu sage par expérience, devenu juste à force d'avoir souffert et d'avoir vu souffrir, monte sur la plate-forme de l'histoire, jusqu'au sommet d'où l'on peut contempler la série des siècles, il est désespéré et recule d'horreur.

Il assiste au défilé des nations; il ne voit que guerre, il ne voit qu'antagonisme. Depuis le barbare vêtu de peaux de bête qui lance des pierres, jusqu'au soldat pimpant qui marche en bon ordre et tue à distance, il n'aperçoit que des combattants. L'outillage est modifié, mais non pas le mobile; l'action est identique. Le fusil a remplacé la fronde, la catapulte a disparu devant le canon; c'est là tout le progrès : on extermine mieux, plus rapidement, plus nombreusement. Dans cette danse macabre, que sa cruauté empêche d'être grotesque et qui se renouvelle partout et toujours, les masques sont différents, l'acteur est le même : c'est l'homme, *homo homini lupus*. Ne dirait-on pas qu'il obéit à une force d'impulsion supérieure qu'il ne peut dompter et qu'il subit comme une fatalité de l'espèce? Voilà longtemps qu'il dure, cet antagonisme que rien n'a pu lasser; il date de la naissance de l'humanité; il se dresse au seuil de la Genèse. Après chaque bataille, — et il n'en a point manqué dans notre siècle, — on peut croire que la voix qui parle dans la nuée va se faire entendre encore, comme au jour où le premier meurtre ensanglanta la terre : « Qu'as-tu fait de ton frère, Caïn? »

IV

LES PAYSAGES.

Cet antagonisme existe chez l'homme, en chaque individu. Le Faust de Gœthe n'est pas seul à sentir deux âmes s'agiter en lui : l'une attachée aux vulgarités de la terre, l'autre essayant de s'élever jusqu'aux perfections idéales. La cervelle est un champ clos où se heurtent des idées contraires; lorsque les pensées ne se combattent pas, elles se boudent, et souvent il est malaisé de les mettre d'accord. L'homme n'est pas maître de ses pensées; ce sont ses pensées qui sont maîtresses de lui; de là tant de sottises, tant de fautes, tout au moins tant d'inconséquences dont on porte la peine sans l'avoir toujours méritée. Le présent est pénible, sinon odieux; il opprime les idées qui font effort pour lui échapper en s'élançant vers l'avenir ou en se réfugiant dans le passé; c'est pourquoi il est dans la destinée de l'homme d'être la proie des regrets et le jouet de l'espérance. Question d'âge : le jeune homme aspire à son propre futur, qui lui apparaît brillant de lumière; le vieillard s'enivre de ses souvenirs, qui ont oublié les mécomptes.

Si le vieillard est sage, il bannira de son cœur tout regret général, le regret « en bloc », qui est injurieux et qui est aveugle : tandis que le regret individuel, le regret spécialisé, pour ainsi dire, le regret enseveli dans les cryptes de la mémoire, me paraît légitime et sacré. Qui donc ne conserve pas avec dévotion la relique du jour, de l'instant, de la minute où il fut heureux? Qui donc n'a pas tressailli, n'a pas eu un choc au cœur, en entendant tout à coup un air, en sentant un parfum par lequel un cher souvenir secoue sa torpeur et vous rend, ne fût-ce que pendant une seconde, la caresse d'une impression dont l'âme a été remuée autrefois? Un flot de sang rajeuni gonfle les veines, on se sent triste alors, mais d'une tristesse si tendre et si douce, que l'on voudrait ne s'en jamais séparer.

Vous souvient-il d'une admirable estampe de Daumier? Dans une chambrette de médiocre aspect, un vieil homme — quelque vieux célibataire — vient de sortir du lit; le bonnet de coton à la tête, les pantoufles aux pieds, les cordons du caleçon flottant sur les maigres mollets, il est devant la croisée ouverte et respire une bouffée de la brise matinale. Sur le rebord de la fenêtre un petit pot de fleurs est posé, car le pauvre homme est sentimental, il aime les choses de la nature. Au loin, on aperçoit la campagne, où seule, cambrant sa taille, serrant son châle contre sa poitrine, une petite femme marche rapidement : où va-t-elle de si bonne heure et si vite? On s'en doute. Le vieil homme la suit des yeux, la contemple avec une sorte d'anxiété qu'accusent la désolation du regard et l'affaissement des traits. Il a le cœur gros et le soupir qu'il exhale ressemble à une plainte. On dirait qu'il comprime un sanglot et qu'il murmure l'air du *Tableau parlant* :

> Ils sont passés, ces jours de fête,
> Ils sont passés et ne reviendront plus.

Cela est intitulé : *Regrets*. Cette lithographie est une des plus fortes de l'œuvre de Daumier, et je n'ai jamais pu la voir sans quelque émotion, car elle exprime, sous une forme concrète, les chagrins qui rendent les vieillards moroses pour leurs années séniles, et parfois peu équitables envers les jeunes gens.

Les années de ma première jeunesse ne m'ont point légué de tels regrets; j'ai dit pourquoi: lorsque la vanité a pris la plus grosse part, le souvenir s'en détourne avec déplaisance. Sur quoi s'appuierait-il là où il n'existe rien de solide? En revanche, ma mémoire n'a rien oublié des courses que j'ai faites à travers le vieux monde, entre ma vingt-deuxième et ma vingt-neuvième année. Là sont mes années d'apprentissage les meilleures, peut-être les plus fécondes, à coup sûr les plus regrettées. Je ne sais quel oiseau voyageur battait de l'aile en moi, mais le besoin des migrations me tourmentait jusqu'à la souffrance. Lorsque le vent du Sud soufflait, je tombais en langueur, semblable à un exilé qui se désespère en pensant à la patrie absente, car c'est toujours aux pays d'Orient que ma rêverie m'emportait. Une sorte de nostalgie confuse me tirait vers la contrée des palmiers. Dès l'heure même de ma majorité, j'avais failli tourner le dos à la civilisation, comme si j'eusse été sollicité par un retour à la vie sauvage.

J'avais lu et relu les voyages de Levaillant, j'en avais eu le cœur soulevé. Le jargon du temps, « les âmes sensibles, les lambris dorés de l'opulence et de l'oisiveté, » la niaiserie de certains épisodes de galanterie, n'avaient point atténué le charme dont j'étais saisi. J'en avais l'imagination éperdue, je ne rêvais que de Namaquas et de Gonaquas; leur pays m'apparaissait comme une sorte de patrie pleine de promesses et charmante. Par suite d'un hasard, que ma mémoire ne peut plus préciser, je fis la connaissance d'un petit-neveu de Levaillant. C'était un homme de trente-cinq à quarante ans, qui, si je ne me trompe, avait été officier d'infanterie. Tourmenté, lui aussi, par la passion qui avait entraîné son oncle, il avait donné sa démission et s'était fait chasseur naturaliste. Il prenait les commandes des principaux musées d'histoire naturelle d'Europe pour ce qui concernait la faune, la flore et la géologie des contrées situées au nord du cap de Bonne-Espérance ; puis il partait, accomplissait sa mission en conscience, tuant, empaillant, alcoolisant, herborisant, minéralisant ; revenait, recevait de nouvelles instructions et retournait vers les régions que les géographes appelaient encore *Terræ incognitæ*.

Il avait déjà fait deux voyages, il préparait le troisième, qui devait durer sept ans. Il me parlait de ses chariots traînés par des bœufs, de ses armes, de ses munitions, de ses campements, de ses chasses, de son existence errante à travers des tribus empressées à l'accueillir, de son mode de vie primitif, qui est une sorte d'enivrement et développe une surabondance d'énergie inconnue aux sociétés de la vieille Europe ; il me rendait fou et me proposa de l'accompagner. Quelle tentation ! La lutte que j'ai soutenue contre moi-même, sans le laisser soupçonner, fut violente, mais j'eus la force de résister à une des impulsions les plus impérieuses que j'aie jamais subies. Sept années d'absence, c'était trop long ; j'adorais ma grand'-mère près de laquelle je vivais ; je ne me résignai pas à l'idée que je pourrais ne plus la retrouver au retour. Ce n'est que lorsqu'elle m'eut quitté pour toujours que j'entrepris mes longs voyages.

« Nous parlons souvent dans notre âme avec la populace des passions, » écrivait Mme de Montespan dans une de ses lettres familières. Il m'a semblé que cette populace se taisait lorsque j'étais en voyage ; du moins elle m'a parlé si bas, que je ne l'ai guère entendue. Cela tient peut-être à ce que, pendant la période de mes pérégrinations, j'ai moins cherché le séjour des villes, dont les distractions me laissaient indifférent, que les aspects de la nature, qui me causaient une véritable ivresse. Certains paysages m'ont semblé avoir une âme, et j'en ai été littéralement amoureux. Dans leur limpidité, dans leur douceur, dans leur puissance, je découvrais je ne sais quelle vertu mystérieuse dont je restais attendri. Si je n'étais pas assez païen pour en adorer la divinité, j'étais assez panthéiste pour rêver de participer à leurs obscures sensations et de m'absorber dans leur splendeur.

Aucune ville ne m'a retenu ; de toutes celles où j'ai fait halte, je suis parti avec plaisir, avec une sensation d'allègement qui me faisait la respiration plus large et l'esprit plus alerte. Ce qui résiste au temps dans mon souvenir, ce que j'enveloppe de mon regret, ce n'est ni le Caire, ni Damas, ni Constantinople, ni Smyrne où les jeunes filles sont la joie des yeux, ni Athènes dont l'Acropole est la joie de l'esprit, ni la Rome de Grégoire XVI où j'ai vécu, ni même Venise qui est le plus émouvant des débris de l'histoire; non, ce n'est pas là ce que j'évoque lorsque, m'attardant à mon passé, je me reporte aux époques heureuses de mon existence.

Dans ces souvenirs qui me hantent, comme la

vision d'un monde merveilleux que j'ai traversé jadis et où jamais plus je ne retournerai, l'homme et les agglomérations humaines tiennent peu de place ; les œuvres d'art mêmes, devant lesquelles je suis si souvent, si longtemps resté en contemplation, reculent à l'arrière-plan et semblent s'effacer de ma mémoire, pour laisser toute ampleur à des images qui la charment encore après tant d'années écoulées. Est-ce à dire que je voudrais, si j'en avais la force, chausser de nouveau la sandale du voyageur et refaire les routes où ma jeunesse a savouré tant de jouissances ? Non pas ; les impressions ne seraient plus les mêmes, les yeux qui ont regardé autrefois ne sont plus ceux qui regarderaient aujourd'hui ; le cerveau si rapide jadis s'est induré au choc multiplié des jours, et s'étonnerait peut-être de ses émotions d'antan. Il est cependant des paysages que je voudrais voir surgir sous mes yeux, afin d'éprouver cette sensation à la fois exquise et douloureuse que produisent certains rêves, en nous ramenant au milieu des plus précieux incidents de la jeunesse. Oui, je serais heureux de pouvoir contempler, ainsi que dans un diorama dont les tableaux se succèdent, certains spectacles dont je fus exalté au temps de mes grandes courses : l'île de Chio, éblouissante sous les rayons du soleil levant, avec ses forêts d'orangers et ses petits palais génois suspendus aux flancs roses de la montagne ; la plaine de Cœlé-

Syrie, où paissent les troupeaux de dromadaires mêlés aux bandes de cigognes : les cimes blanches du Liban apparaissent au-dessus des cèdres, et dans les brumes nacrées les ruines de Baalbeck se détachent au loin sur l'horizon.

De mon long voyage sur le Nil, dont j'ai gardé tant de chers souvenirs, ce qui s'évoque de soi-même le plus fréquemment, c'est un petit coin de la rive arabique, au delà de Cheikh-Abadeh, qui fut la ville d'Antinoé, bâtie par Hadrien en commémoration de son Antinoüs. Sous bon vent, toutes voiles déployées, ma cange remonte le fleuve, les matelots sont joyeux et chantent en s'accompagnant du darabouck; au fond d'une anse échancrant la grève, au pied d'une montagne qui semble être de miel, à l'ombre d'un mimosa, s'arrondit une basse coupole lavée au lait de chaux, autour de laquelle volent des mouettes blanches : c'est Cheick-Saïd, le tombeau de quelque derviche mendiant. Certes le paysage n'a rien de grandiose, mais il est si doux, qu'il m'a été impossible de ne le pas aimer et que j'y pense toujours avec tendresse.

Le 18 août 1850, fête de sainte Hélène, je ne l'ai pas oublié, je suis resté assis, du matin jusqu'au soir, sur une des collines lépreuses qui bordent le lac Asphaltite, au-dessus du ravin par où l'on va vers le couvent de Mar-Sabah. A mes pieds, dans la coupe, qui n'est peut-être qu'un immense cratère envahi par les eaux, la mer Morte, lourde et luisante, ressemblait à un lac d'étain en fusion; au delà s'élevait le pays de Hauran où furent les villes maudites, la terre de Moab et la tribu de Ruben. Les montagnes découpent sur le ciel des lignes si belles et si pures, qu'elles en ont quelque chose de féminin. Là seulement, par une chaleur torride et une impitoyable clarté, j'ai compris la puissance de la lumière. En quoi est-il le paysage qui se déroulait sous mes yeux émerveillés? A coup sûr en pierres précieuses transparentes qui, selon les heures de la journée, se superposent les unes aux autres, mais sans détruire leurs teintes particulières, sans en atténuer la vigueur et en se faisant valoir mutuellement : coteaux de rubis, anfractuosités d'améthyste, ciel de saphir, grève de topaze; jamais écrin plus splendide ne fut étalé aux regards de l'homme. J'en fus et j'en suis resté ébloui. C'est le chef-d'œuvre de la fée des lointains; n'en approchez pas! La vieille malédiction du Dieu de la Genèse pèse toujours sur ce sol de prévarication. Comme à l'époque légendaire, alors que Loth s'enfuyait vers la caverne du double inceste, elle est encore stérile, desséchée, faite de pierres sans verdure, de sables sans eau, inhospitalière et repoussante. Je le sais, car j'y ai mis le pied. A distance, elle est incomparable; c'est ainsi que je la vois dans mon souvenir, et c'est ainsi que je la voudrais revoir.

Par un singulier caprice de mon esprit, je pense rarement aux endroits où j'eus la tentation de m'arrêter pour toujours, renonçant à la vie civilisée, acceptant l'existence d'un moine laïque perdu dans la contemplation de la nature. Le désir fut violent, et je ne pourrais dire quels motifs m'y firent renoncer, car ces motifs furent confus, plus semblables à une intuition qu'à un raisonnement. Rien, du reste, ne me rappelait alors dans mon pays; la mort avait fait son œuvre autour de moi, et lorsque je dînais en famille, j'étais seul à ma table. Il est possible que ce soit cet isolement qui m'ait poussé vers la solitude ; il est également possible que ce soit l'idée vague d'un devoir à remplir qui m'en ait éloigné.

Il s'en fallut de peu que je n'achetasse l'île d'Éléphantine, ce qui n'eût pas été ruineux. C'est un bouquet de palmiers sur le Nil, aux confins de la Haute-Égypte et de la Nubie inférieure, à l'entrée de la première cataracte. J'ai songé pendant plus d'un jour à y planter ma tente pour jamais et à terminer brusquement le pèlerinage de ce bas monde. Pendant le temps que j'employai à descendre et à remonter le fleuve, cette pensée m'obséda. Une triste nouvelle qui m'attendait au Caire m'en détourna et me prouva que je n'étais pas encore assez désintéressé de la vie pour me résigner à l'exil définitif. Il faut tant de choses à notre cœur pour l'assouvir, qu'il n'est jamais satisfait ni paisible.

Ce rêve de tout quitter et de m'ensevelir dans une retraite de choix me saisit de nouveau à Beyrouth avec intensité. J'y cherchai l'emplacement de ma future maison et je le trouvai sans peine. Sur les collines, au milieu des verdures, à l'ombre des pins parasols, j'ai vu là de petites villas blanches qui m'invitaient au repos, me souriaient, et me faisaient des promesses que sans doute elles n'auraient point tenues. Rien n'est menteur comme un paysage, car il n'est fait que pour le plaisir des yeux et ne se soucie guère des besoins de l'intelligence. Contemplation, paresse, abrutissement : j'ai peur que cela ne se ressemble beaucoup. Jamais, malgré des incidents qui parfois ont été douloureux, jamais je n'ai regretté d'avoir vaincu la tentation et d'être venu prendre ma part, ma toute petite part, aux luttes de la vie moderne. Je comprends maintenant que, si j'avais déserté l'activité de l'existence pour m'enfouir aux pays d'Orient, dans quelque nid de prédilection, j'y serais mort de désœuvrement et d'ennui, dévoré par l'oisiveté qui est le plus grand ennemi individuel et social dont l'homme soit attaqué ici-bas.

Chercher à faire renaître des sensations qui semblent devoir être d'autant plus belles qu'elles apparaissent à travers les mirages du regret, c'est s'exposer aux déconvenues, car on trouve les choses telles qu'elles sont et non telles qu'on se figure qu'elles ont été. Deux fois, sur le point de commettre l'imprudence de vouloir ressaisir des impressions dont mon souvenir faisait un enchantement, je me suis arrêté. J'avoue qu'il y avait plus qu'un aspect de paysage qui me sollicitait. Au mois de juin 1844, venant de Magnésie, et me dirigeant sur Smyrne, je fis halte, pour passer la nuit, au village d'Iakakeüi, triste hameau dont le cimetière est un admirable fouillis de myrtes, de jasmins et de grenadiers. J'avais pris logement chez une femme veuve; la seule pièce habitable de la maison était la terrasse, je m'y installai sous la voûte du ciel éclairé par la lune.

La fille de mon hôtesse avait environ quatorze ans, elle s'empressait à me servir, sans obséquiosité, avec cette sorte de dignité extérieure qui semble un don de la race orientale, même dans ses conditions les plus humbles. Pieds nus, vêtue d'une robe qui n'était plus neuve depuis longtemps, le front couvert de cheveux noirs crespelés, elle marchait par ondulations, élégante sans le soupçonner, avec des attitudes de déesse. Elle se tenait debout devant moi, les mains placées sur les bras; elle n'était plus enfant, elle n'était pas encore jeune fille; en la regardant je pensais à la Mignon de Gœthe. L'expression naturellement triste de son visage était augmentée par une cicatrice que la peste avait tracée au-dessous d'un de ses yeux et qui tirait un peu la paupière, comme on le remarque chez la vierge de Jean Belin, provenant de la galerie Contarini et que l'on voit au musée de Venise.

Le lendemain matin, lorsque je montai à cheval, elle m'apporta le verre d'eau du départ ; je lui donnai un foulard que je portais au cou et qu'elle avait admiré ; selon l'usage, elle me baisa la main. Je partis ; plusieurs fois je me retournai, elle était restée immobile au seuil de sa maison et de la main me faisait un signe d'adieu. J'étais fort ému. Je retrouve la note écrite à l'heure même : « Qu'est-ce donc que cette mélancolie qui parfois nous saisit en quittant des êtres à peine entrevus ? Est-ce un mystérieux avertissement que nous touchons au bonheur de notre existence ? Est-ce la réminiscence d'une création antérieure ? Est-ce une promesse pour la vie future ? »

Six ans plus tard, en 1850, je passai de nouveau à Smyrne. Le lendemain de mon arrivée, j'étais en selle et je traversais la plaine où les troncs des oliviers séculaires semblent avoir été tordus par les mains de quelque Briarée. Le cœur me battait un peu. Je n'étais plus l'éphèbe à peine majeur, soumis aux impressions subites, mais je n'avais que vingt-huit ans et, tout en chevauchant vers le point que je connaissais bien, je récitais les strophes de *la Tristesse d'Olympio*. Lorsque j'aperçus le village d'Iakakeüi disséminé sur le coteau où ses maisons grises se confondent avec les terrains gris, longtemps je le contemplai, triste, hésitant, n'étouffant point un soupir de regret; puis brusquement je tournai bride; je franchis l'ancienne voie romaine qui va vers Magnésie, je cherchai, je retrouvai un caroubier à l'ombre duquel j'avais déjeuné lors de mon premier voyage, et j'eus plaisir à le revoir. Lorsque je revins à Smyrne, mon compagnon m'interrogea : « Comment est-elle ? » Il écouta mon récit et s'écria : « Es-tu fou ? » Non pas : j'avais été sage.

L'autre pays — l'autre maison — que je voulus aller revoir n'est point aux environs du Mélèse et du mont Pagus, nul champ des morts ne l'ombrage de ses cyprès. Il est situé en plein cœur de France, dans le Maine, dans la vieille contrée de chouannerie, où les Bleus et les Blancs ne se ménagèrent ni les embuscades ni les assassinats. C'est là, dans une ancienne commanderie de Templiers, qui avait apparence d'un repaire de malandrins perdu au milieu des bois, que, jusqu'à l'année 1836, je passais mes vacances d'écolier. Il était moins ample qu'aujourd'hui, le congé d'automne qui coupait en deux l'année scolaire; mes cinq semaines de libération étaient rapidement écoulées. J'en jouissais avec frénésie, me levant tôt, me couchant tard, pour tâcher d'en augmenter la durée. Comme ils fuyaient ces jours heureux et avec quelle amertume je les effaçais chaque soir sur mon calendrier ! J'avais beau les compter et les recompter, leur nombre allait en diminuant et semblait se hâter de ramener le 1ᵉʳ octobre, où la « rentrée » refermerait sur moi des portes détestées. De ces vacances, si courtes pour une si longue claustration, je puis vraiment dire comme Martial de Paris : « Hélas ! le bon temps que j'avoye ! »

Était-ce parce que là je trouvais abondance de plaisirs, de jeux, d'amis et l'entrain des joies associées ? Non pas, j'y étais seul, je veux dire sans compagnon de mon âge pour faire partie avec moi. Je m'en accommodais sans peine, car à défaut de camarades j'avais les champs, les bois où je m'étais construit une hutte de feuillage, les prés où je faisais la chasse aux capricornes musqués ; j'avais mon poney que je coiffais de grappes de sorbier et sur lequel je faisais des galopades jusqu'aux étangs de la forêt de Sillé. J'avais la liberté sans limite ; le monde m'appartenait ; à trois lieues à la ronde, les paysans me connaissaient. Si, au cours de mes excursions, j'avais faim, j'entrais dans la première ferme qui se rencontrait sur ma route ; on m'y servait une « miottée » de lait et de pain de seigle que j'avalais avec délices et qu'aujourd'hui sans doute je trouverais exécrable. C'était mon domaine ; tous les coins, tous les sentiers, tous les arbres m'y souhaitaient la bienvenue. « Hélas ! hélas ! le bon temps que j'avoye ! »

Certes, j'aimais tout cela, mais bien plus encore j'aimais Jeannette, la fille d'un des fermiers, plus âgée que moi de trois ou quatre ans, paysanne avisée, éprise de cadeaux, sachant les provoquer, très déférente envers le « jeune maître » et s'en moquant avec sérénité. Le « jeune maître » c'était moi, romantique, troubadour et rêvant aux étoiles. Ah! qu'elle était jolie avec ses yeux bleus qui s'efforçaient d'avoir le regard modeste, avec ses cheveux blonds échappés de la coiffe empesée, avec son air futé qui ne parvenait pas à paraître innocent; qu'elle était jolie malgré ses mains noirâtres, ses sabots cassés et les jurons qu'elle lâchait contre les vaches qui entraient dans le jardin pour marauder les choux.

J'étais amoureux d'elle, en tout bien tout honneur; je multipliais les gages de ma tendresse : fichus, croix d'or, anneaux d'oreilles, robe de drap; c'est à cela que mon amour bornait ses témoignages qui n'étaient point découragés : « Jeannette, je suis décidé à t'épouser! — Ça, notre jeune maître, c'est une bonne idée, mais vous êtes encore trop mièvre, il faut attendre que vous soyez assez « achevé » pour enjouguer une paire de bœufs. — Oui, Jeannette, j'aurai le courage d'attendre, mais je veux dès à présent te faire le cadeau des fiançailles. — Ça, je veux bien; j'ai justement besoin d'une couverte pour l'hiver, sauf votre respect; la mienne est si tellement confondue par l'usé, que mes pieds passent à travers. » Je donnais la couverture et je n'en étais pas plus fiancé pour cela. Hélas! Je faisais office de paravent; comment aurais-je pu m'en douter?

Les niaiseries platoniques d'un enfant de quatorze ans servaient à masquer les prétentions plus sérieuses d'un solide gars de ferme. Il fut vainqueur. Un beau jour, pendant que j'étais au collège, ânonnant la grammaire grecque de Burnouf, il conduisit sa victime à l'autel et immédiatement après aux fonts baptismaux, ce qui fut une économie de temps. A cette époque et sans qu'il y eût aucune corrélation entre les faits, je cessai d'aller dans le pays des amourettes et des vacances.

Les années s'accumulèrent, si bien que déjà elles avaient fait de moi un vieil homme, lorsque je ressentis le désir d'aller revoir ces témoins de mon enfance, et les arbres, et la mare aux Bleus et le manoir et même Jeannette qui vit toujours. Pendant une semaine je ruminai ce projet, j'étudiai avec soin l'itinéraire que je comptais suivre, car je voulais procéder méthodiquement et visiter les uns après les autres tous les endroits où quelques-uns de mes meilleurs regrets étaient restés attachés. J'écrivis à Alençon afin d'y retenir une voiture qui pendant deux ou trois journées me promènerait là où mes souvenirs me conduiraient. Un matin, muni de mon sac de voyage, je montai en fiacre; le chemin est long de chez moi à la gare de l'Ouest, rive gauche, où je devais prendre le train du retour vers les jeunes années. Entre la coupe et les lèvres, il y a place pour un malheur : entre le boulevard Haussmann et le boulevard

Montparnasse, il y a place pour la réflexion.

Au lieu du pays charmant qui rayonne dans ma mémoire abusée par la perspective du temps écoulé, que vais-je trouver? La platitude des champs en culture, le coteau rocailleux où s'étiolent les maigres taillis, la maison avec ses fortes murailles et sa tourelle? La maison est à d'autres, on ne m'y connaît plus. Et Jeannette? Elle est plus âgée que moi; le soleil, la pluie, les travaux de la ferme ne l'ont point épargnée; elle est aujourd'hui une de ces vieilles sempiterneuses dont a parlé Rabelais. Je me répétais une phrase de Voltaire : « Candide, en voyant sa belle Cunégonde rembrunie, les yeux éraillés, la gorge sèche, les joues ridées, les bras rouges et écaillés, recula de trois pas, saisi d'horreur, et avança ensuite par bon procédé. » Gardons la chère image et ne la détruisons pas. Comme autrefois près d'Iakaketti, je tournai bride et je rentrai chez moi. C'est chose si heureuse et si rare de posséder un bon souvenir, qu'il convient de ne le point exposer à des mésaventures.

Vieilles amours, vieilles demeures, il n'y faut point retourner.

V

LA FONCTION.

Un de mes amis qui a débuté, en qualité de surnuméraire, dans une administration de l'État et qui, par le seul fait de son intelligence, de son travail, de sa rectitude, est devenu un très haut fonctionnaire, me disait : « Si mon fils voulait entrer dans la carrière que j'ai suivie et, comme moi, gravir pas à pas la montagne administrative depuis la base jusqu'au sommet, je serais désespéré ; plutôt que de lui laisser commettre une pareille sottise, j'aimerais mieux le voir se jeter à l'eau. » L'homme qui me parlait ainsi n'est point le premier venu, il n'a rien du « rond de cuir » légendaire ; c'est un lettré, un artiste, un esprit ouvert aux générosités de la pensée. Je l'écoutais avec surprise, car j'avais été le témoin de sa joie lorsqu'il fut pourvu de la fonction qui lui a permis de multiplier les lumières là où avant lui il y avait trop d'obscurité, et j'avais vu son sourire de satisfaction lorsque, en récompense de ses efforts, il avait été nommé commandeur de la Légion d'honneur. Il s'est tenu parole ; il a éloigné son fils des « bureaux » et il l'a dirigé vers une de ces carrières libérales où l'on reste indépendant, où l'on n'obéit qu'à soi-même, où l'on ne vaut que par sa propre valeur.

D'où vient cela ? Pourquoi cette rancune contre un mode d'existence consacré à des occupations fertiles, où l'on a concouru au bien général, où l'on a récolté profit et considération ? C'est parce que toute fonction, si noble, si haute qu'elle soit, devient fatalement un métier après quelques années d'exercice et que le métier est antipathique aux âmes élevées. Être astreint à une besogne toujours semblable, répéter des paroles toujours identiques, écrire des phrases toujours pareilles, se trouver en présence de circonstances toujours analogues, recommencer chaque jour ce que l'on a fait la veille, ce que l'on fera le lendemain, c'est tourner dans le même cercle, ainsi qu'un cheval de manège hydraulique ; mais on n'a pas, comme lui, un bandeau sur les yeux, on ne croit pas que l'on marche et l'on s'aperçoit promptement que l'on pivote : quoi d'étonnant que l'on en soit étourdi et que l'on en reste écœuré ?

Cette vie est celle de l'employé aux fonctions publiques, depuis l'expéditionnaire jusqu'au ministre, depuis le scribe du greffe jusqu'au président de la Cour Suprême. La nécessité, le « Item faut vivre » pèse sur les esprits indépendants et, malgré la révolte intérieure, les contraint de marcher à pas égaux, dans le sentier tracé par l'habitude ; les esprits médiocres — c'est le grand nombre — acceptent par paresse la servitude, se plient à des usages dont l'observation leur devient un besoin et font machinalement une besogne sans initiative, où suffit la routine.

Ce que le vieillard regrette, c'est la jeunesse; rarement, très rarement c'est la fonction, quoiqu'il en parle souvent avec déférence, parce qu'elle a flatté sa vanité et lui a valu des témoignages extérieurs de respect. Ce n'est point lorsqu'il exerce sa fonction qu'il convient de l'interroger; une sorte de franc-maçonnerie professionnelle lui clôt les lèvres, et, sauf en quelques instants d'impatience provoquée par un incident du métier, passe-droit ou remontrances, il est muet; mais lorsque l'heure de la retraite a sonné, lorsque le désœuvrement remplace le train-train des habitudes et que rien ne subsiste plus de l'importance factice dont il a été gonflé, alors on peut lui demander : « Qu'en pensez-vous? » Quatre-vingts fois sur cent il répondra : « Ah! si c'était à recommencer! »

Prenez-les tous, les uns après les autres, à l'heure des confidences, écoutez ce qu'ils diront; cela se résume en un mot : « Si j'avais su! » Seuls ils échappent à cette rancœur ceux qui, prenant leur fonction au sérieux, ne la laissant jamais dégénérer en métier, l'ont aimée, l'ont grandie par l'estime qu'ils en faisaient, ont travaillé à la rendre féconde, l'ont ennoblie par la hauteur où ils se plaçaient et lui ont donné autant d'honneur qu'ils en ont reçu. Ceux-là sont rares, je le reconnais, mais il en est plus d'un que je pourrais nommer. Je les découvre parmi les indulgents qui, oubliant les déceptions endurées, ne se veulent souvenir que du bien qu'ils ont fait et recueilli.

Les autres déblatèrent, ne se consolent pas, comme ils disent, d'avoir sacrifié leur vie au service de l'État; ils insistent sur les tracas de toute sorte qu'ils ont eu à subir, sur les injustices dont ils ont été victimes, sur l'insuffisance de la pension qui récompense mal leur long dévouement; ils détournent les jeunes gens de suivre un si fatal exemple, ils prêchent, et ne convertissent personne, car le goût des fonctions est un mal incurable. La maladie est tellement générale et invétérée, qu'elle détermine un résultat singulier : l'homme qui est en possession d'une fonction libérale ou administrative s'imagine que ceux à la disposition desquels il a le devoir — le devoir rétribué — de se tenir, n'ont d'autre droit que de se soumettre à son bon vouloir. Dans bien des cas, l'interversion est complète et l'on en pourrait conclure que le malade est fait pour le médecin, l'écolier pour le professeur, le public pour les employés d'administration. C'est prendre les choses au rebours du sens commun ; mais il en est ainsi et le maître n'est autre que le serviteur payé pour servir.

La Bruyère écrivait : « Il faut en France beaucoup de fermeté et une grande étendue d'esprit pour se passer des charges et des emplois. » Que dirait-il donc aujourd'hui que l'accroissement de la population, les différents systèmes politiques, tous hostiles les uns aux autres, qui se sont succédé depuis un siècle, le développement de certaines branches des connaissances humaines, la nécessité de se prêter à des exigences électorales, l'abolition des castes et le droit commun d'aspirer à toute situation ont augmenté la quantité des emplois dans des proportions extraordinaires ? Si tout fonctionnaire était astreint à porter un costume distinctif, comme au moyen âge les juifs attachaient la rouelle jaune à l'épaule, on serait stupéfait de leur nombre et l'on comprendrait cette boutade d'un étranger qui disait : « La nation française est exclusivement composée de fonctionnaires qui fonctionnent les uns contre les autres. »

A voir ce qui se passe, on se figurerait volontiers que certains hommes sont nés fonctionnaires, et que l'État péricliterait s'ils n'y exerçaient leur importance, car ils n'ont rien d'autre à lui offrir. Combien n'en a-t-on pas connu qui, au cours de leur existence, se sont carrés dans des « bureaux » d'attributions si diverses, que l'on serait tenté de croire qu'en toute chose ils avaient la science infuse ? Préfectures, postes, beaux-arts, télégraphes, trésoreries générales, consulats, directions financières, missions secrètes, dans quoi ne se sont-ils pas montrés, selon l'aire des vents politiques, parlant haut, agissant peu, propres à tout, aptes à rien, d'humble échine avec leurs supérieurs et d'insupportable morgue avec leurs subordonnés! Ceux-là, on sait pour la plupart d'où ils viennent : la politique a déçu l'espérance de leur ambition ; pour les consoler de leur déconvenue, on les fourre n'importe où, dans le premier poste vacant, et on les pourvoit d'une fonction qu'ils sont incapables d'exercer, mais qu'ils exercent.

Au mois de mai 1850, dans le désert qui va du Nil à la mer Rouge, j'ai rencontré le type même de ces fonctionnaires de pacotille, qui, sans éducation préalable, acceptent les charges d'un emploi dont ils ignorent le détail et l'ensemble. Au soir d'une journée de marche, je fis arrêter les dromadaires à Bir-es-Sed (le Puits de l'Obstacle), auprès d'un défilé formé par des collines de feldspath, de quartz radié et de granit rose. Dans une crique sablonneuse arrondie au milieu d'un écartement de rochers, j'avisai une tente, une toute petite tente surmontée d'une flamme tricolore deux fois large comme la main ; je m'en approchai, je criai : « Qui vive? » On répondit : « France », et je me trouvai en présence d'un homme d'une quarantaine d'années qui était un nouveau consul envoyé à Djeddah par notre ministère des relations extérieures. Il allait vers Kosseyr, j'en revenais : le lendemain, à l'aube, nous devions reprendre notre route en nous tournant le dos. Les préliminaires de la connaissance furent abrégés, et, dès que mon campement fut établi, nous entrâmes en conversation comme de vieux camarades. Aux environs du tropique du Cancer, parmi les sables, on se lie rapidement et volontiers.

Le pauvre homme me raconta son histoire, dont je fus touché, car elle était lamentable. Il avait, en sa vie, tâtonné autour de bien des métiers, mais toujours il avait échoué. Avait-il en lui quelque tare qui multipliait les obstacles contre lesquels il tombait? Je ne sais; je croirais plutôt qu'il était d'une incurable médiocrité; l'importance qu'il s'attribuait me le fit croire. Il avait été professeur, du moins le disait-il, commerçant, employé dans une maison de banque, et je ne sais quoi encore. Lorsque survint la révolution de Février, il était à bout de voie. Un de ses amis qui, grâce au bouleversement politique, avait été nanti d'une bonne position au Ministère des Affaires Étrangères, le fit nommer consul à Édimbourg. Le poste n'était point une sinécure; il y fallait développer de l'intelligence et la connaissance de certaines questions spéciales qui exigent de l'étude. Le bonhomme donna, sans effort, des preuves d'une telle incapacité, que l'on se hâta de le rappeler. On eut pitié de son dénuement et on lui offrit le poste inférieur d'agent vice-consul à Djeddah, devant lequel reculent les débutants les plus ambitieux, tant ils redoutent un séjour de trois ans, à la porte de La Mecque, au milieu de la population la plus fanatique qui soit, dans une ville misérable, sans société européenne et toujours étouffés sous une atmosphère implacable.

Il me disait, avec un sourire bienveillant pour lui-même : « C'est un contraste, cela me plaît, j'aime la variété ; en sortant d'une ville où la civilisation se manifeste par ce qu'elle a de plus élevé, il me convient, je juge utile pour mes études, d'aller reconnaître de près les mystères de la vie musulmane et de m'initier ainsi aux arcanes des mœurs et des religions différentes. Je sais que Djeddah n'a rien de divertissant et que je risque de m'y « embêter » ; qu'importe ? J'aurai le travail du consulat, la protection de nos pèlerins d'Algérie et puis une acquisition que j'ai faite et qu'il faut que je vous montre. » Entr'ouvrant la tente, il me fit voir une Nubienne du Darfour, très jeune, et qui faisait singulière figure dans une robe européenne dont elle avait rabattu le corsage pour être plus à son aise. Il la regardait d'un œil assez vif et ajouta : « Elle m'a coûté quatre cents francs, ça n'est pas cher. »

Ce qu'il est advenu de ce malheureux chargé de représenter la France dans un pays dont il avait ignoré le nom jusqu'au jour où il y avait été expédié, je le sais ; je n'ai pas à dire les avanies qu'il eut à essuyer et auxquelles il s'exposa sans même s'en douter; il eut à souffrir, et par les autorités de Djeddah, et par la population qui ne le respectait guère, et par ses employés qui s'en moquaient, et par sa Nubienne qui ne l'estimait qu'une distraction insuffisante à laquelle il convenait d'ajouter quelques suppléments. Le climat ne lui laissa pas le loisir de faire les longues études de mœurs qu'il avait méditées : six mois après notre rencontre, il était mort.

Bien souvent j'ai pensé à ce pauvre diable, qui après tout n'est pas trop coupable d'avoir ramassé du pain où il en a trouvé lorsqu'il en manquait. Il a commis bien des sottises dans son poste; la faute en est moins à lui qu'à ceux qui l'y ont envoyé. De telles erreurs sont fréquentes, surtout au lendemain des commotions politiques, à ces heures où l'on est ahuri par les clameurs et les sollicitations; où l'on veut prendre des routes nouvelles qui ramènent invariablement dans le sentier battu et même dans les vieilles ornières; où l'on se hâte sans avoir le temps de réfléchir; où l'on tient compte du passé, des opinions affichées, des recommandations, de la camaraderie, de tout en un mot, excepté de l'intérêt de l'administration, qui devrait dominer les autres et que l'on ne consulte souvent qu'à la dernière extrémité, lorsque l'on est cerné par l'invasion des candidats.

Le titre d'employé de l'État exerce une attraction toute-puissante sur bien des hommes qui délaissent des métiers honorables, lucratifs et libres pour aller user leurs manches à noircir du papier sur les tables d'un ministère ou d'une préfecture. Si tous les postulants fonctionnaires étaient mandés à Paris, leur nombre ferait croire à l'exode d'une nation vers la terre promise de l'émargement. C'est pourquoi toute révolution est immédiatement applaudie par des partisans qu'on ne lui aurait point soupçonnés, car les révolutions, tout en maintenant la fonction, recherchent et appellent de nouveaux fonctionnaires. Les candidats qui ont été évincés forment, sans tarder, le parti de l'opposition, crient à la tyrannie, à la mauvaise foi : — Peuple! on te trompe! — tentent d'opérer un autre bouleversement, afin de se pourvoir, et n'aboutissent qu'à une insurrection brutalement réprimée, ce qui permet à la réaction de « relever la tête ».

J'ai vu cette aventure se produire plusieurs fois. Dans cette voie de revendications égoïstes, on ne s'arrête pas, on va jusqu'au crime, jusqu'au pétrole, jusqu'au massacre. Il ne manquait pas d'aspirants fonctionnaires parmi les chefs et les soldats de la Commune. L'autonomie municipale qu'ils réclamaient à coups de canon, sous les yeux mêmes de l'ennemi, n'était qu'un prétexte ; ce qu'ils voulaient, c'était une bonne situation personnelle : ils en ont fourni la preuve depuis qu'on les a amnistiés.

Cette poussée vers les emplois publics serait moins violente si chacun savait se rendre justice; je reconnais qu'un tel miracle n'est pas près de s'accomplir, car nous excellons à nous faire illusion sur nous-mêmes. Certes il vaut mieux être surveillant d'usine, lorsque l'on sait surveiller une usine, que d'être chef de consulat quand on ne sait pas être consul; mais ce n'est pas si facile que l'on croit, car l'homme souffre d'une maladie à la fois aiguë et chronique : jamais il ne se trouve à sa place, si ce n'est, et encore! quand sa place est la première. Chacun s'imagine qu'il fait exception sur la masse commune, et qu'en conséquence il a droit à une position exceptionnelle. Du plus bas au plus haut, il en est ainsi, et nous avons vu ceux qui surgissaient et s'imposaient pour sauver les peuples, conduire les peuples à l'abîme avec une olympienne sérénité.

Après la chute, se reconnaissent-ils coupables d'impuissance? je ne veux pas dire plus. Nullement; ils accusent les autres, le mauvais vouloir, les circonstances; mais eux-mêmes, jamais. J'ai assisté une fois à un dîner où se trouvaient trois anciens ministres déplacés par une révolution. Était-ce lugubre, était-ce grotesque? je ne le saurais dire. Ils ne parlaient qu'au conditionnel : « Si... si... si... j'aurais... j'aurais... j'aurais.... » Ils ne s'exprimaient que par aphorismes, le doigt presque menaçant et le regard autoritaire. Je gardais le silence et je les écoutais. J'attendais un mot, un geste de *meâ culpâ*. Rien. Ils m'inspiraient une colère mêlée de pitié, car leur incapacité, que des ruines avaient constatée, n'était même pas soupçonnée par leur infatuation.

Si médiocre que soit une charge publique, elle comporte une part d'autorité, part souvent infinitésimale, mais qui relève l'homme à ses propres yeux et l'attire d'un irrésistible attrait. Cela est pour beaucoup dans l'engouement et la compétition des emplois ; la sujétion à laquelle sont astreints les commis n'est rien, puisqu'ils en tirent le droit de commander. C'est encore La Bruyère qui a dit : « Les hommes veulent être esclaves quelque part et puiser là de quoi dominer ailleurs. » Ainsi s'explique que parfois nous voyons des hommes, riches par fortune héritée ou acquise en contrat de mariage, briguer certains postes, qu'ils obtiennent grâce à des influences de famille, s'y maintenir et s'y perpétuer. On ne peut les déplacer, car le poste est inamovible ; ils y ont reçu l'avancement normal dû à l'ancienneté, car ils n'ont rendu, ils n'ont été capables de rendre aucun service exceptionnel ; ils sont vieux, je le sais, car ils sont de mon âge, mais je les vois demeurer inébranlables et attendre que l'âge de la retraite les force au départ. Ils ont des millions cependant, et des maisons, et des terres, et des châteaux.

Pourquoi donc ne se retirent-ils pas ? pourquoi,

ne serait-ce que par esprit de générosité, ne s'écartent-ils pas devant des postulants pour qui une telle charge, si peu rémunérée qu'elle soit, serait la récompense du labeur, la sécurité de la vie, le repos de la vieillesse ? Parce qu'en donnant une démission justifiée par tant de motifs, ils perdraient l'importance de la fonction et que cette importance est la seule à laquelle ils aient le droit de prétendre. Le titre même, ou, pour parler plus exactement, la dénomination qui leur est attribuée, les ravit d'aise. Ne plus s'entendre appeler, ne fût-ce que par un garçon de bureau, Monsieur le... ou Monsieur le... leur semblerait une déchéance. Ils se figurent être quelqu'un parce qu'ils sont quelque chose, et ne se doutent pas qu'ils ont manqué leur existence, que leur richesse aurait dû rendre féconde.

J'ai regardé vivre beaucoup d'hommes parmi ceux auxquels leur situation financière permet les libéralités, les tentatives généreuses et les hautes fantaisies. J'ai été surpris de la médiocrité des joies qu'ils cherchent pour la plupart, et dont ils se contentent. Au lieu de voir dans l'argent le moteur de leur agrandissement intellectuel, ils ne l'ont considéré que comme l'entremetteur de leurs plaisirs. Ils ne gardent même pas l'émotion des appels courtois et de l'attente ; avec eux les préliminaires sont supprimés, car tout s'achète. La frivolité de leurs conceptions égale la sottise des mises en scène qui seules peuvent les satisfaire.

Ils n'ont de délectable que les jouissances de l'amour-propre. L'admiration des désœuvrés, l'applaudissement de la coterie des viveurs suffisent à les rendre fiers. Leur orgueil n'est que de la vanité. La meilleure part de leurs préoccupations, je dirai même la constance de leur pensée, est pour le cheval et la femme, la femme à prix débattu, sans compter les pourboires.

Celle-ci se prend de préférence lorsqu'elle est devenue célèbre à l'ancienneté; jeune, toute fraîche et charmante, on la dédaigne, car elle n'a pas encore la notoriété qui attire les regards et excite les convoitises réservées aux réputations solidement établies. C'est quelque chose que d'être le maître — en apparence — chez telle fille en vue et sur piédestal; on cite les gens qu'elle a ruinés, les aventures où elle a joué son rôle, les hommes connus qu'elle a honorés ou déshonorés de ses faveurs. Si à cela on ajoute le jeu, on est accompli; on marche tête haute au premier rang du « gratin », c'est ainsi que l'on dit maintenant; on lit son nom dans les gazettes et l'on croit niaisement que l'on mène la « grande vie ». La grande vie, nous savons comment elle est faite; elle ne ressemble en rien à celle de ces soutiens de boudoirs, de baccarat et d'écurie qui, semblables aux chevaliers de Robert le Diable, ne sont bons qu'à chanter :

> Le vin, le jeu, le jeu, le vin, les belles,
> Voilà, voilà, voilà mes seuls amours !

Grand bien leur fasse!

Ils n'ont d'autre utilité sociale que de remettre en circulation l'argent amassé par les parents dont ils ont hérité. Lorsqu'un homme a fait une grosse fortune — il en est de colossales — dans la fabrication de ceci ou le commerce de cela, il rêve pour son fils les alliances les plus belles et les positions les plus hautes. Il meurt : son fils apparaît chef du nom et du sac. Il est si riche, que rien ne lui est interdit ; vaguement, dans les petits théâtres plutôt qu'ailleurs, il a entendu parler des roués de la Régence, du maréchal de Richelieu, du vicomte de Létorière ; voilà les bons modèles : il s'ingénie à leur ressembler et n'en est que la caricature. L'argent étant la seule puissance des démocraties, le néophyte de la vie tapageuse est promptement entouré, encensé, enivré. On en rit, mais on en profite; on s'en moque, mais on l'exploite. Il jette l'argent par les portes et par les fenêtres : il se dégraisse de quelques-uns des millions paternels, ce qui est louable. Il est bon que le fils de Pâris de Montmartel soit le Marquis de Brunoy; je trouve équitable que le descendant du maltôtier soit atteint de prodigalité maniaque.

Dans ce travail d'élimination du trop-plein, il est aidé par des demoiselles bienveillantes qui remplissent, dans notre société, le rôle que le tuyau de drainage joue dans l'agriculture : leur corne d'abondance incessamment remplie est toujours vide; elles répandent des trésors, n'en gardent rien, et vont souvent mourir à l'hospice, ayant dépensé des fortunes et n'ayant pas de quoi s'acheter le pain du jour. Elles n'ont été que les instruments du nivellement social ; à ce titre elles méritent peut-être quelques éloges : « Courtisanes, nos sœurs, » disait le sénat de Venise. Quant à ceux qui les ont momentanément enrichies sans profit pour elles, sans bénéfice pour eux-mêmes, ils meurent presque toujours obscurément, peu estimés, alourdis par leur oisiveté, abrutis par des plaisirs imprudemment prolongés, après une existence inutile et sans considération.

Certes, on n'est en droit d'infliger à personne un mode de vivre particulier; les héritiers largement pourvus qui gaspillent bêtement leur argent sont libres; mais n'est-il pas juste d'être surpris de les voir se rapetisser comme à plaisir, en suivant de propos délibéré les routes qui ne mènent à rien, car elles ne traversent que des terrains stériles pour aboutir au néant : néant des œuvres, néant de la culture individuelle, néant à la coopération de l'effort commun? Si au moment de mourir ces hommes se retournent vers leur passé, ils doivent être stupéfaits de la vacuité de leur existence. En somme, ils pouvaient être et n'ont pas été, car n'être que riche, c'est n'être rien. Les exemples pourtant ne leur ont point manqué. Que n'ont-ils imité quelques-uns de leurs égaux par la richesse qui ont compris que le bien que l'on fait, les découvertes que l'on provoque, sont la légitimation des fortunes surabondantes? En voyant les hôpitaux, les asiles, les orphelinats créés et entretenus par certains personnages opulents, en admirant les merveilles rapportées des voyages défrayés par eux, j'ai constaté, une fois de plus, que les hommes sont comme les jours : ils se suivent et ne se ressemblent pas.

On ne peut s'empêcher de ressentir quelque chagrin et quelque amertume en voyant que de tels exemples n'ont excité que bien peu d'émulation, et que l'idée de l'utilité générale ne peut germer chez les hommes exclusivement occupés de leurs jouissances matérielles. Tant pis pour eux, après tout; ils ignorent la plus grande des satisfactions, qui est la satisfaction intellectuelle et morale. Qu'aucun de ces viveurs, si promptement blasés sur les plaisirs dont ils ont fait le pivot même de leur existence, n'ait cherché ailleurs, je ne dis pas un devoir à remplir, mais simplement une distraction à l'ennui qui les étreint au milieu des bouteilles vides, des cartes et des femmes dont l'esprit consiste à n'en pas avoir, qu'ils n'aient point demandé un renouveau à des occupations fécondes, cela me confond.

Il ne manque pas de contrées admirables à parcourir, admirables par leur nature propre et par leur histoire, où chaque pas peut être une découverte. Histoire naturelle, archéologie, que de glorieuses moissons à rapporter dont la science profiterait, dont notre pays serait enorgueilli, dont le voyageur garderait une célébrité durable! Pour ne parler que de notre temps, en laissant de côté Champollion, Botta, Place et tant d'autres, que l'on considère ce que Schliemann a fait à Issarlik et à Mycènes, Mariette à Memphis, Maspéro dans toute l'Égypte, Dieulafoy à Suze. N'est-ce donc rien que d'inscrire son nom à côté de celui des Pélopides, des Pharaons, des rois Achéménides? de confirmer Homère, Eschyle, Hérodote? de verser un surcroît de richesse dans les trésors de l'histoire, de projeter la lumière sur la nuit des temps et de fournir à la science le document positif, le document irrécusable qui lui permet la reconstitution des époques disparues?

C'est une jouissance sans égale, et je suis surpris que les maîtres de l'opulence n'en soient pas tentés. S'ils savaient comme tout devient facile pour celui qui ne souffre point de la maladie que Rabelais nommait « faulte d'argent »; s'ils savaient de quelle gratitude on entoure ceux qui, spontanément, aident au développement de l'esprit humain, enrichissent les musées et viennent au secours de la science que son dénuement paralyse souvent et met aux abois, s'ils savaient cela, ils n'hésiteraient guère et sentiraient sourdre en leur cœur une plus haute ambition que de se pavaner en compagnie, de Tata Sel d'Oseille ou de se montrer au Bois de

Boulogne sur Talmouse — jument célèbre — par Sésostris et Miss Trompette.

J'ai connu le type même de ces hommes que la richesse conseille mal, que le plaisir facile entraîne et qui s'en vont à la dérive au milieu de frivolités de mauvais aloi, parce qu'ils ont dédaigné les jouissances de l'esprit. Je ne prononcerai pas son nom, que ne savent même plus sans doute ceux qui le poussèrent à la ruine sur le chemin de la vanité et qui levèrent les épaules en apprenant sa fin tragique. Lorsque j'avais dix ans, il en avait vingt-cinq; il fréquentait dans ma famille et me témoignait une affection que je partageais. C'était un grand, gros garçon d'allures vulgaires, d'esprit très fin malgré sa lourde apparence, jovial, bon enfant, amoureux de tout ce qui touchait aux choses de l'art, fanatique de peinture et travaillant avec assiduité dans l'atelier d'Eugène Dévéria, dont la *Naissance de Henri IV* avait promis un maître qui ne s'est jamais révélé.

Il était le fils d'un de ces riches négociants en vins de.... qui rapidement savent amasser une fortune considérable. Son père avait rêvé de le voir continuer un négoce que d'anciennes et solides relations eussent rendu facile et fructueux. Il regimba contre l'avenir qui lui était offert, s'engoua de la palette, méprisa les futailles et déclara qu'il serait peintre, rien de plus, en dépit des vignes héréditaires et d'une clientèle assurée. Du chef de sa mère morte, il avait hérité d'une petite fortune de cinq ou six mille livres de rente qui lui permettait de mener, sans trop de souci, l'existence d'un rapin ; il s'en contentait ; bien plus, il s'en délectait, et emmenait souvent ses camarades moins bien nantis que lui dîner dans les gargotes du quartier latin, qu'il habitait par prédilection.

Bien souvent, attentif et silencieux, je l'ai entendu expliquer à des jeunes hommes de son âge les projets qu'il comptait mettre à exécution plus tard, mais le plus tôt possible. J'étais choqué d'une phrase qu'il répétait volontiers et qui semblait l'expression d'une pensée dominante; il disait : « Quand mon père sera mort! » C'était comme si, à cette heure attendue avec peu de patience, une ère nouvelle allait s'ouvrir devant lui. Donc, lorsque son père serait mort, il donnerait à son existence d'artiste une ampleur grandiose ; il irait à Rome étudier Michel-Ange, à Venise tâcher de surprendre le secret des colorations du Titien, en Hollande tenter de s'approprier les procédés du clair-obscur de Rembrandt. Il ne ferait pas seul ce fécond voyage : il s'entourerait de compagnons choisis parmi des artistes intelligents et pauvres, qui se fortifieraient au contact des maîtres et accroîtraient le renom de la France.

Revenu de cette croisade entreprise pour conquérir la couleur et le dessin, il ferait construire à Paris une sorte de cité des beaux-arts, où les peintres, les graveurs, les statuaires, gratuitement logés, délivrés des soucis matériels de l'existence, pourvus des plus parfaits modèles que l'on pourrait découvrir, qu'au besoin l'on irait chercher en Grèce et en Italie, feraient des chefs-d'œuvre dont le pays s'enorgueillirait. « Il faut, disait-il, modifier l'enseignement et les méthodes, briser la tradition aujourd'hui surannée de l'école de David ; il faut renouveler la face de l'art, et je m'en charge, quand mon père sera mort. »

Brusquement, le père mourut ; une attaque d'apoplexie en ouvrit l'héritage et mit aux mains de son fils un peu plus de trois millions. A l'époque c'était une fort grosse somme et l'élève de Dévéria était en mesure de réaliser ses rêves. Enfin on allait donc pouvoir « renouveler la face de l'art ». J'attendis avec impatience, j'attendis longtemps, j'attends encore. Le pauvre garçon qui, aux jours de sa gêne relative, avait dressé de si beaux projets, les oublia dès qu'il fut en possession des écus sortis des tonneaux paternels. Il relégua la palette et les ébauches au grenier ; il monta sa maison ; dans une de ses propriétés il installa un haras, il paria, il joua, il dîna dans un café célèbre. Il se montra dans les endroits consacrés par la mode, il saisit l'Amour vénal par ses ailes de dindon, fut de quelques cercles bien hantés et, probablement en vertu des lois de l'atavisme, il y mérita une réputation de beau buveur dont il se trouva honoré.

Il fit courir, remporta quelques prix sur de modestes hippodromes et, pour son malheur, arriva bon second à un des Derbys de Chantilly. Dès lors il fut perdu; il voulut être un grand éleveur, rivaliser avec les héros du turf, avoir, lui aussi, une casaque illustre; mais on doit croire qu'il ne possédait pas les aptitudes du métier, qui coûte cher, car il se ruina. Il n'avait point la distinction extérieure qui séduit les cœurs peu exigeants; son nom plébéien n'était pas plus distingué que sa personne et ne pouvait exciter la convoitise d'une fille bourgeoise vaniteuse et riche; il ne lui restait donc pas même la ressource souvent douteuse de ce que l'on appelle un beau mariage. L'escarcelle était à sec. L'écurie de course ne payait même plus son avoine: l'âge était venu, la soixantaine allait sonner; le pauvre homme voulut en finir avec la sottise d'une existence qui, par sa faute, n'avait été qu'une série de déceptions; il y mit de la persistance, car il ne réussit à se tuer qu'au cinquième coup de revolver.

Renier les belles aspirations, les conceptions élevées de la jeunesse, se matérialiser de parti pris, s'appauvrir jusqu'au dénuement en poursuivant des satisfactions dont le médiocre le dispute à l'inutile, hâter l'heure suprême parce que l'on recule devant un aveu d'impuissance et un mode de vivre diminué, en vérité ce n'est point une destinée enviable, et pour celui qui l'a résolument choisie, il eût mieux valu ne pas naître.

VI

LES ILLUSIONS.

Les gens qui, gaspillant leur fortune, gâchent une force énorme, sont-ils de notre temps plus que de tout autre, et, en présence de ces témoignages d'inintelligence, de cette abdication de dignité personnelle, devons-nous gémir et dire : « Autrefois, il n'en était pas ainsi »? Non pas, le vice et la niaiserie sont de toutes les époques et nulle période de notre histoire n'en a chômé ; les mémoires secrets, les souvenirs intimes, les chroniques scandaleuses sont là pour en faire foi. La seule différence que l'on pourrait constater est celle-ci : jadis la vie à outrance était presque exclusivement pratiquée par deux catégories d'individus : les grands seigneurs et les gros financiers. Les familiers de l'OEil-de-Bœuf et les hommes de la maltôte rivalisaient de sottise et de dissolution ; le résultat est que souvent ils parvenaient au même but où les avaient conduits les mêmes prodigalités : la banqueroute Guéméné fait pendant à la ruine de Bouret, ce pauvre nigaud qui se crut monté au septième ciel parce que Louis XV, à court d'argent, avait été lui rendre visite, et qui mourut trop subitement pour s'être aperçu, un matin, que son coffre-fort était vide.

Aujourd'hui cette manie de dissipation s'est étendue en surface et a pénétré en profondeur : grâce aux progrès de l'industrie, du commerce et surtout de l'agiotage, bien des gens se sont enrichis, ont battu le pavé en matamores des piles d'écus ramassés dans des opérations peu douteuses, et ont déployé un luxe qui les rendait d'autant plus ridicules qu'ils ne l'étalaient que pour exciter l'admiration des gobe-mouches et récompenser l'adulation des aigrefins de leurs entours. Qui ne se souvient de ce financier de contrebande brusquement apparu, disparu plus brusquement encore, après quelques voyages aux contrées que gouverne Thémis, et dont la femme se montrait en plein jour avec un corsage fermé par des boutons de diamants gros comme des noisettes? Cette maladie faite d'extravagance, d'ostentation, du désir d'humilier le prochain, n'est pas près de finir, car elle est d'essence humaine et s'attaque de préférence aux pauvres d'esprit, qui jusqu'à présent ne sont en minorité chez aucun peuple.

Par une sorte de compensation salutaire, pendant que la folle vie attire de plus nombreux adeptes et gangrène des classes sociales qui l'avaient en partie évitée, le goût du travail se développe et élève certaines intelligences à un niveau qu'elles n'avaient pas encore atteint. On dirait, en vérité, que la nation, obéissant à l'instinct de la conservation personnelle, cherche à neutraliser le détestable exemple de l'oisiveté tapageuse, en redoublant son effort d'ascension vers les hautes cultures où l'esprit trouve la fécondation et les joies les meilleures. A cet égard encore notre temps est supérieur à ceux qui l'ont précédé. La destruction des barrières, qui cantonnaient les castes dans des limites déterminées que l'on ne pouvait franchir que par vent de fortune exceptionnel, a permis à la foule d'encombrer les avenues de toutes les carrières. La poussée est forte, j'en conviens, mais c'est presque toujours l'intelligence servie par le travail qui prend la tête et renouvelle ainsi la puissance productive du pays.

Considérez d'où viennent aujourd'hui nos grands savants, nos grands écrivains, nos grands artistes, nos grands soldats, nos grands industriels, tous ceux, en un mot, qui constituent le cerveau même de la France, et vous reconnaîtrez, à l'humilité de leur origine, qu'ils doivent tout à leur énergie et à leur labeur. Le nombre de ces athlètes, qui luttent dans l'arène de la célébrité, augmente chaque jour et accroît l'ampleur des gloires nationales. C'est l'aristocratie démocratique. Elle est son propre ancêtre ; volontiers elle répéterait ce que Kayserling disait, le 7 septembre 1764, à la diète qui appela Poniatowski au trône de Pologne : « Personne ne peut avoir vécu avant nous pour notre gloire. » Mieux que par les privilèges, les titres et les charges, elle domine par le travail, par la science, par les découvertes qui sont le bienfait universel.

En regard de ces hommes assidus et silencieux, que sont les viveurs écervelés et bruyants dont il vient d'être parlé? Rien, ou tout au plus ce que l'on nomme « une quantité négligeable ». Les uns et les autres se dédaignent mutuellement et ne délaissent point leur mode de vivre; ceux-ci absorbés dans leur œuvre et grapillant les minutes, comme disait Littré; ceux-là ne sachant quelles sornettes inventer pour plus mal dépenser les heures, car l'habitude d'être laborieux, l'habitude d'être dissipé les a saisis et ne les lâchera plus. Duclos, dans ses *Mémoires secrets de la Régence*, a exprimé une indiscutable vérité lorsqu'il a écrit : « Le goût du travail naît de l'usage que l'on en fait, se conserve, mais ne se prend plus à un certain âge. Il y a deux genres de vie très opposés, dont l'habitude devient une nécessité : la crapule et l'étude. »

Malgré l'espèce de notoriété qui entoure les dissipateurs en quête de plaisirs, malgré l'applaudissement des parasites, on ne doit point se laisser duper par de telles rumeurs. Si je citais le nom des « Lions » de mon temps — alors on disait ainsi — on n'en reconnaîtrait aucun, car leur bouffissure a disparu avec leur dernier cheval, leur dernière maîtresse, leur dernière sottise. Tout le bruit qui s'est fait autour d'eux s'est dissipé, n'a éveillé aucun écho, ne suscite aucun souvenir. Ceux qui jadis les ont aperçus, les ont oubliés, ou n'en parlent qu'en haussant les épaules.

Quelques-uns subsistent, survécus à eux-mêmes, se traînant çà et là pour démontrer que leur dernier souffle n'est pas encore exhalé; ils sont ce qu'il y a de pire au monde, des vieillards ridicules que personne ne peut se résigner à respecter. Les pauvres sires d'aujourd'hui, dont l'ambition est de recueillir leur héritage de futilité, sombreront comme eux dans l'oubli dédaigneux que l'on doit aux oisifs qui ont répudié le travail, c'est-à-dire la loi primordiale de toute société. Parmi les hommes de vingt à trente ans qui, à cette heure, apparaissent dans le champ clos de la vie, ils seront une infime minorité dont le tapage intempestif ne révèle ni la quantité ni la qualité.

En dehors de ces déserteurs de la bonne cause, la jeunesse actuelle — et celle-là se nomme légion — est à la besogne, penchée sur ses livres, au laboratoire, aux écoles, à l'atelier, au régiment, à la fabrique, sur le vaisseau, dans sa chambrette solitaire, les yeux vers l'avenir, ayant confiance et le cœur résolu. Elle s'amuse, je l'ai déjà dit, elle rit, elle chante, elle danse; si elle ne rosse le guet, elle s'en gausse; elle a beau faire, elle est de son âge et ne peut se soustraire aux injonctions de son printemps. Comme un écolier, elle a ses récréations et ses vacances ; quoi de plus naturel ? Mais, malgré ses escapades, ses cris, ses facéties, ses entrechats parfois excessifs, elle est mue par un souci qui domine tous les autres : le travail. Elle s'y contraint, elle y excelle.

Jamais la gymnastique intellectuelle n'a été plus en honneur parmi les jeunes gens. Ce mouvement date déjà de loin, mais il s'est accentué et a pris de fortes proportions depuis une dizaine d'années. On dirait que dans chacun de ces jeunes esprits est née la conception d'un devoir futur et que nul n'y veut faillir. Ce devoir leur apparaît hors de la fonction qu'ils comptent exercer et à laquelle ils se préparent. Peut-être éprouveraient-ils quelque difficulté à le préciser.

A travers les brumes de l'avenir ils aperçoivent quelque chose qui sera à la fois général et particulier ; c'est confus, mais on sent que ça sera redoutable. Le péril sera violent, on n'y échappera que par l'énergie et par des qualités acquises qu'aujourd'hui l'on s'efforce d'acquérir. D'où viendra le danger ? Ils seraient embarrassés de le dire ; ils en ont l'intuition plutôt que la vision, mais ils se virilisent pour y faire face et en triompher.

S'ils succombent, tout sera perdu, car l'assaut qu'ils prévoient sera double : autour de la maison et dans la maison même ; guerre et insurrection combinées, l'une et l'autre profitant de leur action parallèle pour saccager la patrie et l'état social.

Ce cauchemar — c'en est un — tourmente bien des jeunes gens; si jamais ce mauvais rêve devient une réalité, ils veulent être debout et défendre le sol natal en même temps que leur situation personnelle ; c'est pourquoi dès à présent ils s'entraînent à l'action et redoublent au labeur.

Dans les cours nouvellement ouverts et suivis avec assiduité, on dédaigne, trop peut-être, ce qui n'est pas d'une utilité pratique immédiate, et c'est pourquoi nous avons vu éclater la réaction contre les études classiques. Réaction et engouement ont été exagérés. « C'en est fait des belles-lettres françaises », s'écriait M. Dupanloup parce que l'on supprimait la confection des vers latins dans les lycées ; les belles-lettres ne sont point mortes, les vers latins ne sont point ressuscités ; à la vérité, ceux-ci n'ont jamais vécu dans les pays qui ne sont point de langue latine. Grâce à ces éliminations que l'expérience a fini par imposer, on a, sous quelques rapports du moins, allégé le fardeau scolaire dont les écoliers étaient accablés, au détriment de bien des notions indispensables à la vie même. Ces notions, les jeunes gens les recherchent, et pour peu qu'ils aient l'intelligence ouverte, ils s'en rendent rapidement maîtres. Ils ont rejeté, comme superflus et souvent erronés, bon nombre de lieux communs ayant force de loi, à l'aide desquels on nous a guidés jadis et qui nous ont valu bien des idées fausses que l'expérience individuelle a dû rectifier.

Ils sont assurés aujourd'hui que l'histoire n'est pas l'enseignement de la moralité : s'ils croient le contraire, ils n'auront pas tort. Ils savent que certaines études naguère fort en honneur, professées avec prédilection, ne sont que des jeux d'esprit, derniers restes de la scolastique, bulles de savon qui peuvent revêtir des teintes charmantes, mais qui crèvent au premier souffle, en laissant le souvenir d'une apparence agréable un instant entrevue. Ils n'ignorent point que le talent ne s'apprend pas ; on a beau l'enseigner, il reste un don naturel que le travail ne fait que développer, et ils sourient en lisant les traités dans lesquels on préconise les procédés aptes à produire le beau, l'éloquent et même le sublime. Ils s'occupent peu de philosophie, encore moins d'esthétique ; ils cherchent à se débrouiller dans le chaos de l'histoire pour en arracher la vérité, et la plupart subissent l'attrait des sciences exactes, parce qu'ils constatent les progrès que l'humanité leur doit et parce qu'ils espèrent arriver par elles à toucher de plus près la réalité.

A cet égard la jeunesse de nos jours vaut mieux que celle de mon temps ; elle semble s'efforcer de devenir « homme », afin d'être en état d'attaquer la vie par les côtés sérieux et de la maîtriser. La différence est essentielle ; maintenant les jeunes gens veulent diriger la vie : c'est elle qui nous a menés, car nous étions des rêveurs ; ceux de mon époque ont dormi sous le mancenillier; il me semble qu'ils ne se sont jamais complètement réveillés. En d'autres termes, nous nous sommes bercés de telles espérances, nous avons été nourris de telles illusions et nous avons été si profondément meurtris par le choc de la défaite, que nous en sommes restés étourdis. Que le destin épargne une si terrible douleur aux générations qui succèdent à la nôtre! Le coup fut brutal, plus d'un en est mort; ceux qui ont survécu ne sont pas les plus heureux.

Oui, nous étions des rêveurs, les amants de la lune, ainsi que disaient nos grands-pères en se raillant de nos enthousiasmes auxquels ils ne comprenaient rien. Enivrés par le romantisme que nous acceptions avec d'autant plus de ferveur que nous y étions les derniers venus, au moment même où, énervé par ses propres insanités, il était déjà entré dans la période de son déclin, n'y discutant rien, en admirant tout, nous avions pris pour paroles d'Évangile les billevesées débitées sur les théâtres, répandues dans les livres et même chantées dans les romances

Nous avions la foi du charbonnier; pour mieux dire, elle nous possédait, elle nous aveuglait et abolissait en nous tout discernement. Nous avons cru au platonisme en amour, à la sainteté du serment, au dévouement jusqu'à l'immolation de soi-même; nous avons eu toutes les exaltations. De l'ampleur de la forme nous avions conclu à la densité du fond ; il en résultait que, pénétrés d'exagération, nous avions grand'peine à reconnaître la vérité, qui, de son essence, est simple et souvent peu héroïque. Entre les choses et nous un verre grossissant était interposé ; les objets en étaient dénaturés, et nous ne le soupçonnions pas.

Ce n'est point sans inconvénient et parfois sans préjudice grave que l'on vit dans des milieux factices, dans des perspectives disproportionnées, les yeux fixés sur un horizon qui n'est qu'un décor peint par la rêverie. Malgré l'expérience qui lentement corrige, on conserve de cette éducation imaginative quelque chose d'indécis dans la conception, d'excessif dans les projets, de démesuré et par conséquent d'inutile dans l'action. Ceux qui furent ainsi, — et de mon temps ils étaient nombreux, — ont été frappés par bien des blessures au cours de leur vie qui, sans être malheureuse, a si peu répondu à l'idée préconçue, qu'ils se sont sentis désorientés et, pour ainsi dire, dépaysés. Nous marchions dans les nuages, route peu solide ; elle s'effondre et l'on s'écroule avec elle ; contusions internes, disent les médecins : on en souffre longtemps.

D'autres causes plus lointaines et moins trompeuses avaient concouru à nous mettre en tête des opinions que nous avions reçues en toute confiance et qu'il eût été sage de contrôler avant de se les assimiler. Nous étions excusables, car ces opinions nous venaient de haut et s'alimentaient aux meilleures sources de notre cœur. Les hommes de mon âge ont été élevés sur les genoux des soldats du premier Empire, survivants de ces guerres gigantesques qui ont terrifié et bouleversé le monde. Elle était déjà faite, la légende dont on fut affolé. Des généraux, des colonels m'en ont bien souvent fait le récit, alors que j'étais un bambin et qu'en les écoutant je criais d'admiration, je trépignais de rage ou je sanglotais, selon qu'ils me parlaient d'Austerlitz, du passage de la Bérézina ou de Sainte-Hélène.

Le désastre de Russie, rigueur du climat; la défaite de Leipzig, trahison; la catastrophe de Waterloo, conspiration monarchique; sans cela c'était la victoire, car la France est invincible. Que mes contemporains interrogent leur mémoire; n'est-ce pas là ce que l'on nous raconta dès que notre esprit put percevoir le sens d'une phrase, dès que notre langue put bégayer un mot? Les domestiques, qui alors avaient presque tous porté le harnais militaire et fait campagne en Europe, renchérissaient encore. L'un d'eux qui, les jours de congé, venait me chercher au collège, me disait qu'à l'entrée des Français à Vienne, l'armée était précédée par six mille tambours battant la charge. J'aurais juré qu'ils étaient six mille, pas un de moins.

Ah! les belles, ah! les sottes histoires! quelle perversion elles mettent dans les jeunes cervelles!

Aussi nous ne concevions d'autre nation que la nôtre, nous n'admettions d'autre gloire que celle de la France ; à force de l'aimer, de l'admirer, nous en étions arrivés à ne plus la voir telle qu'elle est, et à croire, sans effort ni scrupule, qu'elle n'avait qu'à froncer le sourcil pour faire trembler la terre. Cette foi obtuse a duré longtemps et nous a coûté cher. Nous avons pu constater qu'il est imprudent, comme l'on dit, de s'endormir sur ses lauriers et qu'il est sage de répéter chaque jour, avec les premiers sujets et les doublures, le drame que l'on sera peut-être condamné à jouer. Cette conviction a pénétré aujourd'hui l'âme de la jeunesse ; mais en mon temps on eût ri au nez de quiconque se fût permis de l'énoncer.

On le vit bien en 1840, lors de ma dix-huitième année, quand les complications des affaires d'Orient amenèrent l'Autriche, la Prusse, l'Angleterre et la Russie à se lier par une convention dont la France était exclue. Pour nous autres, bacheliers de la veille ou du lendemain, il n'y avait pas à hésiter : partir au pas accéléré pour Pétersbourg en faisant étape à Vienne et à Berlin. Nous chantions la *Marseillaise* à tue-tête, nous n'apprenions même pas l'exercice, car d'instinct le Français connaît le maniement des armes. C'est « dans le sang », disait-on, et chacun répétait : « Oui, c'est dans le sang. » On attendait avec impatience le moment de se mettre en route, le sac au dos et la giberne au flanc ; ce ne devait être qu'une promenade.

On ne partit pas ; la *Marseillaise* redevint « subversive » et nous dûmes renoncer à aller prendre, dans les capitales de l'Europe, le logement où nos pères avaient couché. La déconvenue fut cruelle et l'opposition contre « le Gouvernement de la paix à tout prix » en reçut une impulsion vigoureuse. Je ne crois pas me tromper en affirmant que cette « reculade », c'est ainsi que l'on disait, fut une des causes lointaines de la chute de Louis-Philippe. Après plus de cinquante ans, à distance historique, on doit reconnaître que le roi fut sage : il lutta contre l'opinion publique, contre l'effervescence belliqueuse de la jeunesse, il sauvegarda la paix et fort probablement l'intégrité du territoire. Cependant il ne sut pas alors — le sut-il jamais ? — que la coalition des quatre puissances était disloquée et que l'Autriche s'était retirée parce qu'elle redoutait par-dessus tout de voir la France l'attaquer dans ses possessions d'Italie [1].

---

[1]. Je tiens le fait du comte Dimitri Nesselrode, fils du comte Nesselrode, grand chancelier de Russie. Il était, en 1840, conseiller ou secrétaire de l'ambassade russe à Vienne. Le prince de Metternich le chargea d'aller à Pétersbourg faire connaître à son père cette décision et les motifs qui l'avaient déterminée. Si je ne me trompe, le grand chancelier de l'empereur Nicolas garda le secret sur cette communication, afin de ne pas décourager la Prusse et l'Angleterre.

A la suite de ces événements, d'où sortit le dernier ministère qui devait présider aux destinées du gouvernement de Juillet et en précipiter la chute, il y eut un regain de folies parmi la jeunesse, comme si l'on eût cherché une diversion à la déception que l'on venait d'éprouver. Encore un peu, et les danseuses des bals publics vont exciter des curiosités qui furent pour surprendre ; les femmes de la bonne compagnie s'empressaient de les aller regarder. C'était déjà trop, et ce n'est que plus tard, sous le second Empire, au palais des Tuileries, qu'elles s'efforceront de les imiter et qu'elles abaisseront d'autant plus les usages qu'elles lèveront la jambe plus haut. Sous Louis-Philippe nulle femme ayant souci d'elle-même n'eût commis l'indécence de singer Clara Fontaine ou la reine Pomaré ; à la cour de Napoléon III, des grandes dames se firent gloire d'être les émules chorégraphiques de Rigolboche et d'imiter Thérésa en chantant :

> Il a liché tout' la bouteille,
> Rien n'est sacré pour un sapeur !

Passons ; le mal que l'exemple donné par certaines étrangères, dont on s'était engoué, a fait à la France est incalculable.

« Trahie vraiment par ses aînés, notre génération a droit de se plaindre. » C'est un de mes contemporains, l'un des plus illustres, c'est Ernest

Renan qui a formulé cette pensée. Est-elle équitable, et ne subissons-nous pas plutôt le châtiment de notre propre faute, de nos illusions, de la conception outrée que nous nous étions faite de la vie, des aspirations généreuses jusqu'à l'utopie dont nous avons nourri nos espérances et par lesquelles nous avons aidé nous-mêmes à nous tromper? A force de regarder loin, nous avons perdu de vue ce qui se passait sous nos yeux, et nous avons été rassasiés de déceptions.

Quelle envolée vers l'avenir et quelle naïveté de confiance dans le progrès humain! Nous avions prêté une oreille curieuse aux prédications des Fouriéristes et des Saint-Simoniens, dont le panthéisme vague ne nous avait pas laissés indifférents. Le thème était admirable, quoiqu'il ne fût pas nouveau : Aimez-vous les uns les autres. Nous avons rêvé de vastes prairies où les loups et les moutons s'embrasseraient mutuellement sur leurs côtelettes ; la loi d'amour, que nous aurions voulu promulguer, mettait à néant les haines et la guerre ; nous avons cru à la solidarité des peuples, à la fraternité universelle, à l'ardeur vers le bien, à l'horreur pour le mal, à la fin des violences, au baiser de paix sur toutes les lèvres. Ce rêve, des hommes d'une intelligence suprême s'y sont associés : Littré l'a publiquement confessé et en a fait pénitence.

A ce rêve l'histoire a répondu, de mon vivant, par la révolution de Juillet, par les émeutes du règne de Louis-Philippe, par la révolution de Février, par l'insurrection de Juin, par le coup d'État du 2 Décembre, par la révolution du 4 Septembre, par la Commune, par le massacre des otages, par l'incendie de Paris. C'était de quoi dissiper les songes où nous avons vécu; c'est de quoi, j'espère, les éloigner à jamais de la jeunesse, qui peut méditer aujourd'hui sur les événements d'hier. Notre héritage n'est pas enviable, je le sais; tel qu'il est, que la jeunesse l'accepte d'un cœur viril et qu'elle soit prête à l'action. Qu'elle se pénètre bien de cette immorale vérité : Si elle est la plus forte — dans les conflits externes aussi bien que dans les luttes intérieures — le droit sera pour elle. *Quia nominor leo!* La devise est détestable, mais elle est encore, malgré protestation, le seul dogme que reconnaisse l'humanité.

Ces rêveries, si douces qu'elles aient été par leur fausseté même, ont été funestes aux hommes de ma génération : elles ont assoupi leur vigueur et amolli leurs efforts. Combien en ai-je vu qui sont partis d'un vif élan et qui ne sont jamais arrivés! Ils se sont trahis eux-mêmes et n'ont pas eu besoin de la trahison d'autrui pour être arrêtés en route. Si quelques-uns, selon l'expression d'Ernest Renan, ont été « vraiment trahis par leurs aînés », ce sont ceux qui ont pris la plume en main et que l'amour des lettres animait.

A l'heure où je fus jeune, il était trois hommes

dont nous avions fait des idoles; nous les adorions. C'étaient Lamartine, Victor Hugo et Alfred de Musset. Notre petit corps de troupes ne les quittait pas des yeux, afin de mieux tenter de les suivre. Ils ont déserté. Lamartine nous a trahis pour la politique; par émulation ou toute autre cause, Victor Hugo l'imita : il fallut les cruautés de l'exil pour le rendre à la Muse, qui pleurait son abandon; Alfred de Musset nous a trahis pour un enivrement qui n'était point celui de la poésie.

Nos dieux descendaient volontairement de l'autel que nous leur avions voué ; il me semble qu'ils ont ainsi témoigné de peu d'intelligence et qu'ils ont délaissé la route lumineuse, la voie sacrée, pour suivre le sentier banal — petite vicinalité — qui ne mène point sur les hauteurs. L'exemple fut pernicieux, et plus d'un qui aurait pu glorifier les lettres a été en politique un comparse inutile; car « les hommes pratiques sont rares et les hommes d'imagination ne font jamais rien qui vaille »; le mot est de George Sand et l'histoire le justifie. N'est-il pas vrai, — « réponds, amant d'Elvire, » comme eût dit Alfred de Musset, — n'est-il pas vrai que le gouvernement dont vous étiez l'âme nous a conduits à l'insurrection du mois de juin 1848 ? La catastrophe fut telle, que Lamartine ne s'en est jamais relevé ; l'homme politique en fut à jamais déchu, et quand le poète tenta de reprendre sa lyre, il reconnut que les cordes en étaient brisées.

Si l'on veut porter un jugement impartial sur les hommes de ma génération qui se sont exclusivement consacrés aux lettres, il faut considérer dans quelles circonstances ils ont débuté. Sur le seuil de leur trentième année, au moment où, vibrant d'ardeur, ils entraient dans la bataille littéraire, ils ont été vaincus, ou tout au moins désarmés par le coup d'État du 2 Décembre 1851, qui n'était point dirigé contre eux, mais qui les atteignit en plein cœur. La censure, immédiatement rétablie, fut bientôt remplacée par le décret du 17 février 1852, qui réduisait dérisoirement le nombre des journaux et asservissait la presse tolérée au bon vouloir — au mauvais vouloir serait plus exact — d'une administration timide jusqu'à la pusillanimité et par conséquent tracassière. Il ne s'agissait là que de politique, pourra-t-on dire, et non point d'œuvres d'imagination. Écoutez un maître ès politique et ès lettres :

« L'indépendance de la pensée est aussi nécessaire, même à la littérature légère, aux sciences et aux arts, que l'air à la vie physique. L'on pourrait aussi bien faire travailler des hommes sous une pompe pneumatique en disant qu'on n'exige pas d'eux qu'ils respirent, mais qu'ils remuent les bras et les jambes, que maintenir l'activité de l'esprit sur un sujet donné, en l'empêchant de s'exercer sur les objets importants qui lui rendent son énergie, parce qu'ils lui rappellent sa dignité. » C'est ainsi qu'a parlé Benjamin Constant, et ni les faits, ni les hommes ne le peuvent démentir. La politique, du reste, n'était pas seule en jeu ; qu'avait-elle à faire avec *Madame Bovary*, avec *les Fleurs du Mal*, dont les auteurs eurent à s'asseoir sur le banc que le tribunal de police correctionnelle réserve aux escrocs, aux vagabonds et aux filles perdues ?

VII

LE SERVICE MILITAIRE.

Les conditions dans lesquelles se développe la jeunesse d'aujourd'hui, que l'on pourrait nommer la jeunesse du centenaire de la Révolution française, sont différentes des conditions où nous nous sommes trouvés en notre vingtième année. Le mode électoral et le mode de recrutement militaire constituent seuls une dissemblance essentielle ; sous ce double rapport, la modification est profonde. Autrefois entre les diverses catégories sociales l'inégalité des droits et des devoirs était flagrante. Le système censitaire, n'accordant le privilège du vote et de l'éligibilité qu'aux hommes payant une quotité d'impôts déterminée, rejetait hors du scrutin la masse de la population, celle-là même qu'en un jour de méchante humeur M. Thiers a qualifiée de vile multitude et qui, à cette heure, forme la majorité du suffrage universel.

La loi militaire, réglant la conscription par la voie du sort et autorisant le remplacement, permettait aux gens « aisés » de se soustraire au métier des armes, presque exclusivement exercé alors par de pauvres diables, fils d'ouvriers, fils de paysans qui avaient besoin du travail de leur bras pour vivre. Ces deux dispositions légales, formant une sorte de privilège, avaient été jalousement maintenues, sous la Restauration et sous le gouvernement de Juillet, par la bourgeoisie, qui y trouvait son avantage. C'est en s'obstinant à protéger le système censitaire contre d'assez modestes revendications qu'elle a laissé renverser une monarchie qui lui était chère, et c'est en s'opposant à l'adjonction électorale de ce qu'en 1848 on nommait les « capacités », qu'elle a ouvert l'accès du pouvoir aux incapacités. Jamais comédie ne fut plus complète, mais on peut reconnaître qu'elle a été décevante pour ceux qui l'ont jouée.

Ce système censitaire avait cela de cruel et de particulièrement injuste, qu'il donnait l'exclusion législative à des hommes dont l'intelligence aurait pu être utile au pays et qu'il les repoussait vers une opposition systématique qui n'était pas toujours sans perfidie et sans danger. Beaucoup de candidats à une législature cotée trop haut pour être accessible aux médiocres fortunes furent découragés par d'insurmontables difficultés ; mais quelques-uns, plus avisés ou mieux apparentés que les autres, firent leur accommodement avec le scrutin sur le dos même de la loi. C'est le fait des mesures excessives, on les tourne lorsqu'on ne peut les détruire. On s'arrangeait entre amis ou en famille ; les déclarations de propriétés immobilières étaient faites au nom d'un seul individu, qui dès lors était censé acquitter les droits dont le bulletin de l'électeur et le mandat du député étaient frappés. Il en est plus d'un — tous de l'opposition parlementaire — qui, grâce à ce subterfuge, n'ont point eu mauvaise attitude législative pendant le règne de Louis-Philippe.

Quant au service militaire, il ne s'agissait que de posséder quelque argent pour l'éviter. Si l'on avait tiré le numéro qui obligeait à sept années de présence sous les drapeaux, coupées généralement par un congé de semestre et diminuées des douze derniers mois, on en était quitte pour « acheter un homme » ; c'était le terme consacré. Les agences de remplacement étaient nombreuses alors. Moyennant une prime d'assurance qui, en période pacifique, variait de 800 à 1000 francs, ces compagnies fournissaient un remplaçant au fils de famille qui renâclait devant le havresac. Si l'on avait vainement compté sur la bonne fortune d'un numéro favorable, si l'on était « tombé au sort », il en coûtait plus cher ; les colonels faisaient les dégoûtés, ils exigeaient taille pour taille, ils avaient des préférences pour certaines catégories de mercenaires, et le conscrit, qui ne voulait pas aller manger à la gamelle, était souvent contraint d'ouvrir sa bourse plus largement qu'il ne l'eût désiré.

La conscription telle qu'elle était alors pratiquée, le cens électoral, — le cens d'élimination, — ont disparu et ont été rejoindre tant de lois abrogées que nous avons applaudies parce qu'elles constituaient un progrès sur les lois antérieures et qui maintenant, par le seul fait du mouvement des esprits et d'habitudes acceptées, révolteraient la conscience publique si l'on tentait de les remettre en vigueur. Aujourd'hui le suffrage universel a remplacé le suffrage restreint ; le service militaire obligatoire pour tous a été substitué à la loterie d'autrefois.

Cette dernière mesure est rigoureuse, mais elle a été imposée par des événements tels, qu'elle n'est même pas discutable. Si l'on veut constater avec quelle gaieté de cœur, avec quelle inconséquence nous avons couru au-devant du désastre, il faut avoir le courage de lire, dans le *Journal officiel*, la discussion parlementaire sur la loi militaire, sur la loi de salut que le maréchal Niel présenta en 1867 au Corps législatif, d'où elle sortit amputée, invalide, nulle. Il faut voir avec quelles billevesées, trop naïves pour n'être pas coupables, on la combattit afin de la réduire à néant, sans se soucier de reconnaître que, sous prétexte de diminuer l'Empire, c'était la France que l'on sacrifiait. C'est là un des incidents les plus tristes de notre histoire contemporaine, et c'est à cet incident qu'il convient, en bonne justice, de faire remonter une large part de la responsabilité. Le résultat, nous le connaissons, c'est le traité de Francfort. L'expérience est faite, il eût été facile et patriotique de nous l'épargner ; on en a du moins profité ; on a tâtonné, on a amélioré lentement, prudemment, et désormais la France a pour armée la nation entière.

Certes le fardeau est lourd ; c'est la jeunesse qui en porte le poids ; mais nulle épaule n'a fléchi et l'on « se sent les coudes » pour le soutenir. Ce serait faire la part trop belle à la débilité humaine que d'affirmer qu'aucune protestation intérieure ne s'est élevée ; mais la protestation n'a pas encore dépassé les lèvres, les cœurs n'en ont rien laissé paraître et jusqu'à présent chacun est ferme au devoir.

Il est dur cependant d'interrompre ses études, de voir reculer l'heure de l'entrée dans la fonction d'où l'existence va dépendre, de vivre dans la promiscuité des casernes, dans le pêle-mêle des chambrées, de faire des marches forcées, des factions énervantes, d'obéir aveuglément à des supérieurs subalternes dont le galon n'atténue pas l'infériorité, de n'avoir ni liberté pour la rêverie, ni loisir pour le travail, et de rester correct au milieu des « bamboches » où s'empressent les camarades. Tout est accepté ; les moins résolus disent : « C'est un mauvais temps à passer, » et on le passe. Il n'est point possible, dès à présent, après une expérience de si courte durée, de prévoir les conséquences de l'introduction par masse, dans l'armée, de l'élément instruit, intelligent, bien élevé et trop souvent ironique.

Est-ce la jeunesse laborieuse qui en souffrira et s'affaissera au contact des grossièretés dont on ne se fait pas faute au régiment? est-ce, au contraire, l'exemple de ces conscrits d'élite qui exercera une influence salutaire sur l'armée, en y dissipant bien des ignorances et en y apportant des habitudes quelque peu raffinées? Je ne sais; j'espère que la « classe éclairée » comprendra son devoir et deviendra la protectrice amicale de ces pauvres garçons, arrachés à la charrue, tourmentés par le mal du pays, que tout effraye, que tout rebute et qu'il est facile de dégrossir, pour leur bien pendant qu'ils sont au service, pour leur plus grand bien lorsqu'ils seront retournés à la glèbe. Être à la fois soldat, consolateur, précepteur, c'est un beau rôle, et l'on peut être assuré que plus d'un jeune homme s'en emparera entre les exercices et les promenades militaires; on y trouvera la compensation aux fatigues, aux dégoûts, et l'on en retirera le bénéfice d'avoir fait acte de bon cœur et d'intelligence.

Pour beaucoup d'officiers, vieillis sous les palmes, et ayant pénétré jusqu'au profond de l'âme du soldat, le service obligatoire est une cause d'inquiétude. Selon eux, le moral des armées en sera modifié, ce qui serait de conséquence autrement formidable que la poudre sans fumée et les fusils à répétition. Ils s'attendent à être souvent étonnés au cours de la prochaine guerre, tant on y sera dérouté par des éléments inconnus. Sans trop l'avouer, ils redoutent la clairvoyance qui souvent amortit l'élan des efforts que l'on juge inutiles, et plus encore ils redoutent l'esprit de discussion qui désagrège la discipline et substitue le raisonnement à l'obéissance passive. Quelques-uns vont plus loin et accepteraient l'opinion qu'un Anglais — Rudyard Kipling — a formulée en ces termes : « Pour parler net, une armée ne doit être composée que de brutes énergiques et de gentlemen ; ou plutôt, de brutes commandées par des gentlemen, afin que la besogne de boucher qui lui incombe soit dépêchée promptement et proprement[1]. » La question est trop grave pour que j'essaye de la résoudre : je me récuse, je n'ai pas qualité.

Au début de la reconstitution de notre armée, on avait emprunté à l'Allemagne une disposition que je crois excellente et qui a été abrogée, sans doute parce qu'elle ne s'adaptait pas extérieurement au principe d'égalité, lequel, lorsqu'il est appliqué d'une façon pharisaïque et seulement selon la lettre, engendre des inégalités détes-

[1]. Voir *Revue des Deux Mondes*, 1er décembre 1891, p. 589, *Deux petits tambours*, par Rudyard Kipling, trad. Th. Benzon.

tables : je parle du volontariat d'un an, qui, tant qu'il a subsisté, a produit de bons résultats et qu'un accès de jalousie démocratique a fait supprimer. Il est élémentaire cependant qu'un garçon ayant reçu une instruction que l'on peut apprécier dans un examen public, est plus apte et plus rapide qu'un paysan, qu'un illettré, à s'assimiler les règles de la théorie et à comprendre les exercices enseignés.

En résumé, quel est le but poursuivi par toute loi militaire ? Prendre un homme, le soumettre à un entraînement particulier, lui donner une éducation spécialisée, de façon à en faire un soldat propre à maintenir l'honneur et à protéger la sécurité du pays. Selon les aptitudes, le tempérament, le degré d'intelligence, cette instruction, qui n'exige pas un grand effort d'intelligence, s'acquiert plus ou moins promptement. Je suis de l'avis de Moreau de Jonnès qui dit : « Il suffit de soixante à quatre-vingts jours pour faire d'un étudiant échappé du collège un militaire sachant bien le service de l'arme (artillerie) dont l'instruction est la plus étendue et la plus difficile [1]. »

L'idéal serait une loi qui limiterait la durée du service à l'acquisition des connaissances indispensables au métier. Cela est impossible, je le sais, car chaque article de cette loi serait obligé de

1. Moreau de Jonnès, *Aventures de guerre au temps du Consulat et de l'Empire*, t. I, p. 131.

tenir compte des exceptions ; on a trouvé plus simple d'égaliser toutes les natures, si différentes qu'elles soient, par une mesure générale. Et cependant, si « tous les Français sont égaux devant la loi », le sont-ils devant l'instruction, qui est le résultat des facultés individuelles mises en œuvre par le travail? Or l'instruction militaire n'est pas autre chose que le produit d'un enseignement, au sens précis du mot : école du soldat, école de peloton, école de bataillon, officiers, sous-officiers instructeurs ; ces dénominations ne laissent place à aucun doute.

Une année de régiment permettrait amplement d'inculquer les notions militaires à des lettrés, familiarisés avec l'étude, un peu accoutumés à la réflexion et, pour la plupart, déjà rompus aux exercices du corps. Tout le temps égalitairement supplémentaire employé sous les armes est du temps perdu pour le soldat, qui n'a plus rien à apprendre, et pour l'homme, qui voit reculer l'heure d'aborder la carrière à laquelle il se destine ; l'armée n'y gagne rien et la fonction civile y perd. Non, le volontariat d'un an ne portait point préjudice au principe même de notre état social, et je regrette que des considérations médiocres l'aient fait disparaître.

J'ai vu avec peine les jeunes gens studieux et de bonne éducation privés du volontariat d'un an; mais j'avoue, quitte à me faire vilipender, que je verrais avec plaisir instituer l'involontariat de sept ans pour les entrepreneurs de dissolution, coureurs de filles, de brelans, de soupers, qui jettent la fortune paternelle aux quatre vents de la sottise. Cela leur enseignerait que la vie n'est pas faite exclusivement pour polissonner, que chacun doit sa petite part de labeur à l'œuvre collective et que, sous peine d'y être contraint, il faut se rendre utile. Je serais satisfait qu'ils fussent ainsi relevés de leur déchéance morale et, comme les voyages forment l'esprit tout en raffermissant le cœur, je leur imposerais quelques déplacements du côté du Sénégal et du Tonkin.

Si les dames de compagnie qui les assistent désirent les suivre, je n'y contredirais pas et je pousserais la galanterie jusqu'à leur offrir le passage gratuit. Arrivées dans ces contrées, dont les paysages ne leur rappelleraient que vaguement les allées du Bois de Boulogne, elles serviraient, à leur manière, la cause de la civilisation. Entraînées par des curiosités d'artiste et désireuses de feuilleter le grand livre de la nature à toutes les pages, elles étudieraient de près les indigènes ; il en résulterait une race métisse, dont il serait avantageux de tirer parti pour la colonisation. Je crains que ce projet ne soit pas adopté ; ce serait fâcheux, car la mesure que je propose profiterait à nos possessions d'outre-mer tout en nettoyant Paris, sans qu'il y parût beaucoup, car les étrangers qui viennent y faire leurs frasques suffisent à lui valoir sa mauvaise réputation, « que l'Europe nous envie ».

Si, par la loi militaire, la nation est astreinte au service des armées pendant un temps déterminé, par la loi électorale elle est souveraine ; le bulletin de vote dont elle est absolument maîtresse lui permet de fixer la forme et de susciter les actes du gouvernement. Il en résulte qu'elle est un moteur tout-puissant, mais dont la responsabilité est nulle à force d'être divisée, ou, pour mieux dire, éparpillée : ce qui autorise les erreurs et abolit les regrets. Donc servitude imposée par un devoir, prépotence reconnue par un droit : c'est là une compensation que le bon Azaïs n'avait point prévue dans son système ; nous ne l'avons pas connue au temps de ma jeunesse et je ne sais s'il y a lieu de s'en lamenter. Par notre âge, nous étions forclos des compétitions électorales, et lorsqu'elles nous furent accessibles, après la Révolution de 1848, nous avions si bien pris l'habitude de n'y jamais songer, que bien peu de nous y pensèrent ; notre voie était déjà prise, et ils furent rares ceux qui bifurquèrent pour entrer dans le chemin par où l'on arrive plus souvent aux chutes qu'aux apothéoses.

Aujourd'hui il n'en est plus ainsi ; le suffrage universel, rendant tout le monde électeur et tout le monde éligible, a déterminé sinon des passions, du moins des aspirations politiques, dans les jeunes têtes. Plus d'un étudiant en droit n'écoutant pas les commentaires de son professeur sur le *jus romanum*, plus d'un futur docteur portant le noble tablier de l'internat, plus d'un élève de l'École d'Alfort promenant son scalpel sur la carcasse d'un cheval crevé de la morve, plus d'un élève en pharmacie se faisant des limonades avec quelques gouttes d'acide sulfurique versées dans un verre d'eau sucrée, rêve de la tribune de la Chambre, prononce intérieurement des discours à succès, démolit sans barguigner toutes nos institutions, et devient enfin ministre pour les mieux conserver.

Cette vision ne nous tourmentait pas; nous avions d'autres préoccupations : un beau tableau exposé au Salon annuel, un bon vers dans un poème, un coucher de soleil sur la mer, un nouveau livre, nous intéressaient autrement que toute manœuvre politique; et en vérité que nous importait de savoir si M. Guizot conserverait son portefeuille ou s'il en serait débarrassé par M. Thiers? Les journées de Février nous réveillèrent en sursaut, mais pour peu de temps, et tout de suite nous fûmes rendormis dans les rêves où nous aimions à être bercés. Ah! nous n'étions guère pratiques, je le confesse. Nous aussi nous avions mangé le fruit du lotos, qui croît dans les régions de la rêverie mieux encore que dans la Petite Syrte africaine. Il me semble que tout ce qui nous a surexcités est passablement dédaigné aujourd'hui ; sous prétexte de regarder vers des choses plus solides, on saisira peut-être des choses plus creuses et surtout plus éphémères que celles dont nous avons vécu. Je constate seulement que l'attrait politique, c'est-à-dire l'ambition du pouvoir — car ce n'est rien d'autre — a plus de partisans, ou, si l'on veut, fait plus de victimes maintenant qu'autrefois.

Parmi ceux qui chercheront la victoire électorale, qui abandonneront un bon métier pour l'aléa des inconstances parlementaires, beaucoup toucheront successivement au but qu'ils convoitent. Il en est arrivé tant, de si singulière ignorance et de telle platitude intellectuelle, que le désir et l'espoir d'escalader les sommets ministériels ne doivent être interdits à personne. Les candidats futurs, qui sont encore sur le banc des écoles, apporteront leur illusion d'eux-mêmes et leur manie de gouverner. Sera-ce un bien, sera-ce un mal? Nul ne peut répondre. La France le saura dans quelque cent ans, car il faut des expériences longues et renouvelées pour apprécier les résultats d'un mécanisme gouvernemental. Dans ce qui se passe sous nos yeux depuis déjà longtemps, — je ne parle pas plus spécialement du régime actuel que de ceux qui l'ont précédé, — il me semble — aussi peu que je m'en sois occupé — reconnaître de l'incohérence, de l'infatuation, la substitution de la parole aux actes, une soumission peu excusable à des hommes dont la valeur serait à discuter, des engouements burlesques et une vanité qui aurait besoin d'être justifiée.

Je crois que souvent l'on a choisi pour professeurs des gens qui n'avaient point appris la grammaire, et je cherche en vain une école politique basée sur l'expérience qui se dégage de l'histoire, sur l'étude des besoins de la société moderne, sur la constatation des phénomènes encore embryonnaires mais déjà perceptibles du mélange, pour ne pas dire de la confusion des classes, sur la nécessité de parer au péril qu'offre la hiérarchie factice et mobile qui excite la raillerie ou l'incertitude, selon qu'elle était hier ou qu'elle sera demain. Cette école, d'où sortira peut-être la grande politique de l'avenir, qui doit être la conciliation des intérêts, non seulement de citoyens à citoyens, mais de peuples à peuples, est-ce la jeunesse actuelle qui en dotera le monde, la jeunesse active, laborieuse, que je regarde avec une tendresse pleine d'espérance? Qu'elle soit à jamais bénie si elle formule les lois de la politique, comme l'on a promulgué les lois de la morale et découvert les lois de la science. — Dieu me pardonne! voilà que, malgré mon grand âge, je me reprends à rêver. Incorrigible et impénitent, c'est trop de deux pour un vieux pécheur.

Le suffrage universel est-il un danger pour la civilisation, justifie-t-il l'opinion de Gouverneur

Morris qui a dit : « La majorité numérique, non seulement peut, mais souvent veut ce qui est injuste et fou » ? Est-ce au contraire le génie, parfois indécis, mais bienfaisant, qui tient en main la clef des portes de l'âge d'or ? Question insoluble aujourd'hui et à laquelle l'avenir éprouvera peut-être quelque difficulté à répondre. Un étranger m'a dit : « Votre suffrage universel est une abomination : c'est le microbe qui infectera toutes les monarchies d'Europe et les détruira. » Cela est bien possible. Si la prophétie se réalise, il est certain que les monarchies ne seront point satisfaites ; mais il se pourrait que les peuples n'en fussent pas fâchés. Si « le vent qui souffle à travers la montagne » doit enlever quelques couronnes au delà de nos frontières, comme il en a emporté plusieurs en France, nous n'avons guère à nous en préoccuper ; ces abdications peu volontaires sont réservées — si l'on en croit les prophéties — pour les jours où vivront nos petits-enfants.

Que n'a-t-on pas dit pour et contre le suffrage universel ? On le vilipende, on l'acclame selon que l'on regarde vers le couchant ou vers l'orient ; il en est de lui comme de toute chose humaine : il a sa part de bien, il a sa part de mal ; il n'est pas plus parfait que toutes les lois électorales qui l'ont précédé ; il est préjudiciable aux uns, il est favorable aux autres ; il est à la fois aveugle et perspicace, il est méfiant, il est crédule et parfois l'on a été surpris de sa docilité. Pour beaucoup de gens, fort sincères du reste et de correcte probité, c'est le bouc chargé des péchés d'Israël : il n'est bon qu'à être conduit et perdu dans le désert ; on le rend responsable de toute fâcheuse aventure ; il est souverain et l'on ne s'aperçoit pas que, comme tous les souverains, il est fort dévoué à son intérêt personnel et assez benêt pour se tromper souvent ; mais il n'est point responsable de tous les méfaits qu'on lui impute.

On lui reproche d'avoir abaissé les mœurs ; c'est une erreur ; j'en suis fâché pour les philosophes grognons qui accrochent leur maussaderie à toute nouveauté ; mais les mœurs, en tout temps et en tous lieux, sont les mêmes, car elles sont le résultat, souvent tyrannique, de la physiologie ; on les confond trop volontiers avec les usages qui n'en sont que le vêtement, parure ou guenille, selon les hommes.

Il en est de cela comme des jardins : jardins anglais, jardins à la française, ils sont plus ou moins plaisants, plus ou moins monotones, mais les éléments dont ils sont composés ne varient pas et ne peuvent varier : c'est toujours l'arbre, la fleur, le sable, le rocher, l'eau et le gazon. De même pour les mœurs, le fond en est immuable ; la manifestation apparente, c'est-à-dire l'usage, change et revêt les formes les plus diverses. Que le suffrage universel ait exercé de l'influence sur l'extérieur des habitudes, je n'en disconviens pas; mais je crois que le haro crié contre lui n'est pas, à cet égard même, tout à fait mérité.

On se plaint beaucoup à cette heure du sans-gêne de la jeunesse et de ses libres façons d'être; les reproches qu'on lui adresse, je les connais, car on ne nous les a pas épargnés il y a quelque cinquante ans. Les « familles » se dépitaient en voyant nos allures et ne se privaient guère de nous dire : « Mon Dieu! êtes-vous mal élevés! » Depuis le commencement du siècle, après la réaction qui suivit les grossièretés voulues de la période révolutionnaire où la fraternité s'affirmait par les jurons et par le tutoiement civique, les usages ont été se démocratisant et perdant, à la suite de chaque insurrection victorieuse, quelque chose de leur ancienne tenue. Nos pères étaient courtois, nous avons été polis — du moins je me le figure, — aujourd'hui l'on est familier. On dirait que l'on n'a plus de temps à perdre en vaines formules; on est si pressé, que l'on a même supprimé le salut; on le remplace par un simple signe de la main qui, jugé impertinent aux jours de ma jeunesse, eût été payé d'un coup d'épée; et comme l'on eût été étonné alors si, au lieu d'une lettre, on eût reçu une carte de visite griffonnée de quelques mots!

Je me rappelle les cérémonies que l'on se faisait à l'entrée des portes : c'était presque un point d'honneur de passer le dernier. Vous souvenez-vous du finale de la pièce de vers dialoguée qu'Alfred de Musset a intitulée : *Dupont et Durand*?

Après vous. — Après vous. — Après vous, s'il vous plaît.

C'était ainsi : la simple politesse l'exigeait et il eût été malséant de ne s'y point conformer. Nous n'abordions les femmes qu'avec un profond salut, qu'elles nous rendaient, le plus souvent, par une révérence divisée en trois temps et qui était fort gracieuse; maintenant une poignée de main suffit à leur témoigner notre respect; un tel oubli des convenances admises autrefois nous eût semblé l'acte d'un malotru. C'est sous le règne de Louis-Philippe, sous le système du suffrage restreint, que les usages adoptés entre les gens de bonne compagnie et ceux qui les voulaient singer en jouant au bourgeois gentilhomme, ont subi une dépression qu'il a été facile de constater, car ce changement a été une affaire de mode. Les Anglais se sont empressés de revenir en France, surtout à Paris, après la Révolution de Juillet; il en résulta que par esprit d'imitation on s'ingénia à faire comme eux. Je me souviens que l'on parodia un vers fameux de Boileau et que les partisans des us et coutumes dont la vitalité s'affaissait, s'en allaient répétant :

Le Français, né malin, créa l'anglomanie.

Or les Anglais, et depuis longtemps, avaient simplifié les formules de la politesse; ils les avaient si bien simplifiées, qu'ils les avaient, en quelque sorte, abolies. Le *shake hand* date de cette époque; auparavant, on le réservait aux amis, tout au moins aux égaux, et lorsqu'une femme ne dédaignait pas de nous tendre la main, ce n'est pas en la secouant que nous reconnaissions la grâce qu'elle nous faisait. Comme tout cela est loin! il me semble que je parle d'une civilisation disparue, ensevelie dans le linceul de l'histoire! Le *shake hand* n'est pas venu seul : l'Amérique semble s'être concertée avec l'Angleterre pour introduire peu à peu dans nos usages deux vilains produits d'outre-mer : le *puff* et le *humbug*, le « boniment » et la charlatanerie, que l'on aurait dû laisser aux inventeurs de pastilles pectorales et de bouleversements politiques. La trompette de la Renommée n'est plus que le cornet à piston de la réclame, c'est à qui l'embouchera pour y souffler son petit air.

En mon jeune temps on se battait en duel aussi fréquemment qu'aujourd'hui. Lorsque nous devions nous battre, lorsque nous nous étions battus, nous n'en parlions jamais ; il fallait des circonstances exceptionnelles pour qu'une « affaire » fût connue, et c'est alors la Cour d'assises qui la dévoilait. Maintenant, chaque jour, les feuilles publiques nous racontent les querelles particulières, qui ne regardent personne, avec noms des combattants, noms des témoins, procès-verbal et bulletin de la santé des blessés, s'il y en a.

On imprime le nom des personnes qui suivent un convoi funèbre, de celles qui assistent à un mariage. On cite les danseurs de tel bal, on détaille la toilette des danseuses; on sait à quelle heure Mme X... offre du thé à ses amis, où M. Z... donne à chasser. C'est déplaisant. Quelque indifférent que je sois aux usages nouveaux, celui-là me choque, car il est trop en contradiction avec les habitudes du savoir-vivre que nous pratiquions jadis. C'est de la notoriété à bon marché; à moins cependant, comme on me l'a affirmé, que ces réclames ne soient point gratuites; il ne manquerait que cela pour les rendre indécentes. Les femmes mêmes n'échappent plus à cette manie. Faire louer, dans les journaux, sa robe, ses épaules, sa bonne grâce, son cotillon, son souper, c'est ce qui se voit aujourd'hui; mais c'est ce qui ne se voyait pas de mon temps, car c'est de mon temps que date cette définition : La femme distinguée est celle qui ne se fait jamais remarquer.

VIII

L'ENSEIGNEMENT.

Le suffrage universel impliquait nécessairement l'enseignement obligatoire ; on ne s'en est avisé que bien tard : on a feint de ne pas s'apercevoir que le nouveau droit était manchot, par conséquent périlleux, et qu'en réalité il s'exerçait aveuglément, par voie de bulletins imprimés, que des illettrés acceptaient de confiance. Selon mon humble avis, à l'obligation de l'instruction primaire et du service militaire on devrait ajouter l'obligation, pour l'électeur, d'écrire lui-même le nom du candidat de son choix. Cela ne serait que correct et assurerait, autant que possible, la probité du scrutin, que l'on ne saurait entourer de précautions trop minutieuses. Une telle mesure, si elle était adoptée, ne serait que légitime, mais satisferait médiocrement les scrutateurs condamnés au déchiffrement des gribouillages électoraux.

La question de l'enseignement obligatoire a soulevé bien des controverses, il n'est même pas exagéré de dire bien des tempêtes. Au début de mon existence virile, presque aux jours de ma majorité, j'en étais déjà un partisan convaincu : c'était ma marotte et rien n'a modifié mon opinion. J'ai soutenu des luttes héroïques et livré de fréquentes batailles en son honneur, à l'époque où le Père Enfantin, souriant de ma fougue, me disait : « Tu es un tison de discussion. » Alors j'argumentais à outrance et je disputais mon terrain pied à pied. Je suis revenu de ces belles ardeurs; pour parler en toute sincérité, ces belles ardeurs ont cessé de me brûler et j'en ai compris l'inutilité aussitôt que le feu s'est éteint sous la cendre des années. C'est souvent ainsi que procède la raison ; on cesse sans effort de faire de longues promenades lorsque l'on ne peut plus marcher, et c'est malgré lui, ô moralistes, que l'homme devient sage en vieillissant. Vouloir et pouvoir sont deux termes entre lesquels l'âge met une distance toujours croissante et qui finit par devenir infranchissable.

Les adversaires de l'enseignement obligatoire — et ils étaient nombreux et ils étaient de qualité — s'irritaient et se désespéraient en voyant s'avancer ce monstre redouté, ce cerbère universitaire à trois têtes qui menaçait de tout dévorer. Ils sentaient que leur importance serait atténuée et, avec la perspicacité de l'instinct de la conservation personnelle, ils comprenaient qu'ils ne tarderaient pas à être « égalisés ». — « Voilà que tous les hommes sont égaux, disait-on à Beaumarchais, qui répondit : Bah ! il y en aura toujours quelques-uns qui seront plus égaux que les autres. » Oui, certes, en prenant la plaisanterie au pied de la lettre, le plus ou moins d'égalité sera le résultat de l'intelligence cultivée et non point le fait de l'inégalité des moyens mis au service du défrichement cérébral de la nation. L'instrument primaire doit être le même pour tous; c'est au plus assidu, au plus actif, au mieux doué à s'en servir d'une façon supérieure, à devancer ses émules et à parcourir, jusqu'au terme, la route ouverte devant lui.

L'État, sans tenir compte de la diversité des conditions sociales, facilite le départ de tous indistinctement; la collectivité, rangée sur la même ligne, au même jour, à la même heure, se met en marche sur le même chemin ; l'individualité reste seule maîtresse de l'énergie de la course et seule responsable de l'arrivée au but. Or ce but, qui jusque-là était en quelque sorte réservé à certains privilégiés, l'enseignement obligatoire l'offre à tous : cela semblait excessif et redoutable. On dirait que tous les gouvernements de l'ancien régime ont eu peur de l'instruction et se sont efforcés de la distribuer avec une parcimonie qui la rendait illusoire. On vivait sous l'empire de ce principe du cardinal de Richelieu, que plus un peuple est ignorant, plus il est facile à conduire, principe qui plus d'une fois a reçu de cruels démentis. Il est possible qu'un tel principe ne soit pas absurde sous une monarchie absolue; mais avec tout système où la nation est, dans n'importe quelle mesure, consultée en la personne de ses délégués sur une partie quelconque de la direction gouvernementale, — ne fût-ce que sur le budget et les emprunts, — ce principe est coupable, sinon criminel.

Le premier homme qui, en France, protesta contre la doctrine de l'ignorance obligatoire et des ténèbres indispensables, fut Jean-Baptiste de la Salle, qui en 1679 fonda l'Institut des Frères de la Doctrine chrétienne. Il eut pitié des enfants de l'outil et de la charrue, il voulut dissiper l'obscurité intellectuelle où ils étaient enfouis et fut le créateur de l'enseignement primaire. Tout ce qui constituait alors ce que l'on peut nommer les castes élevées de la nation française fut contre lui; il persista, démontra le mouvement par le mouvement même, et crut que l'on n'était point pendable pour enseigner la lecture, l'écriture et les premières règles du calcul à des enfants qui ne devaient posséder d'autres moyens d'existence que la vigueur de leurs bras.

Qu'au dix-septième siècle on ait combattu les idées de Jean-Baptiste de la Salle, cela peut se comprendre et s'excuser; mais au dix-huitième, dans ce siècle de lumière, qui a, dit-on, délivré la raison captive, brisé le joug des préjugés et rendu l'homme à lui-même, un tel effort pour répandre la clarté et améliorer les esprits a dû être approuvé. Nous en jugeons ainsi, parce que, nous aussi, nous sommes imbus d'idées fausses et pénétrés de croyances imaginaires.

J'ai expliqué ailleurs ce qu'il en faut penser et quelle était à cet égard l'opinion des demi-dieux, — soyons plus respectueux — des dieux mêmes de la philosophie : « Au peuple sot et barbare, il faut, comme au bœuf, un joug, un aiguillon et du foin. Je vous remercie de proscrire l'étude chez les laboureurs. » Ceci est de Voltaire. J.-J. Rousseau se rencontre avec lui ; sur cette question les deux adversaires sont d'accord et le citoyen de Genève fait chorus avec le patriarche de Ferney : « N'instruisez pas l'enfant du laboureur, il ne mérite pas d'être instruit. »

D'après les citations que je viens rappeler on peut se douter que l'on ne favorisait guère la diffusion des connaissances qui sont nécessaires à tout homme, fût-il né dans un manteau de duc et pair, fût-il un « champi » trouvé au revers d'un sillon. Ces opinions burlesques étaient couramment préconisées, non seulement aux heures de ma jeunesse, mais lorsque déjà j'étais homme. La théorie de l'ignorance populaire, favorable à la prospérité des États, était acceptée et propagée par les fortes têtes politiques. Le thème était invariable : trop de livres, trop de journaux, trop de théâtres, trop d'écoles ; cela est à restreindre dans de larges proportions, puisque, malheureusement on ne peut le supprimer tout à fait.

Je me souviens d'une soirée que, vers les premières années du second Empire, j'ai passée dans un salon neutre où fréquentaient des hommes politiques, des gens du monde, des membres de l'Académie française et quelques artistes célèbres. M. Thiers, frétillant aux côtés d'une jolie femme, lui expliquait que l'Égypte avait été primitivement peuplée par une colonie chinoise; je savais qu'en penser et gardais le silence. Le comte de H..., ironique et railleur, élevait quelques objections, que M. Thiers réduisait à néant avec une indomptable facilité. J'avais eu le tort de me mêler à une discussion sur les méthodes scolaires et j'étais combattu, disons le mot, j'étais rabroué par Sylvain Dumon, qui avait été ministre de je ne sais plus quoi sous le règne de Louis-Philippe. J'eus le malheur de dire que j'étais partisan de l'enseignement obligatoire. Pour le coup c'en était trop, et je fus traité de Turc à More. — « Vous sapez les bases, monsieur; mieux vaut la peste qu'une telle hérésie : ce serait la fin, oui, la fin de la société. L'enseignement obligatoire! mais vous nous menez aux abîmes. Nous avons bien assez des boursiers élevés aux frais de l'État dans les collèges : ce sont eux qui suscitent les émeutes et font les révolutions. Ce sont des hommes dangereux et des sectaires, oui, monsieur, des sectaires. » Je ne bronchais pas; mais il est probable que je ne paraissais pas convaincu, car le brave homme invoqua l'opinion d'une autorité supérieure. Se tournant vers M. Thiers, il lui cria : « N'est-ce pas que j'ai raison et que les boursiers sont tous des hommes dangereux, tous des sectaires? » De sa voix aigrelette, M. Thiers répondit avec douceur : « Sectaires, c'est peut-être beaucoup dire, mais hommes dangereux, assurément ; hélas ! à qui le dites-vous? » Personne ne put retenir un éclat de rire, car nous savions, mais le bon Sylvain Dumon oubliait, que M. Thiers avait été boursier au collège de Marseille.

Ce n'est point que Sylvain Dumon fût un personnage atrabilaire ; non pas, il avait de la rondeur et de la facilité dans les relations ; mais il appartenait à la catégorie des gens qui se figurent que tout est bien quand ils sont à l'aise et que nul n'a plus de *desideratum* à formuler dès qu'ils sont nantis. Il avait pu cependant apprécier par lui-même les bienfaits de l'instruction, car il ne dédaignait pas de rappeler, avec quelque pointe d'amour-propre, qu'il avait obtenu des succès scolaires ; néanmoins cette instruction lui paraissait périlleuse, car elle était de nature à faire naître des ambitions dont la quiétude gouvernementale pourrait être troublée. Il ne se doutait guère qu'il reproduisait l'opinion émise par un barbare auquel il eût rougi d'être comparé. Mouktar-Pacha, fils du Pacha de Janina, de celui que Victor Hugo a appelé : Ali Tépéléni, lumière des lumières, disait à Pouqueville qui l'a répété : « Il n'y a que nous autres Pachas qui devrions savoir écrire ; si j'avais un Voltaire dans mes

États, je lui ferais couper la tête. » Belle maxime, en vérité, que nul en nos pays n'oserait formuler ; et cependant, si l'on pénétrait jusque dans les replis les plus secrets de certaines consciences, on y découvrirait la conviction inébranlable que l'enseignement obligatoire constitue un danger social et que le meilleur moyen de supprimer l'effet serait de supprimer la cause.

Vieilles théories, mortes, je l'espère, réduites à l'impuissance après avoir régné trop longtemps et qui ne ressusciteront pas plus désormais que l'obligation de faire ses preuves de noblesse pour être officier dans nos armées. Cependant, lorsque plus tard on écrira l'histoire du dix-neuvième siècle, si fertile en découvertes, si fécond en résultats, on sera stupéfait de constater qu'en notre pays, qui a la prétention d'être le pays du progrès par excellence, il fallut attendre jusqu'au 28 mars 1882 pour obtenir enfin une loi prescrivant l'instruction obligatoire.

Cette loi salutaire aurait pu être promulguée bien plus tôt ; un homme de bien en avait pris l'initiative, mais il se heurta contre de telles difficultés, que son bon vouloir fut neutralisé. Le 5 mars 1865, Victor Duruy, ministre de l'Instruction publique, présenta à Napoléon III un rapport concluant à l'obligation et à la gratuité de l'enseignement primaire. L'Empereur lut le rapport, l'approuva et le contresigna. C'était la victoire assurée ; mais on avait compté sans Rouher, alors tout-puissant, qui, imbu des vieilles idées restrictives en cette matière, croyait sans doute que le scrutin de l'ignorance offrait des avantages qu'il convenait de ne pas négliger. Il n'est chicane qu'il ne souleva contre le projet Duruy; aussi, malgré les sympathies certaines du Conseil d'État et du Corps législatif, la France vit reculer de seize années l'avènement de l'alphabet forcé.

A cet égard les générations qui ont précédé celle d'aujourd'hui sont coupables et méritent le reproche adressé par Ernest Renan à « nos aînés ». Était-il sage de tant tarder à mettre l'enfant en nourrice? Qu'est-ce en effet que l'enseignement primaire, sinon le lait, l'aliment de début sans lequel l'intelligence risque de rester embryonnaire et quelquefois bestialisée? Cette distribution générale des vivres de l'esprit, les hommes de ma génération ne l'ont pas connue.

En dehors des systèmes politiques, nés d'actes de violence et de coups de force, qui furent prédominants, si nous n'avons pas répondu aux espérances conçues, si, abreuvés de déceptions, nous avons été nous-mêmes une déception pour les autres, cela tient peut-être à ce que notre réserve de recrutement était singulièrement appauvrie par l'ignorance. A l'époque où la classe militaire dont je faisais partie fut appelée (1843), les illettrés étaient nombreux parmi les conscrits et il n'était point de carrefour qui n'eût son échoppe d'écrivain public. L'heure va bientôt sonner où l'ignorance, cette ignorance commune autrefois et qui ne savait exactement ni A ni B, deviendra une si rare exception, qu'elle constituera une déchéance morale que nul ne voudra plus subir. Au temps de mon enfance et même de ma jeunesse, les paysans, les manœuvres des villes, les domestiques qui savaient écrire et lire formaient l'aristocratie de l'espèce, et j'ajouterai que l'on s'en méfiait, tant le vieux préjugé, le préjugé du moyen âge, du cardinal de Richelieu, de Rousseau, de Voltaire et de tant d'autres, était enraciné.

Si terrible, si douloureuse qu'ait été la défaite dont la France a été frappée, il faut reconnaître qu'elle a eu du moins ce résultat de contraindre la nation à tourner les yeux sur elle-même et à constater que son insouciance l'avait empêchée d'accomplir bien des progrès. Pour la seconde fois en ce siècle, elle put répéter la parole de Béranger :

> C'est en éclatant sur nos têtes
> Que la foudre nous éclaira.

En présence de nos ruines et de notre écrasement momentané, faisant allusion à l'enseignement obligatoire depuis longtemps passé dans les mœurs de l'Allemagne, on s'écria : C'est le *Schulmeister*, c'est le maître d'école qui nous a vaincus ! Erreur. Certes, comme toutes les institutions, quelles qu'elles soient, concourent au succès ou à l'insuccès d'un peuple, l'école a eu sa part dans la victoire allemande ; mais cette part n'a pas été aussi considérable qu'on se l'est figuré ; elle n'a laissé tomber que bien peu de feuilles de laurier dans la balance des batailles, que le nombre des soldats et la science stratégique des chefs ont surtout fait pencher à notre détriment. Cette erreur néanmoins s'est propagée, elle est devenue article de foi ; c'est au mieux, car elle a déterminé un effort dont le pays recevra le bénéfice. École et caserne, voilà les deux étapes où désormais la France doit faire halte et s'initier avant d'être admise aux droits et aux devoirs de la virilité. On n'a pas compté les sacrifices, qui se chiffrent par millions et par milliards ; on les a acceptés par piété filiale et portés résolument ; si la jeunesse ne s'en montrait digne, elle serait coupable.

On ne s'est pas contenté seulement de veiller à l'enseignement primaire qui, dans l'état actuel des connaissances, peut passer pour irréprochable : on l'a, pour ainsi dire, créé à nouveau par l'obligation et par les progrès que celle-ci a naturellement engendrés. Je regrette que ce bon vent de rénovation n'ait point soufflé sur l'enseignement secondaire et ne l'ait pas vivifié. Malgré quelques tentatives de relèvement, il reste ce que je l'ai connu jadis, lent dans son allure, confus dans ses méthodes, cheminant cahin-caha, au petit bonheur, vers le baccalauréat qui ne prouve rien et prétend mener à tout. Sauf dans ses parties relatives à la préparation aux écoles spéciales, on le croirait atteint de je ne sais quelle maladie de langueur qui l'étiole et dont il ne peut guérir. Ceci est de conséquence sérieuse, car l'enseignement secondaire est, pour ainsi dire, le seul précepteur chargé de l'éducation de la bourgeoisie. La France a été souvent déçue par sa classe moyenne : la médiocrité de l'école ne pourrait-elle pas expliquer la médiocrité de la caste ?

En revanche, l'effort dont l'enseignement supérieur a été l'objet est admirable et l'on ne saurait y trop applaudir. Le monument est grandiose ; c'est encore Victor Duruy qui en fut le premier ouvrier. Dès 1866, il envoie des missions d'enquête dans les pays d'universités — Allemagne, Amérique, Angleterre ; — de lumineux rapports en résultèrent, qu'il résuma et condensa lui-même dans la préface de la *Statistique de l'enseignement supérieur pour l'année* 1867. Là, en quelques pages substantielles, il indique le devoir de l'avenir et il trace le programme des améliorations futures ; on n'eut qu'à s'y conformer quand le moment d'agir fut venu. Il a quitté le ministère trop tôt pour donner un corps aux projets qu'il avait conçus ; mais heureusement il laissait derrière lui un collaborateur qui fut son exécuteur testamentaire. M. Armand du Mesnil, directeur de l'enseignement supérieur pendant de longues années, a été le facteur le plus énergique de ce développement. Aussitôt après la guerre, il se mit à la tâche, rien ne l'a fait dévier de la ligne tracée, et ceux qui sont venus après lui n'ont pu que continuer son œuvre en suivant le plan déterminé.

Je sais bien qu'en mon temps de jeunesse il existait un enseignement supérieur; j'ai trop battu des mains aux cours de Michelet et de Quinet, j'y ai échangé trop de horions avec les cabaleurs pour l'ignorer; mais cet enseignement ressemblait bien peu à celui que je vois aujourd'hui. L'installation de nouvelles facultés en province, l'organisation de laboratoires amplement pourvus, la création de l'École des hautes études, les cercles, les bibliothèques d'étudiants fondés par la libre association, n'existaient point, et témoignent à présent de la sollicitude que la culture intellectuelle inspire à la nation qui pendant longtemps s'en était trop désintéressée.

On a compris, mais ça n'a pas été sans peine, que nulle ressource, je dirai plus, que nulle opulence ne doit être ménagée à l'enseignement supérieur, car c'est de lui que tout découle. On peut lui appliquer une expression arabe et dire : Il est « tête de source », et « père de la fécondité ». A cette heure les voies d'agrandissement sont accessibles à l'enfance studieuse et à la jeunesse intelligente. Grâce à la gratuité primaire, grâce aux nombreuses « bourses » accordées aux étudiants comme aux écoliers, la jeune France a ses entrées partout, aussi bien dans l'école où l'on épelle l'alphabet que dans la petite salle peu fréquentée où l'on enseigne la mécanique céleste; nul n'est exclu, et je crois, sans me permettre de l'affirmer, qu'il suffit d'avoir donné preuve d'aptitudes pour être dégrevé des droits du fisc universitaire. On s'est ingénié à aplanir les routes qui jadis n'étaient point exemptes d'obstacles par lesquels plus d'un bon vouloir a été découragé; on y peut marcher maintenant en toute liberté, en toute rapidité d'allure.

Parvenu au carrefour où s'embranchent les chemins conduisant aux différentes portes qui s'ouvrent sur la vie même, le jeune homme peut choisir, car, à chacun des relais, son passeport a été visé sous forme de diplôme; il a terminé l'apprentissage supérieur; je ne sais s'il est apte aux luttes de l'existence, mais il y est prêt. Avant qu'il ne se jette dans la bataille, je l'engage à méditer ce passage de Montesquieu : « Nous recevons trois éducations différentes ou contraires : celle de nos pères, celle de nos maîtres, celle du monde. Ce qu'on nous dit dans la dernière renverse toutes les idées des premières. »

Je m'abstiens de commentaire : la glose serait périlleuse, car il est bon de ne point jeter au feu les livres de morale et de ne pas se hâter de reviser nos codes, qui ne sont guère que la réglementation de l'improbité des hommes : jusque-là, mais pas plus loin. Lorsque la limite est dépassée, le magistrat met sa toque et le geôlier cherche ses clefs. Celui qui s'est étudié à marcher en marge des lois, sans jamais poser le pied sur un des articles, n'a pas de casier judiciaire ; mais il ne s'ensuit pas qu'il soit un honnête homme au sens précis du mot. N'être honnête que selon le code, être honnête selon la morale, sont choses différentes. Que ceux qui ont appris cette vérité en écoutant les voix de l'enseignement supérieur, ne l'oublient jamais.

On a reproché à l'enseignement primaire d'avoir fait quelques folies et d'avoir, comme Louis XIV, sacrifié au goût des bâtiments. Beaucoup d'écoles ont été construites, je le reconnais, mais j'estime cependant qu'il vaut mieux en avoir trop que pas assez. Soyez en paix, elles se peupleront, et si elles sont trop vastes pour le nombre d'écoliers qu'elles auront à recevoir, les conditions hygiéniques n'en seront que meilleures.

Il me semble que le souci — très légitime — de l'instruction populaire n'a pas été le seul motif déterminant de tant de pierres de taille ajustées et de tant de tables alignées dans des salles d'étude. N'aurait-on point voulu élever une école en face et peut-être en rivalité de chaque église, avec une arrière-pensée qui pourrait se formuler comme le titre d'un chapitre de Victor Hugo : « Ceci tuera cela » ? Je suis d'avis qu'il ne faut tuer personne, ni le prêtre catholique, ni le pasteur protestant, ni le rabbin d'Israël, ni le pope orthodoxe, ni l'uléma musulman, ni le bonze bouddhiste, ni le pédagogue libre-penseur. Quand donc comprendra-t-on que la liberté consiste moins à imposer sa volonté qu'à respecter la volonté d'autrui ? Inquisition religieuse, inquisition laïque, c'est toujours de l'inquisition, et en notre âge le mot même ne devrait plus exister.

A voir ce que j'ai vu depuis que je suis sur terre, il me semble que la pratique de la liberté est ce qu'il y a de plus rare en ce bas monde. Ce rêve, ce rêve sacré de notre jeunesse, est resté sur la tour, les yeux fixés vers l'horizon ; il regarde, il attend, il espère et ne voit rien venir. Je crois qu'il faut s'ajourner aux existences futures pour saisir la réalisation de nos songes ; nos descendants en jouiront peut-être, nous n'aurons pu que la concevoir. Dans cet ordre d'idées, contre lequel la jeunesse actuelle sera sans doute appelée plus tard à réagir, on a été très loin : si loin, en vérité, que l'on a fait la culbute dans le grotesque.

De tous les livres destinés à l'enseignement primaire on a enlevé le nom de Dieu, car Dieu est devenu un personnage inopportun que l'on veut laisser en dehors des cervelles enfantines. Tout dociles qu'ils soient, les petits écoliers n'oublient cependant pas de dire « Dieu vous bénisse ! » à ceux qui éternuent, de s'écrier : « Ah ! mon Dieu ! » lorsqu'ils sont effrayés, et de jurer, comme l'on devine, quand ils sont en colère et pour peu qu'ils soient grossiers. Qu'importe ! Fermer les paupières nous empêche de voir le soleil, mais ne nous empêche pas d'en sentir la chaleur et le bienfait.

S'est-on assez moqué jadis des éditions *ad usum Delphini* ! et voilà que l'on recommence au profit ou au détriment des morveux qui vont à l'école ânonner la grammaire : précautions inverses, mais analogues, inspirées par la même étroitesse d'esprit. Pauvre bêtise humaine ! doit-elle être fatiguée de virer toujours dans le même cercle, de marcher dans les mêmes empreintes et de s'apercevoir, en fin de compte, qu'elle n'a jamais fait qu'un chemin qui ne mène à rien, comme tous les chemins de manège. J'ai vécu sous bien des gouvernements, depuis soixante-dix ans que je suis né ; je crois fermement qu'il existe un certain nombre de bourdes inéluctables, imposées par la fatalité, car je les ai vues se reproduire avec régularité, au cours de tous les régimes qui se sont succédé de mon vivant. Cela me fait supposer que l'art de gouverner n'est pas aussi difficile qu'on se l'imagine et qu'il consiste à répéter les fautes des prédécesseurs, à moins que l'homme ne soit une créature naturellement bornée, ce qui est peut-être une explication suffisante.

En cherchant à enlever l'enfant à l'influence religieuse — je parle de la foi et non pas de l'église, — ce n'est point à un certain enseignement que l'on a voulu le soustraire, c'est à une certaine éducation. Les programmes, dans toute espèce d'écoles, sont les mêmes et soumis au contrôle des inspecteurs scolaires ; les notions enseignées sont identiques, seuls les principes de morale diffèrent. Pour le prêtre un Dieu créateur est l'essence de tout ; pour l'athée tout a été produit par rien. Voilà le terrain du combat, il est assez vaste pour qu'on s'y gourme pendant longtemps. Je pense que l'issue de la bataille sera douteuse et que l'âme n'en sera point transformée. Certes on peut meubler l'esprit, c'est affaire d'enseignement ; mais je ne sais trop si l'on réussit à modifier les instincts, ce qui est affaire d'éducation. L'orthopédie morale est en tout cas lente à produire ses effets ; le bon résultat qu'elle a cherché n'est guère obtenu que tard, très tard, lorsque toute passion est éteinte ; — triste, mais vrai.

Dans ces questions où se mêle trop de politique, on ne compte pas assez sur la pénétration héréditaire, sur la tyrannie des lois de l'atavisme, sur l'esprit de réaction naturel à l'enfant aussi bien qu'à l'homme. La plupart des philosophes du siècle dernier, qui furent fidèles au mot d'ordre donné par Frédéric II de Prusse : « Écrasons l'infâme, » n'avaient-ils pas reçu la nourriture intellectuelle de la main même des jésuites? Tous les principes qu'ils ont formulés furent contradictoires à ceux que les « Pères » leur avaient enseignés.

Les instincts de l'homme, résultat de son tempérament, sont autrement vivaces que l'influence des leçons de morale et de philosophie données par l'éducation ; les premiers persistent, la seconde s'efface, disparaît et s'oublie. Je dirai volontiers comme la reine Christine de Suède : « Il y a des paysans qui naissent princes et des rois qui naissent paysans, et il y a une canaille de rois comme il y a une canaille de faquins. » Le tort, c'est de croire que l'éducation morale peut agir sur les masses ; elle n'agit que sur les individualités prédisposées. N'est-ce donc rien? C'est beaucoup, et ne modifierait-on que les idées d'un seul enfant, il faut persister à enseigner la droiture, la véracité, la correction des sentiments, l'abnégation de soi-même et le dévouement. Quelque bon, intelligent, perspicace et prêchant d'exemple que soit un éducateur, on n'est jamais certain qu'il réussira dans l'œuvre entreprise et qu'il redressera une âme naturellement tortueuse.

Au dix-septième siècle, un homme qui était d'église a scandalisé son temps par la dépravation de ses mœurs ; il a peu honoré son nom et a déshonoré la pourpre ; il a suscité des troubles ; il a combattu la royauté dans la personne d'un enfant que son âge aurait dû rendre sacré pour un prêtre; coureur de ruelles, fauteur d'émeutes, infatué de lui-même, fourbe et menteur, professant l'art de duper la loi, de mentir aux serments, de se moquer des scrupules, de rire de la conscience et de tout sacrifier à son propre intérêt, il est célèbre pour avoir laissé des mémoires qui sont le manuel de la duplicité. Je parle de ce Paul de Gondi, qui fut le cardinal de Retz. Sait-on encore quel a été son précepteur? — Saint Vincent de Paul.

IX

L'HISTOIRE.

Le mot laboratoire vient du latin *laborare*, qui signifie travailler. Si l'expression est plus particulièrement attribuée à la chimie, à la physique, à la pharmacie, elle n'en conserve pas moins sa valeur pour les autres branches des connaissances humaines. Là où l'on se réunit en groupe pour travailler sous une direction supérieure, il y a laboratoire : la Sorbonne, le Collège de France, l'École polytechnique, l'École des beaux-arts, l'École normale et tant d'autres instituts d'enseignement sont des laboratoires; il n'est pas jusqu'à la Chambre des députés qui parfois ne soit le laboratoire des discussions stériles : on l'a dit du moins, et j'ose à peine le répéter. Grâce à des efforts où nul ne s'est ménagé, où les municipalités, les départements et l'État ont rivalisé de patriotisme, la France est aujourd'hui un vaste, un multiple laboratoire ouvert aux nouvelles générations. Il me paraît impossible qu'une belle moisson n'en résulte pas dans l'avenir. Il faut avoir le courage d'attendre; c'est hier que l'arbre a été planté, il n'est pas possible d'en récolter déjà les fruits.

Les maîtres futurs sont encore assis sur le gradin des amphithéâtres ; avant d'enseigner, ils apprennent à apprendre, et les études auxquelles ils se livrent ne sont guère que des exercices où s'assouplit leur intelligence, où lentement la méthode se forme, où les aptitudes se fortifient et font leur choix. Là, dans cette sorte de travail préliminaire, travail à la fois de dégrossissement et de recherche, ils ont pu s'assurer qu'il n'est pas de champ, si glané qu'il ait été, qui ne puisse fournir quelques gerbes à des mains ingénieuses. « Tout est à découvrir », me disait un savant maussade. Non, tout n'est pas à découvrir, mais tout est à faire connaître. Lorsque je lis certains livres de science et de philosophie, qui ont la prétention d'être écrits en français, je regrette qu'il ne se rencontre pas un homme de bon vouloir pour les mettre « en clair », ainsi que l'on dit pour la traduction des dépêches chiffrées.

Autant que je peux apprécier les tendances dominant chez les jeunes gens d'aujourd'hui, je constate qu'elles diffèrent essentiellement de celles qui nous ont animés jadis. Nous n'étions pas des solitaires, tant s'en faut, mais le libre esprit d'association — qui est tout moderne — n'était pas en nous. Si nous formions quelques groupes, — quelques coteries serait plus exact, — c'était dans un but de plaisir; on s'assemblait pour se divertir, assez honnêtement du reste; mais, en dehors de cela, on restait isolé dans le travail, quand on travaillait, et dans la production. Cependant c'est aux jours de ma jeunesse que furent créés bien des conventicules mystérieux, à nombre restreint, qui restèrent inféconds et n'étaient que la conception de cerveaux enfantins, épris de Balzac et rêvant une sorte de puissance ésotérique dont le mécanisme était emprunté de toutes pièces au roman des *Treize*. J'en puis parler, car j'avoue avoir été le chef, le Grand Lama d'un de ces petits cénacles occultes où nous ne pouvions rien faire, car nous ne disposions d'aucune influence ni d'aucun moyen d'action. C'était fort ridicule. On se faisait mutuellement « mousser »; le mot d'ordre aurait pu être transmis par Armande des *Femmes savantes* :

Nul n'aura de l'esprit, hors nous et nos amis.

Belle fadaise et bien inutile! Nulle réclame, nul éloge ne fait croire à l'esprit de ceux qui n'en ont pas. Cette vérité, nous en fîmes, à nos dépens, l'épreuve, que plus d'un benêt renouvelle sans doute aujourd'hui.

Comme autrefois, les jeunes gens s'associent encore pour s'amuser et se débarrasser de l'exubérance de leur sève; mais j'ai lieu de croire qu'ils s'associent également pour le travail, un peu comme des ouvriers mineurs qui attaquent le même filon sur différents points, afin d'obtenir un rendement plus riche et plus rapide. Il ne s'agit pas ici des écoliers : il s'agit des jeunes hommes qui, munis de quelque diplôme et déjà familiarisés avec les habitudes laborieuses, s'adonnent, par vocation plus que par nécessité, à la culture des hautes études ouvrant toute issue à l'intelligence et à l'ambition.

Les sciences qui procèdent par recherches et par découvertes — la physique, la chimie, la géographie, l'histoire et bien d'autres — ont tout à gagner en concentrant plus d'un effort sur un point déterminé encore obscur ou seulement d'interprétation douteuse. Ceci, les jeunes gens actuels l'ont compris et ils agissent en conséquence. Sous une impulsion respectée, ils manœuvrent d'ensemble le levier qui brisera l'obstacle, dégagera la route et permettra de faire un pas en avant. Ils sont comme des soldats qui, dans la mesure de leur énergie, concourent à la victoire et qui, en récompense de leur action individuelle, seront appelés plus tard à diriger l'action collective. En parlant de la sorte, je regarde surtout vers ces jeunes hommes perspicaces et sérieux, qui se destinent aux travaux de l'histoire. « Le goût de l'histoire est le plus aristocratique des goûts, » a dit Renan.

Les travaux historiques publiés au cours de ma génération ou de la génération qui a précédé la mienne, ont été des œuvres étroitement personnelles ; je ne serais pas surpris que les études historiques, mises au jour dans un avenir prochain, fussent des œuvres d'association. Il est à signaler, en outre, que la masse des documents livrés aux investigations ne permet plus à un seul et même écrivain de les étudier consciencieusement et avec fruit. Toute histoire générale, — histoire de France par exemple, — composée par un seul individu sera désormais pleine de lacunes, faute de temps pour consulter les pièces à conviction ; or toute lacune fausse l'histoire, puisqu'elle interrompt l'enchaînement des faits.

Les résultats obtenus par la méthode du travail divisé, quoique concordant à l'unité de la construction, seront considérables, renverseront plus d'une idée reçue et dissiperont bien des obscurités dont nos annales sont enveloppées. Pour tout dire en un mot, on verra clair là où il y a encore doute et tâtonnement. La vérité est au fond d'un puits, je le sais, et il n'est pas facile de l'y découvrir, parce que la crédulité, la passion, les intérêts, ont à l'envi entassé sur elle les fictions, les légendes et les impostures. Pour la débarrasser du fatras sous lequel on l'a ensevelie, ce n'est pas trop de se grouper et d'agir de concert.

Non seulement les récits historiques sont souvent erronés, mais parfois ils sont menteurs, résolument. A voir les relations que l'on ose publier sur les faits qui se sont produits de nos jours, sous nos yeux mêmes, on n'en peut douter, et cela met en défiance sur les événements d'autrefois. En 1851, j'ai connu à Athènes le général Morandi ; il avait été Philhellène et l'un des plus vigoureux soldats de la guerre d'indépendance. En lisant la narration des combats auxquels il avait assisté et que, dans bien des cas, il avait dirigés, il éclatait de rire. Tout était si exagéré, si boursouflé, qu'il s'écriait : « Je ne m'y reconnais plus ! » Un jour que je lui parlais de Marathon, dont je venais de visiter le champ de bataille, il me regarda avec surprise et me dit : « Comment pouvez-vous croire à des fables pareilles ? D'après ce que j'ai vu ici même et d'après les récits que l'on a inventés pour célébrer d'insignifiantes escarmouches que l'on travestissait en actions héroïques, j'en ai conclu que l'on s'est bien peu battu à Salamine et à Marathon. » Puis avec esprit il commenta le vers de Juvénal :

..... *Et quidquid Græcia mendax*
Audet in historia.

C'était un paradoxe auquel il prenait plaisir, et qui signifie simplement qu'il faut en rabattre de ce que l'on entend raconter et qu'il est sage de contrôler les versions acceptées, afin de leur dérober, s'il se peut, la vérité qu'elles dénaturent.

Est-ce que la vieille exégèse historique n'a pas fait son temps ? est-ce que l'heure n'est point venue de rendre aux personnages leur figure réelle, d'enlever les masques derrière lesquels leurs traits sont dissimulés, d'arracher les oripeaux de convention dont on les a revêtus et de restituer à la pauvre Clio la belle nudité qui convient aux Déesses? Tout ment dans l'histoire écrite, ou du moins tout y est apprêté, tout y est frelaté. Le mobile de la plupart des actions est dissimulé, comme si l'on avait honte de le faire connaître, on le drape de sentiments généreux qui n'en sont que le travestissement.

Cela ressemble aux proclamations officielles qui précèdent, accompagnent et suivent les guerres. C'est toujours la même phraséologie : « L'honneur... la patrie... l'indépendance... les droits sacrés... la justice de notre cause... Dieu combat avec nous... » Soulevez ces grands mots qui servent simultanément aux parties adverses, si bien que la même proclamation peut passer d'un camp dans l'autre sans rien perdre de son opportunité; regardez derrière ces phrases qui se répètent invariablement lorsque les épées sortent du fourreau, et vous verrez les compétitions de la prépotence, l'esprit de conquête, la passion du lucre [1].

---

1. Se souvient-on de la proclamation lancée par Napoléon III, en 1859, au début de la campagne d'Italie : « La France seule aujourd'hui peut faire la guerre pour une idée » ? Le résultat fut l'annexion du comté de Nice et de la Savoie. Pourquoi avoir menti, avoir annoncé une guerre idéale et désintéressée, lorsque l'on voulait faire une guerre, non pas de conquête, mais d'accroissement ? J'avoue humblement avoir été dupe et déçu.

Il est rare que dans une guerre le point initial ne soit pas misérable; ce qui ne l'empêche pas de mettre en œuvre les grandes vertus humaines, le courage, le dévouement, l'abnégation, le sacrifice de soi-même. Lorsque tout est fini, lorsque la terre a bu assez de sang et que les nations en armes sont épuisées, on fait la paix, et parfois, après l'avoir faite, on reconnaît que l'on a oublié le prétexte invoqué pour justifier la guerre. En revanche on s'est souvenu du motif : les vaincus s'en aperçoivent, car les stipulations leur sont onéreuses.

Intérêts de la religion, intérêts de l'honneur des couronnes, intérêts de la magnificence souveraine, intérêts des peuples que soulève seul, dit-on, l'amour de la gloire : toutes ces hautes raisons morales, dignes de faire battre les cœurs, ont été tour à tour invoquées pour expliquer des conflits acharnés dont le mobile secret, mais tout-puissant, n'était autre qu'une question d'épicerie. Je ne plaisante pas, le sujet n'y convie guère. Ce serait presque l'histoire du monde que l'histoire des luttes soutenues pour se rendre et rester maître des quatre épices; je dis bien : les quatre épices : le poivre, la muscade, la cannelle et le girofle. Le Portugal y avait trouvé sa splendeur éphémère. De ces batailles et de ces efforts d'accaparement, un dicton a survécu : Cher comme poivre. Bonnes gens, qui ne détestez pas la cuisine un peu « relevée », songez que vos noix muscades et vos clous de girofle ont coûté la vie à des centaines de milliers d'hommes avant de paraître librement et à bon marché sur vos tables[1].

Les vaisseaux de guerre, les coups de canon, les descentes à main armée, ont été les agents de propagande à l'aide desquels l'Angleterre a favorisé l'exportation de ses calicots. Pour sauvegarder les principes et témoigner de sa piété, elle glissait quelques Bibles dans les ballots; une terre était conquise, les cotons tissés étaient placés avantageusement, et le tour était joué. L'Angleterre a cependant rendu un service capital à l'humanité : en 1807 et en 1808, elle vota, par son parlement, l'abolition de la traite des nègres, dont elle n'avait plus besoin depuis qu'elle avait perdu ses colonies de l'Amérique du Nord et qu'elle avait constaté

---

1. En revanche, c'est au même mobile, fort peu désintéressé, que sont dues les plus belles découvertes géographiques : « C'était pour arriver jusqu'aux îles à épices que les Portugais avaient fait le tour de l'Afrique et les Espagnols le tour du monde; que les Hollandais, un siècle plus tard, s'étaient inutilement enfoncés dans les glaces de la Nouvelle-Zemble ; que Lemaire et Schouten, trouvant toutes les voies fermées par la jalousie politique ou par le monopole commercial, avaient pénétré dans l'océan Pacifique, après avoir découvert le cap Horn. » (*Mémoires du vice-amiral Jurien de la Gravière*; t. I, p. 144. Paris, Hachette, 1872.) C'est en cherchant la route la plus rapide vers l'île de Zipangu (le Japon) ou « le pays des aromates » que Christophe Colomb découvrit l'Amérique (Cf. *Christophe Colomb devant l'histoire*, par Henry Harrisse; Revue hebdomadaire, 8 octobre 1892).

que la culture des terres de l'Hindoustan n'exige pas l'emploi des noirs.

La force masquée d'hypocrisie, le brigandage accompagné de patenôtres ou de théories palingénésiaques, c'est ce que l'on trouve à chaque pas des annales humaines, et c'est ce qui est odieux. Au nom de la civilisation, les races les plus fortes et les mieux armées détruisent les races faibles, se substituent à elles, les supplantent sur leur propre territoire et, pour se mettre la conscience en paix, les appellent sauvages et barbares, quitte à se détourner avec indignation si l'un des grands machinateurs de la politique transcendante proclame la plus éclatante des vérités, en disant : La force prime le droit. — Hélas ! La force fait plus encore que de primer le droit, dans l'état actuel de l'humanité : elle le constitue. — Ai-je besoin de dire que je ne parle ici que du « droit de possession »?

N'avaient-elles donc aucun droit, ne serait-ce que le droit de propriété, le droit de vivre et de mourir sur la terre des ancêtres, ces nations ou, si ce mot semble trop majestueux, ces peuplades qui, sans motifs plausibles, même sans prétextes acceptables, ont été dépouillées, asservies, parquées comme des troupeaux, anéanties? Ceux qui se sont jetés sur elles et les ont égorgées, sans mettre en avant d'autres raisons que l'abus de la force, le goût du meurtre, la volonté de s'emparer du bien d'autrui, me paraissent moins coupables que ceux qui s'abritent derrière de prétendues idées de propagande supérieure dont, au fond, ils se soucient comme d'une noisette vide.

Quoi de plus abominable que la conquête — la conquête ! — du pays des Incas par Pizarre, ce gardeur de pourceaux qui portait l'épée, et par son moine Valverde qui brandissait l'Évangile ? Tue ! tue ! Ce fut promptement terminé. C'est ainsi que plus d'une colonie a été fondée, et les colonies sont la gloire des nations. Valverde du moins ne fut pas longtemps associé aux destinées de la vice-royauté du Pérou; devenu évêque de Cuzco, il fut pris par les Indiens, qui le mirent à la broche et le mangèrent. Repas médiocre, que l'on aurait pu appeler : Le banquet du châtiment.

Pauvre race rouge, enfantine et crédule ! Si elle n'est disparue, elle va disparaître. Les Anglo-Saxons protestants ont été moins féroces que les Espagnols catholiques; ils l'ont un peu moins massacrée, et se sont contentés de lui offrir les produits de leurs distilleries; elle meurt d'alcoolisme prémédité par la civilisation qui la refoule, s'empare de ses territoires de chasse, sans lesquels elle ne peut subsister, et attend avec peu de patience qu'il n'en soit plus question que dans les romans de Fenimore Cooper. Il est temps d'écrire l'histoire de ce peuple infortuné, car bientôt il n'en restera plus trace. Dans l'immense sépulcre creusé par l'avidité sans frein, que l'euphémisme politique appelle l'extension coloniale, il aura été rejoindre les Caraïbes, qui, eux aussi, ont été une nation. Ceux-ci du moins, à Saint-Domingue, ont eu des funérailles que l'on croirait l'acte d'une justice toute-puissante se manifestant par voie de réversibilité. Les blancs les ont exterminés et remplacés par les nègres; les nègres, à leur tour, ont exterminé les blancs, et voilà qu'ils s'exterminent entre eux.

Est-ce donc à dire que la mission de l'homme est de détruire l'homme ? On le prétend et les plus rétifs à cette idée désespérante finissent par y croire, succombant sous le nombre des exemples et ne pouvant se soustraire à la tyrannie des faits. Depuis que l'âge historique s'est montré sur terre, — par là j'entends l'âge de l'écriture, — bien des peuples, dont nous n'avons jamais su le nom, ont disparu, emportés par un de ces ouragans de meurtre et d'asservissement dont nulle tradition n'a subsisté; à peine, à grand'peine en aperçoit-on une apparence d'indices dans quelques légendes religieuses conservées par la poésie, et encore ces indices nébuleux ne sont que soupçonnés par des interprétations qui, presque toujours, s'appuient sur des hypothèses.

Dans leur naufrage ces peuples ont péri, corps et biens, et l'histoire même ignore qu'ils ont existé. Les Atlantes ont été, dit-on, engloutis par la mer; combien d'autres races ont été effacées du livre de vie par le seul animal qui tue pour tuer, dont la faim-valle ambitieuse n'est jamais rassasiée, par l'homme ! Certes la crainte de l'alerte publicité des journaux enraye aujourd'hui les vélléités cruelles ; l'usage de procéder par extermination semble condamné et tombé en désuétude ; mais pas plus à cette heure qu'au temps des *Conquistadores* on ne se fait scrupule de s'emparer de territoires sur lesquels le plus astucieux des juristes est incapable de faire valoir un simulacre de droit. Pour s'en convaincre, il suffit de comparer les atlas de 1820 à ceux de 1892.

C'est l'usage des gouvernements policés de procéder ainsi, et lorsque les pauvres êtres que l'on incorpore malgré eux à une nation dont ils ne connaissent ni le langage, ni la religion, ni les lois, tentent de ressaisir leur indépendance, — ce qui est leur devoir absolu, — on les traite de révoltés, de rebelles ; on les décapite, à moins qu'on ne les pende, ou qu'on ne les fusille. Si c'est ainsi que, sous peine de déchéance, doit agir un peuple respectable, si, de cette façon seulement, il peut ouvrir des débouchés à son énergie commerciale, il faut le dire brutalement et ne point s'entourer de formules menteuses. Si la conduite qu'il est sage et glorieux de tenir est en contradiction permanente avec les principes que, dès l'enfance, on s'efforce de faire pénétrer dans l'âme des nations civilisées, à quoi bon les préceptes de la morale, à quoi bon les enseignements de la philosophie, à quoi bon la voix des religions ?

Plutôt que de manquer, de dessein préconçu et avec orgueil, aux lois qui régissent l'âme et lui proposent la perfection comme but suprême, pourquoi ne pas briser les tables des commandements, où Dieu lui-même — c'est la Bible qui le raconte — a écrit : *Non occides,* — *non furtum facies,* — Tu ne tueras pas, — tu ne déroberas pas ? Au lieu de prêcher la vertu à l'homme et de l'employer — sous peine de honte et souvent sous peine de mort — à des œuvres d'iniquité, pourquoi ne pas lui dire : *Carpe diem!* vis au jour le jour, l'existence est courte, ne t'y refuse rien, prends ce qui tente ta convoitise; sois le plus fort et ne te gêne pas; occupe la maison de ton voisin, et si le bonhomme regimbe, chasse-le, à moins que tu ne préfères le brancher à un arbre ? Les scrupules sont pour les niais; les gens d'esprit n'en ont pas ; il suffit que tu plantes un étendard sur une terre pour que cette terre t'appartienne et que les propriétaires primitifs soient dignes de mort s'ils ne veulent pas être dépouillés par toi.

Puisque l'on agit ainsi, pourquoi ne pas le dire ? Pourquoi cette contradiction entre l'acte et la parole ? Pourquoi celle-ci est-elle toujours démentie par celui-là ? Comment parvenir à les mettre d'accord ? On y arrive cependant, sans trop de peine, grâce à une vieille fiction, passablement impudente, où la morale n'a rien à voir et que l'on nomme : la raison d'État. Elle change souvent de visage, mais on peut toujours la reconnaître à ceci, qu'elle ne dit jamais ce qu'elle pense et qu'elle ne va au but que par des sentiers détournés. Elle aime à faire naître les conflits et s'emploie à les terminer lorsque le mal est irréparable. En ses heures de loisir ou de méditation, elle regarde avec convoitise vers le bien d'autrui et parfois en dispose par anticipation, selon ses convenances du moment. Elle sert d'excuse et de prétexte à tout; elle est bonne fille du reste, elle se laisse dorloter sur les genoux de la diplomatie et n'est point trop avare de ses faveurs. Entre gens de façons courtoises, il n'est point malaisé de s'entendre.

Autour d'une table couverte du tapis vert traditionnel sur lequel est étalée une carte géographique « mise au courant d'après les découvertes les plus récentes », ainsi que disent les prospectus de librairie, des hommes graves se réunissent et discutent, en langage approprié, quelques questions que l'on a eu grand soin de laisser ignorer à la partie la plus intéressée. On se fait des politesses et l'on s'offre des peuples, comme l'on s'offre une prise de tabac : « Vous, messieurs de la Tamise, nous trouvons équitable que ce territoire de 4 793 500 kilomètres carrés soit à vous; messieurs de la Sprée, vous convient-il d'accepter ces diverses portions qui réunies ne forment que 2 270 800 kilomètres? cela peut paraître exigu en comparaison de la part réservée à ces messieurs de la Seine, auxquels nous reconnaissons droit d'influence et de propriété sur 8 263 400 kilomètres carrés; ne vous récriez pas cependant, car ce lopin contient un désert dont l'étendue est moins problématique que la fertilité. » On se frappe dans la main, on signe des papiers que l'on timbre de quelques cachets, et l'Afrique est partagée, — est « dépecée », pour répéter le mot d'un géographe.

Les blancs se sont attribué le continent noir, c'est au mieux. Plaise au soleil que le climat de ces pays inconnus hier ne soit pas dévorateur de l'Européen. Ah ! si les nègres du Ouaday et du Darfour, sous prétexte qu'ils ont trop chaud chez eux, tentaient d'envahir les contrées de l'Europe tempérée, quelle indignation et quels cris de fureur! Si, par impossible, ils étaient vainqueurs et nous imposaient la civilisation des grigris et de la bamboula, les invocations ne manqueraient point au droit qui serait outrageusement violé. Oui, le droit serait violé, ce qui paraît être sa destinée en tout temps et en tout lieu ; mais le droit ne se modifie pas selon les degrés de latitude, ni selon la couleur de la peau. Il est parce qu'il est ; seulement il a l'inconvénient d'être impuissant à se protéger lui-même ; c'est pourquoi l'on ne s'en soucie guère quand on est le plus fort, et c'est pourquoi les blancs s'emparent des territoires nègres, comme les noirs s'empareraient des territoires blancs s'ils le pouvaient.

Ces expéditions ont pour but d'ouvrir un nouveau champ et de donner un nouvel essor à l'activité de l'industrieuse Europe : du moins c'est ainsi qu'il convient de parler lorsque l'on veut se conformer au langage de « l'expansion coloniale ». Dans ces régions sur lesquelles plane encore tant d'incertitude et qui, malgré le dévouement des explorateurs, restent en partie ignorées, il se produira bien des actions détestables, comme il n'en a pas manqué en tous pays où une race envahissante s'est substituée à la race autochtone. On entendra des imprécations et des gémissements, car tous les peuples, sans exception, répudiant l'esprit de justice, exaltent la conquête lorsqu'elle se fait à leur profit et la maudissent lorsqu'elle s'exerce à leur détriment. Ça aussi, c'est comme le droit, ça se retourne selon les circonstances et ça sert à démontrer le pour et le contre, d'après les besoins de la cause. Nous en pouvons conclure que la conquête de l'Afrique, si on la mène à bonnes fins, paraîtra légitime aux casuistes de la politique d'agrandissement, mais elle coûtera cher. On peut dès à présent se préparer aux sacrifices, aux insolations, aux fièvres paludéennes, et faire provision de sulfate de quinine.

Toutes les tribus de la grande famille européenne s'empressent et mettent à la voile pour les rivages du pays d'ébène : l'avenir appartiendra à celle de ces tribus qui la première aura créé une race de mulâtres. Que cette parole ne fasse pas sourire : rien n'est plus sérieux ; car pour occuper efficacement ces territoires meurtriers il faut une race qui puisse y vivre, s'y développer, s'y reproduire, et la famille blanche ne le peut pas. Cette famille, cet *audax Japeti genus*, a, je le reconnais, une puissance d'expansion prodigieuse : en somme c'est elle qui possède le monde ; elle le dirige, elle l'éclaire ; elle en est l'âme et la vitalité. Partout où elle s'est établie, de gré ou de force, elle a donné la lumière ; si ses procédés de diffusion ont été exécrables, c'est parce qu'ils sont et ne peuvent être que d'essence humaine, c'est-à-dire sans moralité et inspirés par le seul égoïsme.

Elle a détruit là où elle aurait dû protéger ; elle a asservi ceux qu'elle aurait pu attirer à elle et associer à ses destinées. Malgré les reproches qu'on peut lui adresser, et que je ne lui ménage pas, au nom de la stricte morale et du droit abstrait qui, je me hâte de le dire, n'ont rien de commun avec la politique, elle a été la race initiatrice par excellence ; sans elle, l'humanité serait encore dans les ténèbres. Jusqu'à l'heure actuelle, ni dans le passé, ni dans le présent, aucune race ne l'a égalée : elle est supérieure, au sens précis du mot, et, comme à la supériorité de l'intelligence elle joint la supériorité des armements et de la science militaire, elle est la maîtresse, elle domine et s'adjuge ce qui lui convient. Elle devrait adopter la vieille devise : « Qui qu'en grogne, tel est mon plaisir. » Ce serait, en vérité, plus honorable que de donner des explications sophistiquées qui ne trompent personne, quoiqu'elles soient faites pour les benêts.

Dans ce monde, rien ne s'obtient que par la violence ; certains esprits, et je m'honore d'être du nombre, en restent désorientés et sont vaincus eux aussi par la force des coutumes. L'antique malédiction pèse sur l'humanité : « Tu enfanteras dans la douleur. » C'est comme une loi mystérieuse qui régit les actions des hommes et ne leur permet la conciliation qu'après épuisement par le combat. Il est possible que ces héros de la grande flibuste, que ces chasseurs d'hommes soient les agents inconscients d'une puissance occulte qui, par les ravages et la destruction, guide le genre humain vers des fins que nous ne pouvons prévoir.

Si l'âge d'or est devant nous, comme l'ont dit Bernardin de Saint-Pierre et après lui l'école Saint-Simonienne, il semble que nous n'en approchons qu'avec une lenteur excessive. Nous marchons vers la terre promise ; soit, je ne demande pas mieux que de le croire; mais, avant d'y mettre le pied, il nous faut, ainsi qu'Israël, traverser la mer Rouge, la mer de sang. Heureux ceux qui sortiront des flots où s'engloutissent les armées! La génération qui doit enfin aborder au rivage n'est pas près de naître et ses arrière-ancêtres ne verront le jour que dans longtemps.

Dans son impatience d'acquérir, la race blanche a donné de redoutables exemples, qui seront un jour retournés contre elle. Elle a déployé trop d'âpreté pour placer ses produits, organiser des contrats d'échange, installer des comptoirs, qui bien souvent ne sont que la première étape du chemin des conquêtes. C'est de cette façon que l'on prépare ce que l'on nomme les voies de pénétration. Ainsi l'on a refoulé des peuplades, ainsi, sous prétextes divers, on a châtié des nations, et l'on ne s'est pas aperçu qu'en les frappant, en leur imposant des traités humiliants, grâce à la perfection de notre outillage militaire, on leur démontrait l'inanité de leur instrument de défense et la faiblesse de leurs armées, qui n'étaient que des cohues sans esprit de résistance, sans cohésion, sans instruction préalable.

Nous avons donné une première leçon, c'est le vrai mot; il paraît qu'en bons professeurs de l'art d'utiliser les forces, nous ne l'avons pas trouvée suffisante, car nous l'avons renouvelée et tout fait supposer que l'on ne s'en tiendra pas là. L'esprit d'aventure ne doit point faire négliger l'esprit de prévoyance. Le troupeau d'hommes effarés que quelques troupes blanches ont si facilement disperse va se transformer, se transforme et, dans un siècle, sera peut-être l'avant-garde d'une invasion formidable. On devine de qui je veux parler.

Vers l'Extrême Orient, dans le pays des grands fleuves, des rizières et des bambous, vit une nation prolifique, adroite, dénuée de nos préjugés qui sont contraires aux siens, apte à tous les métiers, menteuse par habitude, cruelle par tempérament, encore inhabile aux armes, mais cherchant à s'y instruire, avide, comptant la vie pour peu de chose, industrieuse et sans moralité ; son souverain se nomme le Fils du Ciel ; il est le plus puissant potentat de l'univers, car il commande à quatre cents millions de sujets. C'est le peuple jaune, le peuple chinois. Quand, au lieu de faire des magots, il fera des soldats, ce qui ne lui sera pas difficile, bien des problèmes qui tiennent la vieille Europe en suspens seront résolus.

Il est prudent de ne pas lui enseigner trop promptement à s'armer et à combattre, car l'avenir du monde semble devoir lui appartenir. La loi du nombre domine déjà chez plusieurs nations par le suffrage universel et le service obligatoire ; elle tend à se répandre et à s'imposer. La Chine a le nombre ; lorsque, avec son incomparable faculté d'assimilation, elle se sera approprié les notions indispensables aux peuples qui veulent être belliqueux, on ne voit pas qui pourra lui résister, à moins que toute l'Europe et toute l'Amérique ne se réunissent pour aller l'étouffer sur place.

Est-ce là notre avenir ? Des esprits profonds le prétendent. A Constantinople, en 1850, alors que la Chine n'était pas encore ouverte, on demandait, devant moi, à un grand vizir, comment se liquidera la question d'Orient ? Avec un triste sourire, il répondit : « La question d'Orient sera réglée dans cent ou cent cinquante ans, lorsque les Chinois seront maîtres du bassin de la Méditerranée. »

X

LE DOCUMENT.

Après avoir publié le sixième volume de son *Histoire de France*, consacré au règne de Louis XI, Michelet dit à Frédéric Baudry, qui me l'a répété : « Dès l'avènement des Valois, la quantité de nos documents historiques est écrasante ; à partir de Henri IV, le seul catalogue exigerait la vie d'un homme. » Il faut noter qu'à cette époque les archives des ministères des relations extérieures, de la guerre et de la marine étaient closes, ou peu s'en faut, par suite d'une vieille tradition bureaucratique qui se prolongeait, quoiqu'elle n'eût plus de raison d'être. La parole de Michelet dépassait peut-être la mesure, mais elle contient assez de vérité pour mériter d'être retenue, et elle explique pourquoi la plupart des historiens se sont copiés les uns les autres, ressassant les erreurs déjà commises, reproduisant les faits dans le même ordre primitivement infidèle et se contentant, pour toute besogne, de varier les commentaires et de modifier les gloses. De sorte qu'au lieu de donner une histoire puisée aux sources, ils donnent leur opinion sur l'histoire, ce qui est peu intéressant et encore moins instructif.

Les historiens les plus scrupuleux ont consulté les mémoires imprimés; mais ils se sont attachés de préférence à ceux qui concordaient avec leur manière de voir, et par suite n'ont montré qu'une face de leur sujet. Comme Janus, l'histoire a deux visages; découvrir l'un au détriment de l'autre, c'est être incomplet et quelquefois sans probité. Or tout récit historique qui n'est point basé sur la probité absolue, qui a mêlé son aloi à des alliages douteux, mérite d'être rejeté comme une pièce de fausse monnaie. Cette façon de présenter nos annales, selon des conventions plus que selon la vérité abstraite, ne doit plus subsister à une époque qui se glorifie d'avoir perfectionné, sinon créé, la méthode expérimentale.

Nos histoires de France sont nombreuses, mais de valeur discutable; les unes, avec des conceptions magnifiques, font la part trop large aux envolées de l'imagination; les autres, d'un terre-à-terre désespérant, recueillent pieusement les erreurs accréditées et ressemblent à un ramassis d'anas. Certes il serait injuste de les condamner en bloc; telles parties de quelques-unes sont et restent des modèles qui ne seront point surpassés; plusieurs d'entre elles sont loin d'être sans utilité, mais dans l'ensemble elles sont incomplètes, car elles n'approfondissent que certaines périodes qui, plus particulièrement, ont excité l'intérêt de l'écrivain; pour les autres époques, en ne faisant que les effleurer, elles infligent à leur récit des défaillances où l'esprit du lecteur se heurte à des mécomptes.

J'ai rêvé, je l'ai avoué plus haut, que la jeunesse d'aujourd'hui formulerait la loi de la politique ; puisque je suis en train de dénoncer les rêves dont ma vieille cervelle est encore hantée, j'en confesserai un autre que je voudrais bien voir réaliser par la création de ce que j'appellerai un Institut historique. On pourrait l'organiser en sections qui correspondraient aux principales divisions de l'histoire de France ; à chacune de ces sections une « escouade volante » serait attachée et aurait pour mission d'aller étudier les archives des gouvernements étrangers, afin d'y recueillir les documents qui sont de nature à éclairer notre histoire nationale.

On comprend le mécanisme, sans qu'il soit besoin d'insister. Par la subdivision du travail sur les points déterminés, les détails relatifs à une période seraient rassemblés ; ces détails, réunis et juxtaposés chronologiquement, formeraient un ensemble qui, mis à la disposition de l'historien, lui fournirait les matériaux d'une histoire générale de notre race avec pièces à l'appui, confrontation des témoignages et sans solution de continuité. Un tel projet rentre-t-il dans la catégorie des utopies dont il convient de sourire, et ne peut-il tenter quelques jeunes esprits ardents au labeur, amoureux de la France et se vouant à lui élever le monument historique, le monument de vérité, qui lui est dû? Deux cents jeunes hommes studieux, dressés aux recherches, qui se grouperaient dans ce but, seraient à mon avis dignes de tout encouragement ; eux aussi ils mériteraient bien de la patrie, car leur œuvre de conquête dans notre propre domaine serait une victoire sur la routine, c'est-à-dire sur l'ignorance.

Par histoire générale de la France, j'entends l'histoire de la vieille France, de celle qui naît dans les marais préhistoriques de la Gaule et qui remet ses pouvoirs le 4 mai 1789 entre les mains des députés aux États généraux. La France nouvelle, celle qui apparaît pour la première fois, aux éclairs d'un orage, dans la salle du Jeu de Paume, est trop jeune pour que l'on puisse en parler avec certitude. Tous les travaux déjà inspirés par cette période, et dont plusieurs ont une importance de premier ordre, ne sont que des documents qui seront utilisés par un historien futur. Les prémisses posées par les faits se sont développées avec une logique intermittente, mais nous sommes loin encore de la conclusion et notre pays passera par plus d'une évolution avant de la formuler. Cela est dans l'ordre des choses : qu'est-ce qu'un siècle pour la vie d'un grand peuple et surtout d'un peuple qui, en vertu des lois de l'atavisme, est pénétré par des traditions souvent contradictoires à ses aspirations?

Malgré des temps d'arrêt, malgré des mouvements de recul, plus apparents peut-être que réels, la marche en avant a persisté vers le but, plutôt soupçonné qu'aperçu, auquel tend l'esprit français depuis qu'il a été libéré par la plus violente et la plus féconde des commotions politiques. Malgré la diversité des décors et les changements à vue, il me semble que le grand drame de la Révolution française, — qui tend à devenir la révolution européenne, — n'en est encore qu'au premier acte.

Quant au prologue, il est tout entier dans la vieille France, et c'est là qu'on le trouvera sans peine, moins peut-être dans la hardiesse relative de certaines propositions philosophiques que dans les mesures d'État qui, procédant par élimination systématique, s'ingéniant à fortifier la puissance souveraine, vassalisant jusqu'à la domestication tous les soutiens du trône, ont si bien isolé le monarque, que, lui disparu, l'édifice monarchique s'est écroulé. On avait fait un Dieu du roi de France : en le supprimant on a produit le chaos d'où un monde nouveau a émergé au milieu des tempêtes.

A la veille de la Révolution, la monarchie française m'apparaît semblable à une de ces cathédrales à laquelle plusieurs générations ont travaillé ; l'époque romane, les époques ogivales, l'époque de la Renaissance ont successivement concouru à la mise en œuvre ; tous les styles, tous les systèmes de construction s'y rencontrent. Si le monument est imposant, est-il solide par lui-même? J'en doute, car dès le principe on a dû l'entourer d'arcs-boutants qui le maintiennent en équilibre. Un à un, dans un but de grandeur et de magnificence, on a enlevé les contreforts; les nefs, les flèches restent debout, comme par habitude; un ouragan passe, le temple oscille sur sa base et s'effondre avec un tel fracas, que la terre en a tremblé. Aussi ne serait-il pas excessif de dire qu'une histoire générale de l'ancienne France pourrait être intitulée : Histoire des origines de la Révolution française.

Cette histoire forme un tout complet, où les faits s'enchaînent et s'engendrent les uns les autres, où les causes produisent des effets applicables à l'ordre des choses qui régna si longtemps; c'est une ère, au sens précis du mot, qui s'ouvre et qui se ferme, glorieuse malgré bien des infortunes, persistante malgré des somnolences, et qui a exercé une influence prépondérante sur les destinées du monde.

Je voudrais qu'une si haute entreprise fût confiée à cet Institut historique dont je rêve la création; en la poursuivant, on se convaincra que depuis les Mérovingiens l'expansion des idées françaises a remué l'humanité; car notre nation a cela de particulier, — et, dit-on, de périlleux, — que, victorieuse ou vaincue, elle a laissé partout sur son passage des traces ineffaçables. Si l'étude de la période ouverte par la convocation des États généraux offre des dangers à l'impartialité de l'historien qui subira l'influence des passions politiques toujours en ébullition, il n'en est pas de même pour les dix-huit siècles précédents. C'est un champ des morts, les tombes y sont closes; on peut en évoquer les ombres, les interroger et rendre un témoignage de justice abstraite. Ils sont rares les historiens qui, soucieux de la seule vérité, se sont oubliés eux-mêmes, ont su se soustraire à la pression de leurs croyances religieuses, de leurs tendances dogmatiques, de leur rancune ou de leur sympathie; c'est pourquoi leurs récits, noyés le plus souvent dans le flot des considérations personnelles, sont des plaidoyers ou des réquisitoires, au lieu d'être le procès-verbal authentique que l'on est en droit d'exiger. C'est là l'écueil qu'il est facile d'éviter, à longue distance, alors que les passions qui ont agité l'homme d'autrefois sont éteintes dans le cœur de l'homme d'aujourd'hui.

L'histoire de France telle que je la conçois, serait faite pour la France elle-même; les partis qui la divisent encore pourraient en faire le commentaire à leur guise; on leur offrirait un texte d'une sincérité absolue, leur glose serait libre de le dénaturer. On leur donnerait l'histoire vraie, ils en feraient l'histoire partiale, selon leur convenance, mais au moins nous posséderions nos annales ayant force de loi, s'il se peut, comme un acte d'état civil. Un fait historique est digne de blâme ou d'éloge selon les conséquences qu'il a produites : or ces conséquences sont presque toujours lointaines, contraires aux prévisions et souvent, à leur tour, elles deviennent des causes suivies d'effets inattendus; on ne peut donc les apprécier qu'après un long temps écoulé, lorsque les prémisses ont fourni jusqu'à la dernière des conclusions qu'elles contenaient en germe.

Pour cela il est indispensable qu'une période d'histoire soit fermée par des événements tels, qu'il lui soit impossible de se rouvrir; or c'est le cas de l'ancienne France. Elle est embaumée dans les parfums de ses grandeurs, elle est ensevelie sous un glorieux linceul, son monument funéraire s'aperçoit de tous les points de l'horizon humain, mais elle est morte et ne ressuscitera pas. Si par miracle elle sortait de son tombeau, l'air respirable lui manquerait; l'atmosphère est tellement saturée d'éléments qui lui sont contraires, qu'elle en périrait instantanément. Cela permet, si j'ose le dire, d'en faire l'autopsie et de n'en plus rien cacher. Il ne s'agira pas de démontrer que les conséquences d'un fait ont été favorables à telle conception de la foi, de la politique, de la philosophie, mais qu'elles ont été propices ou préjudiciables au pays. C'est à cela que l'on devra s'attacher, car hors de ce principe dont le respect doit être de rigueur absolue, il n'y a qu'esprit de parti et non point la vertu même de l'historien, qui est l'impartialité.

Si l'on ne se conforme pas à cette doctrine, on ne fera qu'une sorte d'amplification des mémoires du temps que l'on essayera de raconter. Or tous les mémoires sont inexacts, — panégyrique ou diatribe, — car ils ont été écrits par les contemporains des événements relatés, c'est-à-dire pas des hommes qui les ont regardés à travers leurs passions, qui souvent y ont été mêlés, qui parfois même les ont provoqués. Il est bien difficile, sinon impossible, que l'auteur de mémoires soit impartial; c'est la pointe de médisance que l'on y trouve, même chez les plus bienveillants, qui en constitue trop souvent l'intérêt. Dans presque tous les cas ils ne sont à consulter qu'avec une circonspection qui n'aura rien d'excessif si elle dégénère en défiance.

Lisez, dans les chroniques du règne de Charles VI, le récit de la querelle d'Armagnac et de Bourgogne « pendant l'occupation de notre seigneur le roi de France » : ce n'est qu'un cri de haine; lisez le récit des troubles de la minorité de Louis XIV dans les mémoires que l'on semble avoir multipliés à l'envi : quelle insécurité! on n'a entre les mains que des pamphlets; chaque parti ne se préoccupe que de la véhémence de son ressentiment et des fureurs de son ambition. C'est une moisson de médisances que l'on ne saurait bluter avec trop de soin pour en éliminer les perfidies et les mensonges.

Ce qui convient aux fantaisies du romancier n'est point pour plaire aux exigences de l'historien; or les mémoires ont été et seront encore pendant longtemps le grenier d'abondance des romans historiques; ils fourmillent d'anecdotes, d'aventures d'alcôve, de brigues, de valetailleries de toute sorte qui sont peut-être la broderie de l'histoire, mais qui à coup sûr n'en sont point la trame. Quiconque racontant le règne de Louis XIV consulterait uniquement le texte de Saint-Simon, ferait, je n'en doute pas, un livre amusant; mais ce livre fausserait l'histoire, comme elle a été faussée par ce petit grand seigneur vaniteux, qui prenait sa gloriole pour de la grandeur et son ambition pour du génie politique. Comme on l'eût scandalisé si on lui eût dit que ses mémoires, et rien de plus, sauvegarderaient son nom de l'oubli.

La vérité qui seule importe, — car seule elle explique et fait comprendre, — la vérité n'est point dans les mémoires, pas plus que pour les historiens de l'avenir la vérité d'aujourd'hui ne sera dans les journaux. Elle est ailleurs, elle est dans les archives des gouvernements, dans le cartulaire des souverains, dans les armoires de certaines familles où l'on garde jalousement, trop jalousement parfois, la correspondance des ancêtres. C'est là qu'elle est sur parchemin et sur papier, c'est là qu'il est nécessaire d'aller la chercher. Lorsque le document écrit fait défaut, ce qui est le cas pour les premiers siècles de notre histoire, on est contraint d'avoir recours aux récits à demi fabuleux des scribes d'autrefois ; il faut alors interpréter les légendes, interroger les traditions recueillies dans les chansons de geste, dans les contes surnaturels, dans les romans d'aventure et surtout dans les poésies populaires.

Malgré l'insuffisance de ces données, on pourrait, en les utilisant avec sagacité, rectifier plus d'une erreur venue jusqu'à nous : une vieille chanson du pays basque ne tend-elle pas à prouver que, contrairement au poème de Théroulde, ce ne sont point les Sarrasins qui ont écrasé Roland à Roncevaux ? Avec de tels éléments, douteux sinon menteurs, poétisés à outrance par les allégories et les allusions dont le sens échappe, on en est réduit à une reconstitution que bien des motifs rendent imparfaite. Il en est de cela comme de ces « restaurations » de monuments détruits qui servent aux architectes à démontrer la fécondité de leur imagination. Faute de mieux, l'on doit s'en contenter ; mais, quelque bien faits que soient ces livres de primitive histoire, quelque ingéniosité qu'y ait déployée l'auteur, ils ne satisfont jamais complètement ; leur lecture laisse dans l'esprit une impression indécise et approximative qui ne plaît ni à la curiosité, ni au raisonnement. C'est comme un repas trop parcimonieux, on n'y mange pas à sa faim.

Dès que le document écrit apparaît, l'ombre se dissipe et l'on voit briller la lumière. Or, lorsqu'il s'agit d'histoire, la lumière, c'est la vérité, la vérité toute seule, la vérité toute nue, comme la fable la représente. S'il est légitime d'idéaliser parfois jusqu'à l'absurde — j'en demande pardon à l'*Astrée* et au *Grand Cyrus* — les œuvres d'imagination qui, après tout, nous rendent l'inappréciable service de nous enlever, pour un temps, au milieu médiocre dans lequel nous végétons, il est interdit, même dans le but de pallier les crimes et d'excuser les fautes, il est interdit de sophistiquer l'histoire et de substituer les caprices de l'interprétation à la rectitude de l'exposé des faits. Il me semble que l'on doit aborder l'histoire comme on aborde la barre des témoins devant la Cour d'assises, en prêtant serment de parler sans haine et sans crainte et de dire la vérité, rien que la vérité.

Les preuves de cette vérité, tout au moins les pièces qui permettent de la reconstituer, existent pour la plupart des incidents dont l'ensemble constitue l'histoire; ces preuves, il faut les poursuivre jusque dans les dépôts où elles se cachent, ce qui exigera bien des pérégrinations, car les documents relatifs à l'histoire d'un peuple sont loin d'être tous en sa possession; on les trouve soit par masse, soit par fragments, dans des archives étrangères où bien souvent on ne les soupçonnerait pas [1].

En matière de communications de cette nature, on ne saurait être trop libre-échangiste, et, pour la période où se meuvent les destinées de ce que j'appelle la Vieille France, il serait à souhaiter que nulle pièce ne fût désormais soustraite aux investigations des historiens. Plusieurs gouvernements — on ne saurait assez les en louer — ont entrepris de mettre au jour les documents relatifs à leur histoire; c'est là un exemple qui devrait être imité, et je voudrais que le budget de tout gouvernement civilisé — j'entends par là celui qui a le respect du papier écrit — pourvût chaque année à la publication de ses annales. Que de richesses enfouies seraient livrées à la circulation! quelle leçon pour l'avenir par la franche divulgation du passé! Ce serait une dépense considérable, je ne l'ignore pas; qu'importe! Tout pays doit être assez riche — je répéterai un mot connu — pour payer sa gloire.

Les volumes qui sortiraient de cette publication coûteraient fort cher, je le sais, et qu'importe encore! Ne seraient-ils point attribués de droit aux bibliothèques publiques et mis par conséquent à la disposition de tout le monde? Est-ce que le haut

[1]. Nulle histoire des guerres de Vendée ne sera complète si elle ne s'appuie sur les documents que possède le *British Museum*. Je cite cet exemple; on pourrait le multiplier à l'infini.

prix de chacun des volumes consacrés aux *Documents inédits de l'histoire de France* a empêché un seul intéressé de les lire? J'en dirai autant de la publication sur *Paris*, entreprise à la fin du règne de Napoléon III, grâce à l'initiative du baron Haussmann et continuée jusqu'à présent par le conseil municipal. Par voie d'échange toutes les nations seraient en possession de ces documents, et ce trésor historique offrirait d'incalculables ressources aux recherches de l'intelligence et du travail.

Le jour où toutes les archives seront ouvertes de droit commun, bien des obscurités seront dissipées et peut-être pourra-t-on enfin regarder avec quelque confiance vers certaines époques tellement troublées, si particulièrement sombres, que l'on n'a pu, jusqu'à cette heure, tenter de les éclairer que par supposition. Les historiens ont eu beau s'évertuer, le moyen âge reste un chaos. Féodal, morcelé, ignorant au delà du possible, dévot et néanmoins hérésiarque, crédule, bestial, invoquant Dieu et se donnant au diable, de bonne foi cependant et se fiant aux cruautés de la superstition, servile et révolté, il reste indéchiffrable et a lassé les perspicacités les plus aiguës.

Cette période est lamentable. C'est miracle que l'Europe n'ait pas succombé sous son propre brigandage. Que de faits cruels dont l'histoire reste entachée — supplices et massacres — sont mystérieux dans les causes qui les ont déterminés, malgré les dissertations, les explications, les commentaires dont on s'est évertué de les élucider! On n'a pu en découvrir le secret, parce que les documents révélateurs sont encore tenus en réserve.

Je crois que le mot de l'énigme n'est pas introuvable; il doit être aux archives du Vatican, dont l'accès n'a rien de facile; très probablement il est là, prisonnier comme tant d'autres qui étonneraient le monde si on leur donnait la libre volée. Là aussi se cache la confession du moyen âge, l'aveu de ses confuses aspirations toujours étouffées, de ses tentatives pour soulever le poids de la féodalité qui l'accable, de son désespoir en reconnaissant qu'il ne parvient pas à briser les liens minutieux dont il est garrotté, de son découragement lorsque, vaincu par la savante hiérarchie des oppressions, il se couche à terre pour mourir, affaissé, résigné, laissant passer sur lui, sans même redresser la tête, la guerre civile, la guerre étrangère, les persécutions, la famine et la peste. L'âme du moyen âge est au Vatican : c'est au prêtre qu'il a raconté ses douleurs et c'est aux seigneurs du temps que la papauté confiait l'exécution des desseins qu'elle avait conçus. Tant que les archives de la cité Léonine ne seront pas ouvertes, bien des parties de l'histoire resteront obscures, qui déjà devraient être en clarté.

Au temps de Grégoire XVI, j'ai fait un long séjour à Rome. Que de fois je me suis arrêté, regardant les fenêtres de la salle des archives, mesurant des yeux la muraille, avec une vague envie de l'escalader et d'envahir la forteresse des parchemins, à la tête d'un bataillon de paléographes suivis de leurs copistes, afin de mettre les mystérieux dossiers en étude réglée ! Quel rêve — toujours des rêves ! — de délivrer le royaume des vieux papiers et de proclamer la libération des énigmes historiques ! Ce jour-là on illuminerait dans le monde des savants, qui, saisissant enfin la vérité corps à corps, rejetterait avec joie les conjectures auxquelles il est trop souvent condamné. Qui sait ? Nous sommes dans un temps où, en toute chose, les modifications s'opèrent avec une rapidité prodigieuse ; ce que l'on interdisait hier est préconisé aujourd'hui, et l'on reconnaît alors qu'il n'existe aucun péril dans ce que l'on considérait comme périlleux.

Peut-être est-ce la jeune génération qui aura la bonne fortune et la gloire de franchir les antiques barrières, d'ouvrir les portes closes, non pas en les brisant, mais parce que les vieux usages, morts enfin de décrépitude, auront fait place à des coutumes intelligentes et libérales. Cacher aux nations les origines, les « dessous » de l'histoire âgée de plusieurs siècles, lorsque par le suffrage universel ou restreint, par l'enseignement et le service obligatoires, ces mêmes nations ont leur part réservée dans la formation de l'histoire actuelle, cela me semble une anomalie. Lorsque je pense à toutes les découvertes qui seront faites, je regrette que l'âge ne me promette pas d'en être le témoin.

Je ne veux pas que l'on s'abuse sur mon compte et que l'on m'attribue des mérites que je n'ai pas eus : dans le désir que j'éprouvais d'être admis, il y a bientôt cinquante ans, à fouiller les archives du Vatican, l'histoire proprement dite et les problèmes qu'elle recèle ne me préoccupaient guère. Je visais moins haut et, parmi toutes ces richesses documentaires, je n'aurais guère cherché que des sujets de romans historiques; on les aimait fort à cette époque, et je partageais le goût général, comme il convient à un jeune homme soumis aux exigences de la vogue. Je souris à ce souvenir qui me prouve une vérité banale, que je n'ignorais pas et que j'ai souvent constatée par moi-même, à savoir que les idées se modifient avec les années. Les pensées sérieuses — le mot l'indique — sont les pensées du soir, écloses sous la réflexion, fécondées par l'expérience; on s'y attache fortement, ce qui n'empêche peut-être pas de regretter les envolées juvéniles et le grain d'extravagance qui est le stimulant des conceptions de la jeunesse.

Je crois du reste que les romans, c'est-à-dire les travestissements historiques, n'entrent plus dans les préoccupations de la jeunesse d'aujourd'hui ; je lui en fais mes compliments; nous les avons aimés à la folie, lus avec assiduité, mais ils n'étaient, ils ne pouvaient être qu'un passe-temps et ne nous ont rien enseigné. C'est ainsi que vont les choses : elles sont comme les hommes — dont elles émanent — elles ont la vie courte, et bien souvent ce n'est pas au préjudice de l'esprit humain. Aux jours qui suivirent notre délivrance scolaire, nous nous sommes passionnés pour des récits qui n'avaient d'historique que le nom des héros introduits, vaille que vaille, dans des œuvres de convention. Si aujourd'hui un de ces volumes, qui nous ont fait passer des nuits blanches, tombe sous notre main et qu'en souvenir des émotions d'autrefois nous voulons le relire, nous rions, à moins que nous ne nous endormions dès la vingtième page. Les auteurs de ces élucubrations sont bien oubliés à cette heure. Seul, répandant partout la vie qui débordait en lui, Alexandre Dumas nous tient toujours en haleine lorsqu'il nous raconte les hauts faits de ses *Trois Mousquetaires* ou les amours de *la Reine Margot*.

De tout le fatras des prétendues reconstitutions historiques sorties de l'imagination des romanciers, il ne restera rien que l'indice d'un effort stérile, tandis que le moindre document original, enseveli sous la poussière du temps et retrouvé, a une valeur inaltérable qui subsiste et fait foi dans le jugement que l'histoire porte sur elle-même. Sous l'aridité du texte réside une force invincible, une sorte de force abstraite qui s'impose et qui, lorsqu'elle s'appuie sur un fait dont elle est la preuve, défie les arguties de l'interprétation. Elle a, en outre, un avantage qui n'est pas des moins considérables : elle n'a point été adultérée par l'opinion publique, comme tant de soi-disant vérités énoncées dans les mémoires et dans les correspondances particulières. Si je juge des correspondances d'autrefois par les correspondances de mon temps qui ont été publiées « après décès », j'estime qu'il n'en faut faire cas, et qu'elles ne méritent qu'une créance modérée.

Les mieux placés pour bien voir, parmi ces chroniqueurs épistolaires, — madame de Maintenon, par exemple, et la Palatine, — ont commis ou reproduit tant d'erreurs, que pour chaque volume de lettres ce ne serait pas trop d'un volume d'annotations rectificatives. Cela tient à ce que, si haut situé que l'on soit, si en dehors du propos vulgaire, on n'échappe pas à la tyrannie du milieu, on subit l'influence de l'opinion publique, variable de sa nature et le plus souvent injuste, parce qu'elle est ignorante et passionnée. Le poids en est tel, qu'il fait fléchir les plus robustes. Elle s'exerce non seulement sur les faits en évolution, sur les personnages en exercice, mais parfois, sous l'impulsion de certains événements, elle se retourne contre elle-même, répudie ses convictions passées, brise ses idoles et de son pavois fait la claie où elle traine les hommes qu'elle avait déifiés.

De ceci j'ai vu un exemple mémorable, qu'il n'est point inutile de rappeler.

XI

L'ESPRIT D'OPPOSITION.

« La roche Tarpéienne est près du Capitole »; ainsi parlait Mirabeau à l'époque où nul discours n'eût paru correct s'il n'eût fait quelques emprunts au *De viris*. Le mot a la valeur d'un axiome et formule une vérité dont la preuve éclate à chaque ligne de l'histoire. Il est rare qu'au cours de sa vie politique un homme d'État n'ait pas été élevé et terrassé par le flux et le reflux de l'opinion. La foule a des engouements inexplicables. Pour des motifs souvent si légers qu'ils échappent à l'observation, elle adopte un homme; elle lui attribue toutes les qualités, le pare de tous les mérites, le rend dépositaire de toutes les espérances, l'entoure d'une telle popularité qu'elle l'impose et le hisse au pouvoir.

Quatre-vingt-dix-neuf fois sur cent l'idole est un homme fort ordinaire; son extérieur ou sa parole a fait illusion; parfois c'est un farceur habile, toujours c'est un égoïste enfiévré d'ambition. A l'œuvre on reconnaît l'artisan, et l'on ne tarde pas à constater la médiocrité du pauvre hère dans lequel on avait vu un héros. Seul il pouvait réaliser les rêves, faire la fortune publique et le bonheur de tous. Or il n'a rien réalisé, il n'a point diminué le budget des dépenses et il n'a rendu personne heureux. Les illusions se sont envolées, la réalité apparaît triste et passablement sotte. On ne pardonne pas au fétiche de n'avoir aucune des vertus dont on l'a orné et qu'il n'avait pas ; on brise l'autel qu'on lui avait dressé sur les hauts lieux, et lui-même on le fait dégringoler jusque dans les bas-fonds du mépris et de la rancune. On l'accuse de trahison ; on dit : Comme il nous a trompés ! — Non, Démos, il ne t'a pas trompé ; tu t'es bouché les oreilles et tu as refusé d'entendre ceux qui t'ont crié : Casse-cou ! Ce n'est point ta faute ; tu es ainsi parce que tu as plus de passion que de raisonnement, et parce que, n'ayant nul goût ou nul loisir pour l'étude, tu es ignare, puéril et crédule.

J'ai connu plus d'une idole : toutes ont été mises hors du temple avant leur mort. Je les ai vues dépouillées des oripeaux dont l'erreur publique les avait affublées, travesties sous des costumes d'emprunt, sauter en fiacre, — au galop, au galop ! — pour éviter la fureur de ceux qui les avaient fabriquées de toutes pièces et pour se soustraire à des vengeances imméritées. Comptez les demi-dieux que le peuple de la Révolution plaçait dans son panthéon et qu'elle en tirait aussitôt pour les conduire à la machine rouge qui fut son outil de prédilection.

Cela est naturel ; on ne pardonne jamais aux autres les torts d'illusion que l'on a eus à leur égard. A Naples, les *Popolani* insultent leur saint Janvier lorsque le bonhomme est distrait et tarde à faire son miracle ; certains insulaires de la Polynésie assomment leurs dieux à coups de bâton quand la pluie réclamée se fait attendre. C'est le sort des idoles, de celles qui sont en bois comme de celles qui sont en chair et en os, d'être battues, injuriées et même réduites en poussière lorsqu'elles ne distribuent pas l'eau et le soleil au gré des foules. La politique le veut ainsi ; elle crée un malentendu permanent, car, si elle est toute de calcul chez les hommes d'État, elle est toute de passion chez les peuples. Entre le raisonnement et l'entraînement, le combat est perpétuel, et ce n'est pas le raisonnement qui a le dessus.

Ces faits, nous en avons été les témoins ; nos enfants, nos petits-enfants, nos arrière-petits-enfants les verront, comme nos ancêtres les ont vus. Mais parmi les événements dont le choc ne devrait jamais atteindre que les hommes vivants, il en est qui, plus sévères que la loi, ont un effet rétroactif et frappent des personnages passés de vie à trépas, déjà devenus historiques et entrés dans le domaine de la postérité. Celle-ci s'est, en partie, redressée contre eux et les a accablés sous des faits dont ils ne pouvaient être responsables, puisque ces faits se produisaient trente-six ans après leur déchéance et trente ans après leur mort.

Sous la pesée de circonstances politiques — qui ne pouvaient être qu'éphémères — j'ai vu l'histoire de Napoléon Ier faire volte-face, ou peu s'en faut, et se transmuer de dithyrambe en pamphlet. Derrière la gloire on a cherché les tares, afin de détruire la légende et de rabaisser l'homme au détriment du souverain. Je suis d'âge à avoir constaté cette évolution, qui n'eut d'autre motif, dans le panégyrique comme dans le dénigrement, qu'une tactique politique conduite par l'ambition déçue, par la rancune et par l'agression contre un pouvoir momentanément établi. En réalité, l'opinion émise sur Napoléon fut une arme de combat, arme à double tranchant, qui fut employée pour et contre lui, selon les besoins accidentels d'une cause compromise.

La politique est peu scrupuleuse : elle fausse l'histoire, lorsqu'elle y trouve son bénéfice ; c'est pourquoi nul homme politique ne sera jamais un historien sincère ; il regarde les événements passés à travers la loupe déformante de son opinion, qui n'est que l'expression de son intérêt personnel ; il est possible qu'il soit de bonne foi et qu'il n'altère la vérité qu'à son insu, mais il l'altère, et dès lors il cesse de mériter confiance. J'ai assisté à trois incidents qui symbolisent les variations qui ont été infligées à l'histoire de Napoléon ; j'ai vu l'apothéose et j'ai vu le supplice.

En 1833, à l'un des trois jours anniversaires de la Révolution de Juillet, le 28 si je ne me trompe, j'étais sur le balcon de la maison où je suis né, mitoyenne à l'hôtel du Rhin et faisant le coin de la rue Saint-Honoré et de la place Vendôme ; des troupes de différentes armes garnissaient la place ; à toutes les fenêtres des têtes apparaissaient ; la foule était pressée dans la rue de la Paix ; un long voile d'étamine noire ou violette parsemée d'étoiles ou d'abeilles d'or enveloppait la colonne de la Grande Armée depuis le faîte jusqu'à la base. A l'entrée de la place, du côté de la rue de Castiglione, un état-major très chamarré, selon l'usage du temps, se tenait à cheval. En présence du roi Louis-Philippe accompagné du duc d'Orléans et du duc de Nemours, on allait découvrir et solennellement inaugurer la statue de Napoléon modelée par Sudre :

Dans le moule profond, bronze, descends esclave,
Tu vas remonter empereur!

En tête de l'état-major se tenait un général qui maîtrisait difficilement un cheval ombrageux. Nous étions plusieurs enfants réunis ensemble, et dans ce général nous n'hésitions pas à reconnaître le général Rapp, qui cependant était mort depuis une quinzaine d'années. Tout à coup le général tira son sabre, — un de ces sabres turcs si communs parmi les hauts personnages de l'armée depuis l'expédition d'Égypte, — il fit faire trois ou quatre foulées de galop à son cheval, en agitant son « cimeterre ». C'était le signal. Le voile s'affaissa comme un nuage autour de la colonne, au pied de laquelle il se roula. On aperçut l'empereur, non le César lauré que nous revoyons aujourd'hui, mais le soldat, le petit caporal, avec le chapeau et la redingote historiques. Quelle clameur de tout un peuple ivre d'orgueil et de joie! Je ne fus pas le dernier à pousser un hurrah de triomphe. Que criait-on? Belle demande; on criait : Vive l'empereur! puisqu'il était mort.

Le 24 février 1848, suivant par curiosité une bande d'insurgés que j'avais rencontrée sur le boulevard des Italiens, je traversai cette même place et j'y entendis un cri analogue, un cri unanime, lancé par ces révoltés qui ne se connaissaient point les uns les autres, qui allaient proclamer la vacance du trône, qui obéissaient à une sorte d'impulsion historique et ne se doutaient guère, en ce jour, que leur clameur était un appel auquel il serait promptement répondu.

Vingt-trois ans après cette ovation spontanée, faite par l'insurrection au plus énergique autoritaire qui fut jamais, le 16 mai 1871, j'étais sur le boulevard, dans l'axe de la rue de la Paix, regardant la colonne en haut de laquelle la statue impériale était garrottée de cordages rattachés à un cabestan manœuvré par des communards, fiers de la besogne qu'ils allaient accomplir aux yeux de l'armée allemande campée sous nos murs. J'ai raconté ailleurs les péripéties de cette journée, je n'ai pas à y revenir. La colonne s'abattit; les soldats du pétrole et du massacre firent ce qu'avaient essayé de faire des royalistes, après l'écrasement de la France, en 1814.

Les extrêmes se touchent; dans les partis les plus adverses, les procédés sont les mêmes, car la médiocrité est égale. Ç'a été la conception où les énergumènes des deux camps irréconciliables se sont rencontrés, comme s'ils s'étaient transmis le mot d'ordre, à travers tant d'années, pour célébrer de la même façon la capitulation de Paris. Entre la déification qui succéda à la déchéance, à l'exil, à la mort, et la projection de la statue sur le fumier de la Commune, que s'était-il donc passé pour qu'une mémoire si prodigieusement encensée fût vilipendée jusqu'à l'abjection ?

Il s'était produit plusieurs changements de gouvernement qui avaient fait tourner la girouette de l'opinion publique selon le vent du jour et l'intérêt des partis. L'esprit d'opposition ne se préoccupe guère de logique; il saute d'un pôle à l'autre avec une agilité sans égale et avec une sérénité qui serait comique si elle n'était honteuse. Or l'esprit d'opposition est fréquent chez le Français, surtout chez le Parisien; il en a l'habitude, il en a le goût, si bien que l'on pourrait conjecturer qu'à l'heure de sa naissance une fée goguenarde lui en a fait don. Il aime à fronder, il fronde ; il fronde jusqu'à ce que le caillou qu'il a lancé lui retombe sur le nez ; alors il s'indigne et crie : A l'assassin!

Sous la Restauration la fronde était partout excepté à la cour, chez les familles de vieille roche et dans le clergé ; mais elle ne se ménageait pas dans les salons de la bourgeoisie aspirant au pouvoir, dans les cafés avec les officiers en demi-solde, dans les cabarets avec les anciens militaires, dans les casernes avec les soldats. Les libéraux, comme l'on disait alors, qui gémissaient et s'indignaient du retour de la légitimité, se coalisèrent avec les bonapartistes de souvenir et de conviction. Ils représentaient des opinions différentes qui s'étaient souvent combattues ; qu'importe! ils se réunirent pour adorer la même idole et ne parlèrent plus qu'avec attendrissement, qu'avec enthousiasme de Napoléon, l'homme du siècle, l'homme du destin, le César invincible, le Prométhée moderne. En comparaison d'un tel héros que pouvait-on penser de Louis XVIII et de Charles X ?

Tout ce qui appartenait à l'opposition systématique, et c'était la majeure partie de la nation, n'avait qu'un nom à la bouche, celui de « l'Empereur ». C'est alors que le culte naquit ; il eut sa liturgie, ses hymnes et ses prêtres. Dans une de ses *Orientales*, datée de 1827, Victor Hugo n'a été que le porte-paroles de l'opinion générale : « Toujours lui! Lui partout! » La bonne compagnie récitait des vers à sa louange ou écoutait avec émotion les récits de ses « compagnons d'armes ». Les guinguettes chantaient les couplets de Béranger et d'Émile Debraux ; lorsque l'on entonnait *le Vieux Drapeau*, on restait debout et tête nue; aux derniers vers, qui contenaient une prophétie :

> Oui, je secouerai la poussière,
> Qui ternit tes nobles couleurs!

plus d'une larme coulait. Manifestations à portes closes et qui ne se promenaient point sur la voie publique, par le motif qu'en ce temps les tribunaux n'avaient pas la main légère; c'est pourquoi les journaux ne se mêlaient que par allusion voilée à ce mouvement de l'opinion; ils redoutaient la prison, qu'on ne leur épargnait pas volontiers.

Si ardent que fût le culte, il restait en quelque sorte secret, car le gouvernement, tout en ayant l'air de le dédaigner et d'en sourire, le craignait et le surveillait. Quelques conspirations de soldats et de jeunes gens avaient été réprimées avec une sévérité qui serait digne d'un autre nom. On était prudent, on y trouvait le bénéfice du mystère, qui plait aux hommes en leur faisant croire qu'ils sont les martyrs d'une cause et qu'ils bravent des dangers pour rester fidèles à leurs convictions. Tout avait concouru à rendre chère la renommée du vainqueur d'Austerlitz et du vaincu de

Waterloo, dont le nom était profondément gravé dans le cœur du peuple ; à l'histoire que l'on connaissait mal encore, la légende se substitua, la légende née des récits populaires imaginés par les vieux soldats qui disaient : « J'y étais », et que l'on croyait sur parole.

Lorsque survint la révolution de 1830, la religion napoléonienne n'avait que des adeptes, pour ne dire des fanatiques. Sur les barricades, où l'on peut dire que le drapeau tricolore apparut spontanément, on cria : Vive l'empereur! comme autrefois, comme lors du retour à Paris des armées victorieuses, noires de la poudre d'Iéna, de Friedland, de Wagram. Si Napoléon eût encore été de ce monde — il n'aurait eu que soixante et un ans — l'on eût, sans aucun doute, tenté de le faire revenir et de le réinstaller au Palais des Tuileries, sur le trône de France. On ne regardait que sa gloire ; comme le soleil, la gloire éblouit ; on n'apercevait ni le despotisme étroit, ni la dureté du maître, ni la permanente hécatombe ; malgré la révolte des esprits amoureux de liberté, la masse du peuple l'eût rappelé. Il dormait encore à l'ombre du saule de Sainte-Hélène. A son défaut on pensa au duc de Reichstadt, que l'on eut la pensée d'aller enlever à Vienne ; les événements habilement précipités devancèrent les commis voyageurs en couronne impériale, et Louis-Philippe fut proclamé roi.

L'ESPRIT D'OPPOSITION.   215

Au début de son règne, la violence du sentiment napoléonien éclata avec une inconcevable énergie. La liberté de la presse, les promenades patriotiques, la réapparition de certains généraux de l'Empire tenus en disponibilité, sinon en disgrâce, sous le gouvernement des Bourbons, le cher étendard de Marengo et de Champaubert rendu à l'armée, tout favorisait cette explosion passionnée qui se manifestait dans les journaux, sur les places publiques, dans les rues librement fréquentées alors par les chanteurs ambulants dont les refrains [1] ne cessaient de célébrer les gloires impériales. « Toujours lui! Lui partout »! Il était vraiment le maître des âmes.

C'est alors que commença cette série de publications qui le raconta par le menu, répéta ses mots plus ou moins authentiques, le dépeça, pour ainsi dire, et le donna en pâture à la curiosité publique. Aux expositions des Beaux-Arts, on multipliait les tableaux de ses victoires; le théâtre s'empara de la légende et la matérialisa dans des drames où les coups de fusil ne manquaient pas; chez les marchands d'estampes, dont beaucoup faisaient leur étalage contre les murs des jardins bordant alors

---

1. La collection de ces chansons serait intéressante à réunir. Elle démontrerait quelle était alors l'idée que le peuple se faisait de la légende impériale. Sous ce rapport elle constituerait un document historique qui ne serait pas sans valeur.

une partie des boulevards, on n'apercevait que des lithographies rappelant les principales aventures de son règne ; dans toutes les loges de portier, dans tous les salons on voyait son image. Jamais aux temps de ses plus grands triomphes on n'eut pour lui une si complète acclamation.

La politique dut tenir compte de ce soulèvement d'opinion et s'y associa dans une certaine mesure. Le gouvernement de Louis-Philippe chercha à lui donner satisfaction en faisant reprendre les travaux délaissés de l'Arc de Triomphe à la barrière de l'Étoile, en restituant une statue à la colonne de la Grande Armée, enfin en confiant au prince de Joinville la mission d'aller à Sainte-Hélène chercher les restes de Napoléon et de les ramener à Paris, où la chapelle des Invalides les attendait. La rentrée du cercueil impérial fut la plus imposante solennité que j'aie jamais vue. Victor Hugo célébra le retour de son héros comme il en avait lamenté l'exil et la mort. A cette époque, malgré les échauffourées du prince Louis-Napoléon Bonaparte à Strasbourg et à Boulogne-sur-Mer, l'enthousiasme pour « l'homme des batailles » n'avait point fléchi, mais l'esprit de parti, — l'esprit d'opposition, — s'en était saisi et l'exploitait contre Louis-Philippe. Celui-ci était un souverain pacifique ; il haïssait la guerre, quoiqu'il l'eût faite, — peut-être parce qu'il l'avait faite, — en sa jeunesse, aux côtés de Dumouriez.

Cependant là où il avait cru devoir engager le drapeau de la France, il l'avait fait sans hésitation ni forfanterie : à Anvers, à Ancône, au Portugal, en Algérie, au Mexique, au Maroc. Ce n'était que des expéditions rapides et limitées. Il chercha à se maintenir en termes acceptables avec les puissances d'Europe qui le tenaient en suspicion, le considéraient comme un souverain issu des traditions de la Révolution française, en quoi elles n'avaient pas tort, et ne frayaient guère avec lui que par relations diplomatiques. Il manœuvra de telle sorte que, malgré la belliquosité de M. Thiers, il sut toujours éviter une guerre générale qui eût bien pu ne point tourner à notre avantage : à cet égard la France doit lui conserver bonne gratitude.

Quelques flatteurs dépassant la mesure, comme toujours, l'avaient surnommé le Napoléon de la paix. Ah! la bonne aubaine pour l'esprit de parti, qui tout de suite lui opposa le Napoléon de la guerre. « Non, ce n'est pas l'homme de Lodi, des Pyramides, de Sommo-Sierra, de Ratisbonne, qui eût douté de la virilité de la France, qui, mû par sa propre timidité, eût accepté tant d'humiliations et eût inscrit pour devise sur un drapeau si souvent victorieux : La paix à tout prix. »

Je rougis de rappeler ces calembredaines, mais elles n'ont point été sans influence sur le destin d'une royauté qui ne méritait point les insultes dont ses adversaires l'ont accablée. Grâce à ces malveillances auxquelles se complaisaient les aspirants électeurs, la monarchie de Louis-Philippe a vu diminuer son prestige; mais la légende impériale s'accroît, devient énorme et représente une force qui imposera sa volonté. Le moment approche où Napoléon ne sera plus que Napoléon Ier. Ce que peut le délire d'un peuple pour un homme dont l'existence tient autant de l'histoire que de la fable, il fut facile de le constater après cette révolution de 1848, qui fut le fait autant du pouvoir que de l'insurrection.

Le plébiscite du 10 décembre appela le prince Louis Bonaparte à la dignité de président de la République. C'est le premier coup porté à la religion napoléonienne; le schisme va se faire; il est en germe dans ce scrutin qui fut d'une irréprochable sincérité, et qui, par cela même, inquiéta tous les libéraux dont l'hymne aux gloires de l'Empire fut subitement interrompu. Le nouveau président disait à M. Thiers : « Strasbourg et Boulogne ont servi à mon élection. » — M. Thiers répondit : « Sans nul doute; mais vous oubliez Austerlitz, qui n'y a pas nui. » C'était strictement vrai; on le comprit et l'on se mit à dénigrer l'homme d'Austerlitz. Pour atteindre le neveu on frappa sur l'oncle, et l'on vit ce spectacle écœurant d'un héros systématiquement amoindri, parce qu'en mémoire de lui un de ses descendants, trente ans après sa mort, venait d'être élu le premier magistrat d'un pays. — « On ne saurait avoir trop de mépris pour l'opinion des hommes », a dit Chateaubriand. En effet, que penser de cette opinion, lorsque, faisant subitement la cabriole, elle se campe à l'opposite d'elle-même parce que sa passion, c'est-à-dire son intérêt, a changé d'objectif ?

Après le coup d'État du 2 décembre 1851, qui est inexcusable au point de vue de la morale et que la politique devrait absoudre, car ce genre d'opérations rentre dans ses procédés, après l'acte de violence qui mit la représentation nationale à la porte et rendit le droit de vote à l'armée, ce fut bien pis, et pour beaucoup de gens, dont la rancune ou la déconvenue détermina les convictions, Napoléon — j'entends Napoléon Ier — devint une sorte de vieil imbécile, victorieux par hasard et grâce seulement au génie de ses soldats. Sous prétexte d'exactitude historique, on refit sa légende en la mettant à l'envers ; on lui disputa ses mérites, on le dépouilla de ses qualités. On ne réédita point les injures familières aux émigrés qui, rentrés en 1814 dans la France nouvelle qu'ils ne connaissaient pas, ne pouvaient contenir l'expression de leur haine ; il ne fut plus question ni de « l'usurpateur, ni de Monsieur de Buonaparte, ni de l'ogre de Corse ». On fit mieux : on essaya de le déconsidérer en démontrant, à l'aide de minutieuses dissertations, qu'il avait été surfait et que l'équité exigeait qu'on le ramenât à sa valeur précise, qui n'avait rien d'extraordinaire. Les événements l'avaient servi ; il avait eu l'adresse d'en profiter, voilà tout. On nia ses aptitudes, on nia jusqu'à son courage. Des écrivains militaires, dont la médiocrité n'avait rien de dissimulé, établirent, pièces en main, qu'en lui le stratège et le tacticien laissent beaucoup, mais beaucoup à désirer ; ils lui font la leçon et chantent hosannah après avoir exposé leurs propres conceptions.

Il n'est pas jusqu'à certaine histoire de longue haleine, commencée sur le mode pindarique, qui ne change de ton et ne devienne aigrelette aussitôt que le second Empire est proclamé. Si l'on écrit une histoire nouvelle, ce n'est plus une histoire, c'est un pamphlet. On collige les anecdotes douteuses, on répète les calomnies colportées à l'étranger, on puise des renseignements à des sources troubles. Celui qui, après sa chute, devint l'objet d'un si grand amour, est jeté comme une proie aux haines accumulées par une défaite politique. On commentait, avec satisfaction, le mot de Talleyrand : « C'est l'homme le plus mal élevé de son empire. » — Cela vaut mieux, mon prince, que d'en être l'homme le plus corrompu. — Ce fut déplaisant.

Aveuglés par leur ressentiment, les auteurs de cette besogne ne se sont pas aperçus qu'en dénigrant Napoléon Ier ils dénigraient du même coup la France, qui l'a suivi partout où il a voulu la mener et qui l'a regretté amèrement lorsqu'il n a plus été à sa tête. Entre le souverain et la nation il y a corrélation intime et communauté de responsabilité, comme entre la conception et l'action. Tous les reproches adressés par l'histoire à un souverain retombent, pour une bonne part, sur la nation qui lui a obéi et a servi d'instrument à ses desseins. Cette proposition, qui jadis, au temps du droit divin, eût paru scandaleuse, n'a rien d'excessif, car en notre pays, depuis la Révolution française, la souveraineté, sous quelque titre qu'elle se manifeste, résulte d'un pacte consenti, d'une sorte de convention synallagmatique, que l'on peut rompre lorsque la volonté des parties contractantes ne concorde plus. Le fait s'est produit assez souvent, ici et ailleurs, depuis un siècle, pour qu'il soit hors de contestation.

Les plus acharnés contre la mémoire impériale furent ceux-là mêmes qui précédemment l'avaient le plus exaltée. Depuis la Restauration les idées libérales avaient fait des progrès considérables ; elles s'étaient accentuées au contact de la propagande socialiste, et, en souvenir du mouvement né de la Révolution de 1848, elles étaient devenues les idées républicaines, c'est-à-dire dogmatiques, admettant un droit primordial et attachant à la forme même du gouvernement une importance léonine. Or les hommes, déjà fort nombreux, qui partageaient ces idées ou s'y étaient ralliés avaient été, sous le règne de Louis-Philippe, les chantres convaincus de l'épopée impériale. Victor Hugo est un exemple à citer de l'influence qu'une opinion politique peut exercer sur la façon d'envisager l'histoire. Mais il n'est pas le seul, et il ne faudrait point de longues recherches pour découvrir des documents imprimés qui serviraient à écrire un traité de la palinodie.

Aucun des faits formant l'ensemble de la vie de Napoléon Ier, connus en 1835, n'a pu se trouver modifié vingt ans après ; comment se peut-il donc que les mêmes hommes les aient appréciés d'une façon absolument opposée? C'est parce que l'éloge de ces faits était une satire du gouvernement de Louis-Philippe, et que le blâme de ces mêmes faits était une insulte au gouvernement de Napoléon III. En vérité, c'est misérable. Lorsque l'histoire n'est plus qu'un instrument de polémique entre les mains des adulateurs et des détracteurs, elle me semble être bien près de ne plus mériter que le mépris.

Tout cela est transitoire heureusement et ne faussera point les balances où, en dernier ressort, l'avenir pèsera le résultat des actions humaines. Mignet, qui fut un des esprits les mieux pondérés que j'aie rencontrés au cours de ma vie, a écrit dans son livre, dans son admirable livre : *la Révolution française*, une phrase consolante pour les personnages que l'esprit de faction a tour à tour glorifiés et conspués. Il a dit : « Auprès de la postérité un homme n'a pas deux réputations, comme au temps des partis, mais acquiert sa véritable renommée. » Plus d'un pourra dire comme le moine de saint Bruno : *Justo judicio damnatus sum;* mais combien malgré leurs fautes, malgré leurs crimes, apparaîtront semblables à ces héros que l'antiquité a déifiés, parce qu'ils ont été des destructeurs de monstres, des porte-lumière et des bienfaiteurs de l'humanité ! En présence de leur œuvre, dépouillée par le temps de tout ce qu'elle eut d'excessif et de prévaricateur dans les moyens d'action, on reconnaîtra qu'ils ont été d'incomparables ouvriers de progrès, et que le bien qu'a produit leur passage ici-bas dépasse singulièrement la somme du mal qu'ils ont commis.

XII

NAPOLÉON

Pour juger Napoléon, il ne faut point regarder ce qu'il faisait, il faut considérer ce qu'il a fait. Il doit être vu avec des yeux de presbyte et non pas avec des yeux de myope, car le détail n'importe guère en présence d'un tel ensemble. De sa naissance à sa mort, tout dans sa vie est extraordinaire. L'imagination des poètes n'a rien inventé, rien combiné d'aussi énorme, d'aussi dramatique, au sens précis du mot, que cette existence qui rassemble, en peu d'années, sur la même tête, tout ce que le sort contient d'imprévu, de grandeur et d'infortune. Entre l'île de Corse et l'île de Sainte-Hélène, dans une période de quinze ans, un nouveau monde est né, dont il est le créateur.

S'il eût vécu aux temps des âges ténébreux, alors que l'écriture n'était pas encore inventée, on l'eût placé au rang des Dieux, entre Apollon générateur de la lumière et Jupiter maître de la foudre. Aujourd'hui, au lieu d'être discuté par la diversité des opinions, il serait adopté et commenté par la mythologie astronomique que Max Müller a fait succéder au symbolisme à outrance de Creuzer, et s'il se rencontrait un nouvel Evhémère démontrant que ce Dieu, — astre ou allégorie, — a été un homme, on l'enverrait aux Petites-Maisons, afin de lui apprendre à raisonner. Lorsque l'on voulut réfuter l'*Origine de tous les cultes*, de Dupuis, qui rapporte toute religion à l'adoration du soleil, on écrivit : *Comme quoi Napoléon n'a jamais existé* ; plaisanterie sérieuse, qui donne à réfléchir sur plus d'une hypothèse admise à la dignité de vérité.

Quel que soit le jugement que l'on porte sur lui, on ne peut méconnaître que la nature semble l'avoir composé d'éléments rares, comme un instrument de choix forgé pour l'accomplissement d'une besogne inaccoutumée. Sa puissance de travail est prodigieuse, son endurance à la fatigue est sans pareille. C'est une sorte d'être abstrait, dégagé de nos faiblesses, impassible comme une équation. A peine s'accorde-t-il le temps de manger; il dort quand il veut, même au fort de la bataille; je doute qu'il eut jamais le loisir d'aimer. Lamartine eut raison de crier à son ombre :

<blockquote>Rien d'humain ne battait sous ton épaisse armure.</blockquote>

Il le proclame lui-même. Dans le manuscrit de l'île d'Elbe, n'a-t-il pas dit : « Mon cœur se refuse aux joies communes, comme à la douleur ordinaire » ?

Dans l'histoire des héros qui ont foulé le troupeau humain et agrandi son domaine, je n'en vois qu'un seul digne de lui être assimilé : c'est le jeune Alexandre, lorsqu'il s'enfonce au cœur de l'Asie et va tarir, dans sa source même, le torrent iranien qui, malgré Marathon, malgré Salamine, menaçait d'envahir la Grèce, d'où il eût débordé sur l'Europe. Les conséquences du Granique, d'Issus et d'Arbelles se prolongèrent presque indéfiniment, et nous leurs devons peut-être le salut de nos races, qui grâce aux victoires du Macédonien ont été soustraites au joug des multitudes asiatiques. Napoléon n'a traversé ni le Tigre, ni l'Euphrate. Il n'a point anéanti la puissance du Roi des Rois, mais il n'a pas fait moins, et de son œuvre aussi les conséquences sont incalculables, car il a donné l'assaut à la forteresse féodale qui dominait la vieille Europe, il l'a démantelée et y a ouvert la brèche par où les idées d'émancipation, les idées françaises, se sont précipitées. A l'ancien monde il en a substitué un autre, dont le développement commence à peine.

Je n'ai jamais compris que le grand parti qui, selon les temps et les régimes, a été appelé révolutionnaire, libéral, républicain, démagogique, ne l'ait pas adopté, sans réserve ni contestation, mais au contraire, suivant des occurrences toujours variables, ait souvent discuté sa mémoire avec acrimonie. Cela tendrait à prouver que Mirabeau s'est trompé lorsqu'il a dit : « En France le peuple tient aux droits acquis plus qu'à la forme. » C'est à celle-ci cependant que s'attachent bien des esprits de courte visée, qui, arrêtés à la lettre et ne pouvant pénétrer jusqu'à l'esprit, imputent à crime l'acte où le salut a pris naissance.

Il me semble que tout ce qui procède de la Révolution française, que tout ce qui lui tient par les liens de l'intérêt et de la raison, que tout ce qui la reconnaît dans son ensemble et dans ses résultats, que la France moderne, en un mot, doit voir en Napoléon le maître constructeur du monument à l'abri duquel nous vivons, munis de droits inaliénables, et libres de nous diriger sur telle voie qu'il nous convient de choisir. Je sais bien ce que l'on reproche au « Corse à cheveux plats »; je n'ignore pas qu'il a étranglé la République, mais je n'ignore pas non plus qu'il a sauvé la Révolution, et cela est plus que suffisant à l'absoudre d'avoir brisé une forme — qui n'était qu'une forme — déjà lézardée et près de tomber en poussière.

Lorsqu'il revint d'Égypte et fit le coup d'État du 18 Brumaire, la Révolution allait périr. Elle s'était dévorée elle-même; elle tournait dans son propre cercle, épuisée de son effort, cherchant une issue, ne se retrouvant pas, affaiblie, aspirant si bien à la dictature par instinct de conservation personnelle, qu'elle avait déjà regardé vers Joubert, qui mourut au moment d'être investi du pouvoir; elle sentait que ses jours étaient comptés et se demandait comment elle échapperait à la mort dont elle était menacée. A l'extérieur tout danger était à craindre ; à l'intérieur les conspirations ne prenaient même plus la peine de se dissimuler. La vieille monarchie, encombrée de son cortège d'émigrés, bouclait déjà ses malles pour franchir la frontière et venir demander compte des têtes coupées, des biens confisqués, du clergé proscrit, des églises spoliées et de la destruction de l'ancienne société. Si cette contre-révolution avait réussi — et dans l'état de la France on ne voit pas trop ce qui l'en eût empêchée — le régime qui l'eût suivi, régime de revendications et de vengeance, eût été abominable.

La loi de Prairial, noyée dans le sang des dernières exécutions de Thermidor, n'était point oubliée ; on l'eût ressuscitée, et avant que la hache se fût ébréchée de nouveau, bien des victimes eussent été frappées. Au temps de ma jeunesse, j'ai connu un homme qui avait été mêlé aux événements de cette période et qui alors avait appartenu à la coterie du comte d'Artois. Il me disait que la journée du 18 Brumaire avait porté plus de préjudice à la « légitimité » qu'à la République, et comme je lui demandais : « Si vous aviez pénétré en France, qu'y auriez-vous fait ? » il me répondit, avec l'emphase qu'il avait conservée de cette époque théâtrale et farouche : « Nous serions entrés portant au poing le glaive de l'extermination ; six ans après la mort du vertueux Louis XVI, au milieu d'une désorganisation telle, que tout était près de tomber en pourriture, quelle résistance aurait pu désarmer notre ressentiment? Rien n'était encore définitif, c'est à peine si les assises étaient posées; tout eût été, non pas à notre disposition, mais à notre merci; nous n'aurions pas trouvé, comme plus tard, en 1814, des habitudes prises, des lois en vigueur, une armée redoutable encore par son renom et même par sa force, malgré la défaite qu'elle avait subie, et surtout nous n'aurions point trouvé des souverains timorés, un empereur de Russie qui, voulant jouer les Titus par gloriole, nous imposa une magnanimité qui n'était point dans nos cœurs. »

Cet homme n'exagérait pas; si brutale que fût son opinion, elle était partagée par ceux qui, dans la dernière année du dix-huitième siècle, rêvaient, selon leur expression favorite, de relever « le trône de saint Louis et les autels du vrai Dieu ». Le rétablissement de la monarchie avec ses abus, le retour du jacobinisme avec ses atrocités — qui était possible — furent mis à néant par l'acte de violence, immoral en soi, salutaire en ses résultats, qui fut accompli à Saint-Cloud. Les contemporains appartenant aux factions les plus opposées, pour ne dire les plus hostiles, sont unanimes sur ce point. Le duc Victor de Broglie et Carnot sont d'accord : « L'État penchait à l'abîme. » L'État c'était la France, mais c'était aussi la Révolution : Napoléon sauva l'une et l'autre ; — pour satisfaire son ambition : — soit ; mais il les sauva. Tous les mauvais dés étaient contre elles, sans lui elles eussent probablement péri. Lui aussi il put dire : « Je jure qu'en ce jour j'ai sauvé la Patrie. » Ce qu'il fit, c'est ce que la Convention avait voulu, lorsque, le 4 avril 1793, Isnard avait dit : « Saisissons d'une main ferme les rênes du gouvernement. Il n'est plus question de disputer sur les formes, il faut sauver la patrie. » La motion ne fut point repoussée et il en résulta le Comité de Salut public.

Après le 18 Brumaire, l'acclamation du pays fut immense, on peut dire unanime. Aux angoisses précédentes, à la confusion, à la terreur, à la corruption, à la gêne, à l'incertitude, succéda une ère de prospérité que chaque historien a célébrée comme un moment exceptionnel d'où pouvait éclore toute espérance. Napoléon exerça la dictature, et il l'exerça sans douceur ; c'est le fait de toute démocratie en formation, mais jamais il ne fut un renégat. A aucune époque de son existence, ni sous le frac rouge des consuls, ni sous le manteau impérial, ni sur la couchette de Sainte-Hélène, jamais il n'a répudié la Révolution telle qu'elle est sortie de la Constituante, de la Législative et de la Convention.

Bien plus, au lieu de faire prononcer le divorce contre elle, comme on le lui a si souvent conseillé, il l'épousa. Le mariage n'eut rien de secret, quoiqu'il eût lieu pendant la nuit, ainsi qu'il est d'usage entre gens de haute volée; l'union fut célébrée à Vincennes, dans les fossés du château; un petit-fils du Grand Condé servit de témoin. Il n'est que juste d'ajouter que cette cérémonie désarma la main de ses plus implacables adversaires et que dès lors on n'entendit plus parler de la rue Saint-Nicaise, ni de la falaise de Biéville. A la même heure, du même geste, il mit sa main dans la main sanglante des conventionnels et tua les complots. Faire exécuter le duc d'Enghien, après la dérision d'un simulacre de jugement dont l'iniquité est inexprimable, c'était appliquer, après coup, sa signature au bas de l'arrêt qui avait envoyé Louis XVI à l'échafaud. C'était un retour à la loi de Prairial, c'était commettre un des actes les plus révolutionnaires — les plus révoltants — de la Révolution.

Dès qu'il fut réellement le maître, c'est-à-dire après Marengo, sa destinée s'arrangea comme si elle se préparait à lui imposer le rôle qui en fait un des plus extraordinaires personnages de l'histoire. Certes il eut conscience de la grandeur de son rôle, mais seulement par les côtés extérieurs et par les résultats immédiats. Quant aux conséquences que son action devait avoir dans l'avenir, à moins qu'il ne fût doué d'un pouvoir de prévision extra-humain, il ne put les soupçonner. Il croyait à son étoile ; comment n'y aurait-il pas cru ? Elle le guidait ; lorsqu'elle s'éteignit ou lui refusa la lumière, il n'en avait plus besoin, car la mission d'émancipation qui semble avoir été confiée à son génie était accomplie.

Nul homme peut-être n'a été « fatal » à un si haut degré ; je prends le mot au sens que l'antiquité lui attribuait : l'homme fatal est celui qui porte en soi une destinée inéluctable et qui, poussé par une force irrésistible, faite de son intelligence, de ses aspirations, des circonstances imprévues et de l'idolâtrie des foules, marche vers un but qu'il ne connaît pas et qu'il atteint par des voies détournées qu'il ignorait. Les grands facteurs du bouleversement des choses humaines sont presque toujours inconscients de leur œuvre, et, par cela même, ils sont peu responsables du bien ou du mal qu'ils ont fait. Telle de leurs belles actions a été inutile, tel de leurs crimes a été fécond en résultats heureux. Quelles que soient l'énergie de leur initiative et la profondeur de leurs combinaisons, héros ou victimes, on dirait qu'ils n'ont été que les instruments d'une volonté occulte qui les a maniés à sa guise et pour des fins qui échappaient à la vision des hommes. Leur façon de procéder est identique ; tous ils sont déprédateurs et perfides : ils ne croient qu'à la force, et c'est de leur action cependant que naîtra la délivrance de l'esprit. Fléaux de Dieu, a-t-on dit ; oui, fléaux, car il faut que l'épi soit battu sur l'aire pour livrer son grain.

L'apparition de ces hommes, parfois implacables, a toujours produit, plus ou moins promptement, une amélioration dans le sort de l'humanité. Si l'on compare l'Europe actuelle à ce qu'elle était lorsque Bonaparte s'est révélé, on constatera que le bienfait est éclatant. Tout y a concouru, ses défaites au moins autant que ses victoires. Il a labouré à coups de canon le sol que les mains féodales avaient laissé tomber en friche et y a jeté à profusion les semailles nouvelles. Les idées qu'il a le mystérieux devoir d'aller répandre, ne sont pas à lui : en réalité il n'en a formulé aucune. Ce sont les idées de la Révolution, les idées de la France, convergeant toutes à l'égalité civile, qui seule formait pour ainsi dire l'armature du droit régénéré, du doit sorti du peuple, à la façon d'une émanation souveraine, et non plus tombé du ciel, comme dans les fictions d'autrefois. Ces idées encore diffuses, non seulement discutées, mais combattues par une notable fraction du peuple français, exécrées, tournées en dérision par l'étranger, ces idées il les rassembla, en forma un faisceau au milieu duquel, à la place de la hache du licteur, il planta son épée; puis il partit pour les transmettre aux nations qui les réclamaient et les faire accepter par les potentats coalisés qui les repoussaient avec indignation.

Les événements semblaient s'être concertés pour lui rendre la route facile et déterminer dans l'avenir le triomphe de la pensée de libération dont il était le mandataire. La paix d'Amiens, de si courte durée, lui donna le loisir de concentrer et de façonner les ressources militaires de la France, car il savait que « il n'y a pas de bon droit sans la force » : c'est la parole que Carnot devait adresser à Louis XVIII au mois de juillet 1814. Napoléon ne se payait point de mots; il n'aimait pas les « idéologues » et ne s'en cachait guère; il dédaignait les banalités de la philosophie sentimentale, que nous défendons encore malgré l'évidence des faits, contre l'histoire même, parce que nous sommes des rêvasseurs. Que l'on y regarde de près, et l'on reconnaîtra qu'en lui la Convention s'est faite homme. La boutade que l'on attribue à Mme de Staël, « c'est un Robespierre à cheval », est vraie dans un sens élevé.

Non seulement il s'assimila les idées de la Convention, mais il se pénétra de son esprit de conquête que, par une ironie vraiment excessive, elle avait emprunté à Louis XIV. Sous ce rapport la Convention et l'empereur Napoléon Ier sont les héritiers directs du Grand Roi. La lutte — le corps-à-corps — avec l'Angleterre étant devenue impossible, la guerre est portée contre les nations continentales, qui soutiennent la politique de notre vieille ennemie dont la bourse leur est ouverte. Alors on voit renaître et s'accentuer l'hostilité traditionnelle de la France et de l'Autriche, et là apparaît, avec une éblouissante clarté, une vérité que les hommes d'État ne sauraient trop méditer : à savoir que les combinaisons les plus habiles, les plus persistantes de la politique sont presque toujours déjouées par les événements. Aujourd'hui — rien ne dure ici-bas — le résultat le plus net de l'antagonisme qui a tant de fois armé l'une contre l'autre la France et l'Autriche, est l'accroissement de la Prusse, dont Vienne et Paris ont pu apprécier la puissance.

Dès que la paix d'Amiens est dénoncée, la bataille commence; et quelle bataille! A combien de millions d'hommes n'a-t-elle pas coûté la vie? Elle ne fait que continuer la guerre déclarée par la Révolution aux jours de l'Assemblée législative et à laquelle la Convention a donné son vrai caractère : propagande et conquête. Le monde ancien et le monde moderne ont renouvelé, pendant vingt-trois ans, la lutte de l'ange et de Jacob. Ils reprendront haleine après le choc de Waterloo, où les idées nouvelles ont été défaites en apparence; mais l'antagonisme n'aura pas pris fin : on le retrouve dans une sourde activité, à travers les complots et les sociétés secrètes, jusqu'au jour où par la force même des choses, par voie d'infiltration, les principes issus de la Révolution, fécondés du sang de la France, seront maîtres en Europe, sous et malgré toute forme de gouvernement. Partout on constate les effets, et lorsque l'on veut remonter à la cause, on arrive aux doctrines de nos assemblées réformatrices de la fin du siècle dernier et à l'apôtre exterminateur qui les fit pénétrer dans le cœur des peuples. Ce fut là son œuvre.

Il y fut aidé par l'Europe, qui semble courir au-devant de sa destinée, qui se coalise contre la France et la force à venir dans tous les États hostiles y déposer le germe des idées que l'on voudrait détruire, et que plus tard on sera contraint d'accepter pour sauver les apparences d'un pouvoir dont le prestige disparaît et dont l'autorité réelle n'est plus. Dans cette œuvre, Napoléon justifia la parole d'Eschyle : « Toujours il est un maître dur, celui qui commande depuis peu », car il l'accomplit, comme un terrible ouvrier qu'il était, par le glaive, c'est-à-dire par la tuerie, par la spoliation et même par le crime, comme en Espagne après le guet-apens de Bayonne. C'est ainsi que procède la guerre, toujours horrible en son action et souvent fertile en ses résultats. En tout pays où il a passé, en toute région où ses armées — nos armées — ont séjourné et où végétaient encore les vieilles coutumes, les lois surannées, les inégalités dues à la naissance, les irrégularités de la justice, on peut dire que le sol a été retourné et approprié à d'autres cultures. Sur beaucoup de terrains réfractaires ou trop étroitement gardés par la persistance des préjugés, la moisson a été lente à s'épanouir ; n'importe : aujourd'hui, il n'est terre si résistante au soc qui n'ait sa floraison ; toute récolte n'est pas mûre, mais toute récolte mûrira ; dans bien des endroits je l'ai vue sur pied et partout j'ai reconnu les semences de mon pays.

Par un hasard singulier dû à une configuration géographique, le seul peuple qui demeure en dehors de son contact immédiat et dont l'accès lui reste inabordable est le peuple — régicide comme le nôtre — qui a déjà fait sa révolution et qui sait depuis un siècle et demi le parti que l'on peut tirer de la liberté, mise en œuvre en dehors de tout principe d'égalité. Devant le détroit infranchissable qui lui interdit de saisir son adversaire au corps, il se dépite, il ne maintient pas sa colère et conçoit l'entreprise gigantesque jusqu'à l'absurde du blocus continental. Que n'a-t-on pas dit de cette folie, de ce rêve insensé ? Aujourd'hui nous pouvons en apprécier le résultat, qui est une source de richesse pour bien des nations. Par cette mesure extravagante, il a forcé l'Europe à créer sa propre industrie, dont le développement ne s'est pas arrêté, si bien qu'à cette heure elle est libérée du joug que la production anglaise faisait peser sur elle.

Il n'est pas jusqu'aux fautes de Napoléon qui n'aient servi la cause de l'émancipation et favorisé la diffusion des doctrines dont s'indignaient les monarchies. Ne dirait-on pas que c'est pour mieux déconsidérer la royauté de droit divin qu'il a pris des soldats de fortune, comme Murat, des incapables comme ses frères Joseph et Louis, des bambocheurs, comme Jérôme, pour leur mettre le sceptre en main, le manteau d'hermine à l'épaule et pour les installer sur des trônes d'où ils n'ont point tardé à descendre, car ils ne pouvaient y être maintenus que par la violence? Or, dit Pascal, « la violence n'a qu'un cours borné ». Le coup n'en fut pas moins porté, et l'assemblée des rois se sentit diminuée dans son prestige et dans sa majesté lorsqu'elle fut obligée de se tasser pour faire place à ces parvenus.

Le plus comique, et ce qui n'était pas le moins attentatoire aux prérogatives des vieilles couronnes, c'est que le premier soin de ces parvenus de la souveraineté fut de créer des ordres de chevalerie et de distribuer des titres. Ceux-ci subsistent encore pour les descendants des titulaires d'origine, même en Allemagne : on en peut sourire à cette heure, mais les seigneurs à quartiers vérifiés de ce temps-là ne riaient guère et comprenaient que de telles lettres de noblesse portaient peu d'honneur à leur blason.

Tout ce qui fut stérile ou nuisible dans l'œuvre de son ambition individuelle favorise l'œuvre générale qu'il édifie sans le savoir, et l'on peut croire que rien de ce qu'il a fait n'a été perdu pour la civilisation moderne. On a dit que son mariage avec Marie-Louise avait été une faute ; cela est possible, mais le préjudice moral reste acquis à la monarchie séculaire qui, par intérêt, s'est empressée au-devant du scandale de la mésalliance. On a prétendu qu'après la bataille de Wagram il était devenu fou ; c'est là une opinion excessive ; cependant quelque manque d'équilibre semble l'avoir fait trébucher, lorsque l'on reconnaît que l'énormité de ses conceptions n'est plus en rapport avec ses moyens d'action. On croirait que c'est de propos délibéré qu'il se précipite vers le gouffre où il doit s'engloutir. C'est que les temps sont proches, car les préliminaires de l'œuvre sont accomplis.

Il a assez remué les peuples, il les a assez brassés avec ses armées ; par lui et sous sa main de fer, ils ont reçu l'enseignement élémentaire des principes nouveaux dont ils ont vu l'application hâtive faite par des administrateurs temporaires et par des troupes en marche. Le moment est venu de compléter leur initiation, afin qu'ils puissent transmettre à leurs enfants les premières notions déjà acquises, car ces notions représentent, en quelque sorte, l'introduction aux droits qui seront formulés plus tard. L'heure fatidique a sonné et c'est alors que survient la défaite.

Pour que les nations déjà préparées à accepter la

lumière, la reçoivent ample et réellement bienfaisante, il faut qu'elles viennent là où elle a brillé pour la première fois, là où rien n'a pu l'éteindre, il faut qu'elles viennent en France ; elles y viendront, mais elles n'y peuvent venir qu'à la suite de Napoléon : il est vaincu. Il n'a fait qu'apparaître en Russie, où il n'a pas eu le temps de proclamer l'émancipation des serfs. A Leipzig, où, dit-il, son mauvais génie lui est apparu, il est écrasé. En hâte et à grand'peine il traverse le Rhin. Il est en France, l'Europe s'y précipite derrière lui et, pour bien indiquer le but qu'elle se propose, elle ne chasse pas de ses rangs quelques royalistes émigrés qui placent la dévotion au principe de la monarchie de droit divin au-dessus des droits primordiaux de la patrie.

Après la capitulation de Paris, l'abdication de Fontainebleau et la réintégration des Bourbons, les coalisés plièrent bagage et retournèrent en leur pays. Ce n'était point suffisant, un si rapide séjour ne leur avait rien enseigné; la leçon, pour être profitable, devait être reprise et prolongée. Napoléon quitta l'île d'Elbe, se présenta devant la France, qui de nouveau se donna à lui ; il la conduisit à Waterloo. Là étaient la France nouvelle et la Révolution; on les crut anéanties : aussi ce fut la grande défaite. A Gand l'ancienne France et la contre-révolution s'étaient réfugiées; c'est pourquoi il y eut plus de passion et plus de mauvais goût que d'injustice à reprocher à certains hommes

16

politiques d'avoir été rejoindre le Roi « par la grâce de Dieu » dans son lieu d'exil.

La Sainte Alliance triomphait ; elle avait expédié Napoléon à l'île meurtrière, elle avait remonté Louis XVIII jusque sur le trône, elle lui permettait des vengeances, — supplices et proscriptions. — Elle se frottait les mains et se disait : Tout est fini. Elle se trompait ; rien n'était fini, tout allait continuer, et elle ne se doutait guère que de cette époque daterait le développement de la « maladie » dont Napoléon, en ses campagnes, lui avait communiqué le virus. Au point de vue des doctrines et des intérêts de l'Europe monarchique, une faute irréparable fut commise lorsque, sous prétexte de maintenir la France en bon ordre, on la fit occuper par les armées étrangères. Trois années de séjour dans ce laboratoire des idées de rénovation en pénétrèrent les masses déjà préparées. Un vieux diplomate autrichien me l'a dit jadis : « Nous avons eu tort de ne pas évacuer la France tout de suite ; en y restant nous avons fait acte d'inconséquence, car nous y avons gagné la peste libérale dont nous ne guérirons pas. » C'est la vérité.

Les résultats sont tels qu'ils dénoncent la cause qui les a produits. La France vaincue s'est emparée de ses vainqueurs, non pas dans un de ces combats à main armée dont les suites ne sont souvent qu'éphémères, mais par l'assimilation à ses principes, d'autant plus contagieux qu'ils visaient la liberté de l'homme, le droit des peuples à se gouverner eux-mêmes et la destruction des inégalités civiques. Lorsque les nations nous délivrèrent de leur présence, elles avaient au dos la tunique de Nessus; quoi que l'on ait fait, on n'est point parvenu à les en débarrasser. Les efforts n'ont pas manqué cependant, et le prince de Metternich, qui jusqu'en 1848 fut le maître de l'Europe replâtrée selon les coutumes du bon vieux temps, ne s'y épargna point; il gouverna chez lui et chez les autres par le gendarme, l'agent de police, le douanier et le passeport. Ce fut le règne de la médiocrité dans ce qu'elle a de plus intense; j'ai voyagé en Europe tandis que ce régime durait encore : c'était odieux, et surtout c'était bête.

Dans le silence et l'obscurité imposés, l'incubation se faisait et les sociétés secrètes, qui véritablement enlaçaient toute contrée, ressassaient les idées françaises et se disposaient à en tenter l'application dès la première circonstance favorable. Les notions reçues à l'époque des grandes guerres et pendant le séjour en France, comprimées par les pouvoirs existants, sont longtemps demeurées latentes; mais voilà qu'elles vont apparaître, mûries par la réflexion, concrétées dans l'attente, et elles ont une force à laquelle rien ne résistera. Trente-trois ans après Waterloo, après cette victoire qui devait être définitive, il n'en reste plus rien; les conquêtes morales qu'elle avait faites sont à vau-l'eau; nous sommes en 1848, la Révolution est partout, diverse en apparence, selon les mœurs de chaque pays, une et semblable en son principe, qui est celui qu'ont formulé nos pères à la fin du dix-huitième siècle. C'est le triomphe des idées françaises, car, si les souverains rentrent en possession de leur trône reconquis à coups de canon, ils sont contraints, pour n'en point descendre de nouveau, d'abandonner une part de leurs prérogatives, de subir le contrat des constitutions et de partager leurs droits de gouvernement avec la délégation, librement élue, de leurs sujets. Pendant que les peuples s'agitent et imposent un pacte à la royauté réduite, la France met à sa tête l'héritier de Napoléon. C'est la Révolution française qui reprend son œuvre et qui la continue, non point par la conquête, pas même par la propagande, mais par le seul fait de l'expansion.

En somme, aujourd'hui elle est maîtresse de l'Europe, elle y est implantée; elle s'y développera avec plus ou moins de rapidité, sans doute par soubresauts; elle aura peut-être à briser violemment des obstacles et à modifier des formes qu'elle accepte encore provisoirement et faute de mieux; mais c'en est fait du vieux monde, il a vécu; il est entré dans le domaine historique et n'en sortira pas. L'ère nouvelle a commencé son cours que rien n'interrompra. Elle a déjà cent ans; elle date de la Révolution française et de Napoléon; l'une a promulgué la loi que l'autre a su appliquer, comme c'était son devoir d'exécuteur testamentaire. Si l'Europe est libre aujourd'hui, elle le doit à cet autoritaire irréductible qui lui a enseigné, sans le vouloir, comment la monarchie de droit divin peut être désarmée de ses privilèges et comment on en affaiblit la puissance jusqu'à la rendre illusoire; s'il a obtenu ce résultat, c'est parce qu'il était, parce qu'il ne pouvait être que le délégué et l'agent de l'esprit révolutionnaire.

La Révolution a fait plus : à tous ceux qui veulent faire valoir des revendications, qui réclament une part plus large dans l'action politique ou seulement dans les facilités de l'existence, elle a donné le mot d'ordre qui partout est compris et dont la signification est nette. Dans chaque pays, dans le plus exclusif, comme Londres, dans le moins bienveillant, comme Berlin, lorsque des hommes se réunissent pour demander quelque liberté, quelque droit nouveau, simplement quelque amélioration matérielle, ils ne se séparent pas sans avoir entonné l'hymne qui fut le cri même de la Révolution : ils chantent la *Marseillaise*.

XIII

LA POLITIQUE.

Chacun organise son existence selon ses aptitudes, ses vices ou ses vertus. Lorsque l'on ne réussit pas, on accuse la fortune : aujourd'hui on dit la chance, on dit même la veine. Bien souvent on rend le sort responsable de sa propre incapacité ou de son manque d'énergie. Savoir, vouloir, persister, c'est le secret du succès en ce bas monde, et cependant parmi les hommes heureux, parmi les plus habiles, je ne crois pas qu'il en existe un seul qui puisse dire que, toute déception lui ayant été épargnée, il est arrivé à la vieillesse sans avoir vu s'écrouler ses projets et s'évanouir ses espérances. C'est la vie ; elle est ainsi faite : elle dissipe les rêves du jeune homme ; elle bouleverse les desseins de l'homme en maturité ; elle neutralise les efforts du vieillard. On peut se fâcher contre elle, ça ne lui fait rien ; elle continue sa route, semblable au char du Vichnou de Djaggernat, sans se soucier de ceux qu'elle écrase. Les moins infortunés ne sont que meurtris ; les plus à plaindre sont broyés ; s'ils n'en meurent, ils restent perclus et comme anéantis. On dirait que le destin s'acharne contre une certaine classe d'hommes où il trouve ses victimes préférées. Celles-ci du reste s'y prêtent et semblent s'offrir au désastre.

On comprend qu'il s'agit ici des hommes politiques qui, tous ou presque tous, abusés sur leur propre valeur, attribuent à l'influence d'une mauvaise étoile le résultat logique de leurs conceptions erronées. Le dégoût de leur existence manquée se trahit par des lamentations qui nous paraissent fastidieuses, car nous ne le connaissons, ce vieux refrain de la déconvenue, nos oreilles en sont lasses. C'est le *De profundis* des espérances et le *Miserere* de l'ambition désenchantée; c'est le rabâchage de la médiocrité qui se croit un génie. Malgré tout ce que l'on peut leur reprocher, ces hommes m'inspirent de la commisération; ils ont souffert, ils n'ont vécu que d'illusions et sont tombés parce qu'ils n'avaient point le lest intellectuel qui assure l'équilibre. Ils geignent, ils se dépitent et, plus qu'il ne conviendrait, font rire à leurs dépens. J'avoue que je les plains, mais je n'en puis parler qu'avec maussaderie, tant la route qu'ils suivent nécessairement s'éloigne de celle que tracent la morale et la probité : car ne pas dire ce que l'on fait, ne pas faire ce que l'on dit, considérer une promesse pour parole vaine, c'est en politique un usage qui n'empêche pas, dit-on, d'être galant homme.

Les fruits secs sont-ils seuls à gémir? Écoutez la

voix de ceux qui ont touché le but, qui ont exercé de l'influence sur la destinée des nations, qui ont tenu le pouvoir en main et qui se sont inscrits dans l'histoire. Ce qu'ils disent est à retenir, car c'est leur expérience qui parle ; malheureusement l'expérience d'autrui n'a jamais servi à personne, c'est à peine si la nôtre ne nous est pas inutile. Le baron de Vitrolles, quoiqu'il fût un personnage secondaire, a joué un rôle prépondérant en 1814, lors de la première Restauration. C'est lui qui, au prix de sa vie, ne pouvant parvenir jusqu'au prince de Metternich, remit en mains propres, au comte de Nesselrode, grand chancelier de Russie, le billet qui précipita la marche des alliés sur Paris, laquelle détermina la chute de l'Empereur et le retour de Louis XVIII [1]. Le service était de prix et méritait récompense ; Vitrolles fut ministre d'État, ambassadeur, ardent aux intrigues de ce que l'on nommait alors le pavillon Marsan, et l'un des conseillers écoutés de Charles X ; on peut dire, sans exagérer, qu'il fut un des maîtres de la politique de 1824 à 1830. Il eut ses jours de triomphe ; quel souvenir en a-t-il gardé? Il écrit : « La politique est la plus triste des passions ; les revers y

---

1. Ce billet écrit à l'encre sympathique, dicté par Talleyrand au duc d'Alberg, m'a été communiqué ; il est ainsi conçu :
« L'homme qui vous remettra ceci, mérite toute confiance; écoutez-le et reconnaissez-moi. Il est temps d'être clair, vous marchez sur des béquilles ; servez-vous de vos jambes et voulez (sic) ce que vous pouvez. »

sont complets et le plus grand bonheur est mêlé d'incertitude. »

M. Guizot a été un homme de premier ordre; son renom de professeur, d'historien, d'écrivain n'a pas suffi à son ambition ; il a brigué les fonctions publiques. Il a été ministre; on se rappelle avec quelle hauteur et quelle fermeté il a défendu ses convictions, toujours sur la brèche, livrant combat aux impatients qui estimaient qu'il s'éternisait au pouvoir et que c'était à leur détriment. De quelles injures, malgré son intégrité et sa gloire personnelle, n'a-t-il pas été accablé? Je ne les ai pas oubliées, car je les ai souvent entendu proférer lorsque j'étais jeune : « L'homme de Gand, Guizot Pritchard, lord Guizot, Guizot vendu à l'Angleterre. » La kyrielle était interminable et l'injustice était flagrante. Lui aussi, il a parlé de la politique et il l'a définie « ce mal incommode et funeste, qui rétrécit les horizons, aigrit le cœur, fait perdre aux hommes cette étendue d'idées, cette générosité qui leur convient si bien ».

Qu'est-ce que la politique? disais-je un jour à un personnage qui avait été en Angleterre l'ambassadeur d'une très grande puissance. Il me répondit: « Affaire de chantage, de marchandage et souvent de brigandage, rien de plus ; et, ajouta-t-il en riant, c'est le plus énergique des siccatifs. » Où ai-je lu qu'au quatorzième siècle, lorsque l'archevêque de Rouen allait, pour la première fois, prendre possession de la cathédrale, il passait devant un couvent de femmes que l'on appelait l'Abbaye de Saint-Amand, conduit plutôt qu'escorté par les moines de Saint-Ouen. L'abbesse qui l'attendait au seuil de la porte, à la tête des religieuses, lui mettait au doigt un anneau et disait aux moines : « Je vous le donne vivant, vous me le rendrez mort. » N'est-ce pas, en vérité, ce que tout gouvernement, toute faction peut dire à la politique en lui présentant un homme nouveau : « Je te le donne vivant, tu me le rendras mort, » c'est-à-dire épuisé, déconsidéré, désespéré? car Guizot a raison : « c'est un mal incommode et funeste ».

La souveraineté s'est déplacée ; elle n'est plus, en vertu d'un droit héréditaire, l'apanage d'une famille dont le chef l'exerce par la grâce de Dieu ; elle appartient aujourd'hui à l'ensemble de la nation. Qu'importe ! la politique n'a point varié, elle vise un but identique et procède de la même façon. Sauf deux mots, n'est-ce point l'homme politique de nos jours que La Bruyère a peint lorsqu'il a dit : « Un homme qui sait la cour est maître de son geste, de ses yeux et de son visage ; il est profond, impénétrable ; il dissimule les mauvais offices, sourit à ses ennemis, contraint son humeur, déguise ses passions, dément son cœur, parle, agit contre ses sentiments. Tout ce grand raffinement n'est qu'un vice que l'on appelle fausseté, quelquefois aussi inutile au courtisan pour sa

fortune, que la franchise, la sincérité et la vertu. »
Aux mots « la cour et le courtisan », substituez les
mots « la politique, le politicien », et vous aurez un
portrait frappant de ressemblance ; tous deux, le
courtisan et le politicien, ne travaillent, par tout
moyen, par tout subterfuge, qu'à s'attirer les faveurs du maître.

Les révolutions successives et ce qui en est résulté ont imposé d'autres allures, mais n'ont point
émoussé l'acuité des ambitions; elles ont respecté
sinon développé l'impudeur des convoitises et la
rouerie des brigues. Se montrer à toute heure autorisée dans les entours de Louis XIV, lui dérober
un coup d'œil, en obtenir une charge, un titre, un
bénéfice, que sais-je ? un justaucorps à brevet, ç'a
été le labeur assidu des grands seigneurs qui ont
représenté le royaume près des cours étrangères,
commandé les armées, exercé le pouvoir. Aujourd'hui ce n'est plus le roi qui est le dispensateur
des grâces, c'est le suffrage universel et c'est à lui
que sont dues les courbettes.

On monte sur des estrades pour lui bateler des
promesses que l'on sait ne pouvoir tenir; on le
flagorne, on s'extasie sur sa grandeur, sa gloire et
sa générosité; on va le voir chez lui, à l'étable où
il donne la provende à son bétail, au cabaret où
on lui jure de faire abaisser les droits sur l'alcool
qui l'abrutit; comme les petits cadeaux entretiennent l'amitié, on se permet de lui offrir un

« souvenir », souvenir utile, tel qu'un parapluie ou un collet imperméable ; quelquefois même on lui donne une pièce de cent sous, quoique cela soit interdit ; on a été plus loin : on a promené solennellement un veau qu'entre électeurs on a mangé après la clôture du scrutin. Quel livre à faire : le Manuel du parfait candidat ou la manière d'être élu député, avec un total approximatif des frais et la liste abrégée des phrases indispensables au succès de l'élection !

Des hommes intègres, supérieurs par certains côtés — j'en ai connu plus d'un — se sont résignés à subir ces exigences redoutables pour la bonne tenue de soi-même. Peut-être les hommes d'autrefois nous apparaissent-ils plus grands que ceux d'aujourd'hui parce qu'ils n'ont pas eu à supporter ce genre d'initiation. Je ne me figure pas Sully, Richelieu, Colbert, débitant leur boniment politique devant les vilains de la campagne et la plèbe des faubourgs. Et cependant il est certain que si le suffrage universel eût existé à leur époque, ils se seraient soumis aussi à toute sorte de révérences, et j'ajouterai que si — comme il serait malséant d'en douter — il existe dans notre parlement des hommes de la taille de Colbert, de Richelieu et de Sully, il est probable qu'ils n'ont point été en reste de prévenances et d'amabilités envers leurs électeurs.

« Je ne compte pas mes amis, je les poise »,

disait Montaigne. Pauvres candidats, justiciables de la loi du nombre qui ne peut apprécier ni leur intelligence ni les services qu'ils sont capables de rendre ! Il faut que le pouvoir soit bien attrayant à l'esprit et bien doux au cœur pour que le seul espoir de l'exercer un jour, grâce à des combinaisons plus ou moins correctes, entraîne des hommes de bien à travers des expéditions d'où l'on sort toujours moralement un peu diminué. « L'esclave n'a qu'un maître, l'ambitieux en a autant qu'il y a de gens utiles à sa fortune. » C'est l'inépuisable diseur de vérités, c'est encore La Bruyère qui a dit cela. A-t-il donc prévu notre régime électoral ? Je pourrais, sans grand'peine, citer les députés qui à Paris, pendant la session législative, sont les commissionnaires de leurs commettants : les deux termes se complètent par leur similitude même et se font équilibre.

La politique a cela de particulier qu'elle n'exige aucune instruction préalable. Par une grâce d'état, dont l'origine se perd dans la nuit des temps, elle dévoile ses mystères à quiconque s'en préoccupe; il n'est si pauvre sire qui ne la guigne de l'œil pour en pénétrer les secrets, qui ne formule des appréciations avec raideur, qui ne sache ce qu'il faut penser de telle loi, de telle dépêche, de tel traité, de telle combinaison gouvernementale et qui ne traite d'imbéciles ceux qui ne partagent point son avis. Dans le jardin du Palais-Royal, avant la construction des arcades, qui remonte, je crois, à 1783 ou 1784, existait un arbre à l'ombre duquel se réunissaient les nouvellistes, les stratèges, les amateurs de discussions stériles, les prôneurs de réformes, les inventeurs de systèmes; par suite d'un jeu de mots on l'appelait l'arbre de Cracovie, parce que sous son feuillage on débitait toute sorte de « craques ». L'arbre n'est plus, mais il est probable qu'avant de le livrer à la cognée des bûcherons on lui a emprunté bien des boutures, car ses rejetons sont partout aujourd'hui, à tout coin de rue, en tout lieu public ou privé, en toute demeure, loge ou salon, atelier ou mansarde.

Écoutez les voix qui s'élèvent: chaque parole vous révélera qu'il est question de politique ; ce ne sont plus seulement des questions que l'on agite, ce sont des discussions, bientôt des querelles, plus encore, des injures et des gros mots. C'est la loi des hypothèses : lorsque l'on en discute, on se dispute. Que de relations sociales ont été distendues, que d'amitiés ont été brisées par le choc de deux affirmations contraires, imaginaires toutes deux et probablement absurdes! Ceux qui échappent à cette maladie sont rares, et je sais avec quel dédain on les traite. Qu'importe! ils ont la sérénité de l'esprit, que les argumentateurs de rencontre ne connaissent guère.

Je ne suis pas étonné qu'Henri Heine, qui nous connaissait bien, ait écrit : « Le Français qui a le plus de bon sens, d'esprit et de vertu dans la vie ordinaire, devient subitement fou quand il s'occupe de politique. » En parler est une sotte manie, en faire est un mal incurable ; c'est comme le cancer, on a beau l'opérer, on ne le guérit pas. Si tout le monde, sans exception aucune, a le droit de délirer sur la politique, comme sur tout autre sujet, il me semble qu'un État bien organisé, soucieux des intérêts dont il a la garde et la responsabilité, devrait être armé d'un pouvoir préventif — préservatif serait mieux — qui lui permettrait de barrer la route aux incapables. A voir certaines fortunes parlementaires, ne dirait-on pas que le suffrage universel cherche à singer les Gaulois, nos ancêtres, qui jetaient à l'eau les enfants mal venus dont l'apparence ne promettait point la vigueur? Quand un homme a fait preuve d'incapacité en différents corps d'état, la masse électorale le jette dans la politique.

Récemment je lisais une circulaire invitant les candidats à l'emploi d'expéditionnaire à se présenter au siège de telle administration municipale, qui n'a rien de politique, afin de concourir ; on prévenait ces futurs copistes qu'ils ne seraient admis aux examens que s'ils étaient munis d'un diplôme de bachelier ès lettres. Cela me parut excessif ; mais bien plus excessif encore me paraît le droit d'exercer d'emblée, sans contrôle préalable et même sans diplôme, la puissance législative qui touche aux destinées mêmes du pays et peut en influencer la direction. Serait-il donc attentatoire aux principes sur lesquels repose l'édifice de la France, serait-il impossible d'exiger une sorte de stage, de faire subir je ne sais quelle épreuve aux aspirants législateurs qui se présentent devant le scrutin de la députation?

Il ne s'agit pas de restreindre le suffrage universel et de rééditer cette fameuse loi du 31 mai 1850, dont M. Thiers se pavanait et dont le résultat le plus positif fut d'assurer la résurrection de l'Empire; il s'agit de n'admettre à tenter la fortune du scrutin que les hommes reconnus à peu près capables d'exercer le mandat législatif. Il est élémentaire que, pour traiter certaines matières, il convient de les avoir étudiées; sans cela, le mandataire, fût-il élu à l'unanimité, se soustrait aux questions les plus simples, se dérobe pour dissimuler son ignorance ou en est réduit à se faire souffler par des compères; il ressemble au malade imaginaire devant le cénacle médical qui va le coiffer du bonnet de docteur.

Une telle disposition de la loi serait, je crois, un bienfait pour le pays et même pour les assemblées; mais cette loi n'aurait de valeur salutaire que si elle était appliquée par de purs esprits, distraits de toute passion; est-ce possible en politique? j'en doute, et cela seul rejette mon projet parmi les chimères. Je suis coutumier du fait; je puis m'en accuser, mais non m'en repentir. Les candidats se font illusion sur eux-mêmes, ce qui est naturel, car c'est là une tendance commune à tous les hommes. Quant au suffrage universel, il n'y regarde pas de si près : il s'engoue et ne raisonne pas ; il ne discute pas, il décide ; ne lui demandez jamais de savoir le premier mot de la question en litige ; on l'a tant saturé de louanges, même en latin : *Vox populi, vox Dei*, qu'il se croit infaillible. Jamais il ne s'accuse de ses propres sottises, mais il ne les pardonne pas à ceux qu'il a choisis pour les commettre. C'est pourquoi il faudrait n'offrir à ses choix que des hommes ayant donné quelque preuve d'une certaine supériorité, ou tout au moins d'une incapacité qui n'eût rien de trop agressif.

Dans la période qui va de l'année 1871 à l'année 1880, plusieurs élections générales ou isolées eurent lieu à Paris. Au moment où diverses candidatures s'affichaient pour parer au remplacement d'un député décédé, quelques électeurs influents se rendirent, au nombre d'une quinzaine, chez un homme que je connais, lui dirent qu'ils désiraient être représentés par lui et qu'ils se croyaient assurés d'être maîtres du scrutin. Mon ami répondit qu'il ne se jugeait pas de force à remplir convenablement le mandat que l'on voulait bien l'engager à solliciter. On se récria, il tint bon : « Je suis étranger aux choses de la finance, de la guerre et de la marine, disait-il ; je ne connais pas les traités de commerce; je ne me suis jamais occupé d'agriculture; on m'a affirmé qu'il y avait une constitution : je le crois, mais je n'ai pas eu la curiosité de la lire. » L'orateur de la députation électorale s'écria : « Qu'est-ce que cela fait? il ne s'agit que d'avoir du bon sens et vous avez prouvé que vous n'en manquez pas. » — Il riposta : « J'en ai assez pour décliner vos offres, dont je reste profondément touché ; je ne saurais exercer un métier sans en avoir fait l'apprentissage et je n'ai jamais songé à faire celui de député. »

On insista; il demanda pour réfléchir vingt-quatre heures, qui lui furent courtoisement accordées, avec un : « Nous espérons que la réflexion vous décidera, car un homme de votre valeur ne peut se soustraire à un devoir. » Le lendemain mon ami écrivit qu'il était au regret d'être forcé de maintenir son refus ; puis il mit un livre dans sa poche et partit pour Venise, où il voulait revoir quelques toiles de Carpaccio. — Fut-il niais, fut-il sage ? En tous cas il ne fut pas ambitieux. A son retour à Paris, il reçut une lettre anonyme dont il devina facilement la provenance : « Monsieur, vous êtes un mauvais citoyen ! » C'est le contraire qu'il eût été convenable de lui écrire, car il avait agi avec probité en repoussant l'offre d'un poste où il n'aurait pu rendre que des services insignifiants. Il s'était rendu justice, et n'en fut pas plus fier, quoique le cas ne soit pas commun.

Ces fonctions, dont mon ami s'écarta, doivent cependant donner des satisfactions profondes à l'amour-propre de certains hommes, car ceux qui en sont exclus après les avoir exercées, restent inconsolables et comme frappés de déchéance. S'ils ont quitté leur siège de député pour s'asseoir, ne fût-ce que pendant six semaines, sur le banc des ministres, s'ils ont porté sous le bras le grand portefeuille en maroquin, s'ils ont contresigné des décrets, s'ils ont été traités d'Excellence et si un nouveau scrutin les a fait rentrer dans les obscurs loisirs de leur existence, ils font pitié à voir et ne sont pas loin de s'imaginer que tout va s'arrêter, que tout va périr, parce qu'ils n'ont plus accès à la tribune parlementaire.

Au scrutin de 1869, un député de Paris ne fut pas réélu; le pauvre homme levait les bras vers le ciel et me disait : « Que vont-ils devenir ? » « Ils », c'étaient la nouvelle Chambre, le Sénat, le ministère, la France, l'univers, que sais-je encore ? Son échec lui semblait un cataclysme dont les mondes seraient bouleversés. Je me gardai bien de lui dire ce que je pensais : Tout homme peut être utile, nul homme n'est indispensable; le héros disparaît, la vie continue son cours et la terre n'en tourne pas moins. La mort de Gambetta n'a pas entraîné la ruine de la République, pas plus que la mort de Casimir-Perier n'a fait écrouler le trône de Louis-Philippe. On est surpris de reconnaître que le départ de ces hommes, qui portent tous les espoirs, n'a qu'une influence minime sur la destinée des peuples.

On serait moins étonné si l'on avait pris la peine de constater le phénomène que voici : de toute assemblée qui ne s'affole pas, — comme le Corps Législatif nous en a donné le néfaste exemple au mois d'août 1870, — de toute assemblée, ne fût-elle composée que d'individualités médiocres, se dégage une sorte de bon sens général, un peu craintif, stimulé par l'instinct de conservation, qui pare aux éventualités redoutables, pousse prudemment à la roue et empêche la machine gouvernementale, — « le char de l'État », — de verser et même de suspendre son mouvement régulier.

Une autre raison agit également avec puissance pour empêcher l'impulsion précédemment reçue de s'arrêter brusquement ou même de se ralentir. Lorsque le gouvernement, c'est-à-dire la forme extérieure des choses, est dérouté, le fond même n'est pas atteint et persiste dans son organisme normal; les administrations ne suspendent pas leurs opérations, et cela, par-dessus tout, importe au pays, qui, bien plus que de politique, vit du bon fonctionnement de tutelle, de prévoyance et de protection auquel il est accoutumé. Cette double action de l'élément législatif et de l'élément administratif nous a permis de traverser, sans trop de préjudice, des crises que l'on croyait mortelles; tant de fois elle s'est affirmée, dans ce siècle même, qu'il est superflu d'insister. Ces crises produites par des révolutions ou par le changement subit d'orientation succédant au décès d'un personnage qui était le moteur en chef de l'action gouvernementale, ont pour premier résultat de rendre à la vie privée la plupart des hommes qui participaient à la direction supérieure des affaires publiques. Ceux qui sont tombés du pouvoir et n'ont pu y remonter semblent s'ingénier à nourrir leurs regrets et leur rancune.

Tous, ils ont le même mot qui revient incessamment sur leurs lèvres... « Ah! si l'on m'avait laissé faire! » A les voir on les reconnaît : quand ils marchent, ils parlent comme s'ils prononçaient le discours ministre qui doit mettre fin à tout conflit, ils pulvérisent leurs adversaires évoqués, ils s'adressent à des ombres qui ne les entendent pas; lorsqu'ils sont immobiles, ils restent silencieux, la tête inclinée sur la poitrine, le regard fixe, perdu dans la contemplation intérieure, la main passée entre les revers de la redingote, un peu dans la pose de Napoléon à Sainte-Hélène. La comparaison n'a rien de forcé : eux aussi, ils sont exilés, déportés loin de la patrie de leur âme, loin du pouvoir par lequel ils ont vécu, pour lequel ils voudraient vivre encore. Ils rêvent je ne sais quel événement, fût-ce une conflagration générale, qui leur rendra le portefeuille sans lequel il n'y a plus pour eux de bonheur ici-bas.

Je parle de ceux qui ont été au pouvoir ; j'en pourrais citer bien d'autres à tous les degrés de la hiérarchie : je connais d'anciens sous-préfets désespérés de n'avoir plus de paperasses à signer dans le cabinet de la sous-préfecture. Ceux-là aussi comptent sur l'imprévu, sur le miracle qui les revêtira encore du frac bleu à broderies d'argent. L'espérance est tenace et ne les abandonne qu'à leur dernier soupir. Ils me rappellent ces détenus politiques qui me disaient que, pendant leur séjour à Sainte-Pélagie, ils étaient persuadés, à tout bruit qu'ils entendaient dans la rue, que le peuple en insurrection venait les délivrer.

Détenus, déchus du pouvoir, prétendants, sont tous les mêmes : c'est demain, pas plus tard, que leurs vœux vont être réalisés ; les années passent, la vie s'écoule, la mort arrive et demain n'est pas venu. J'imagine qu'ils vont tout droit au paradis, car ils ont fait leur temps d'enfer ici-bas, enfer de déceptions, de vanité blessée, de souffrances d'autant plus aiguës qu'il convient de les dissimuler, enfer de croyance à l'injustice humaine et à la persécution d'une mauvaise fortune implacable. Que de fois, contemplant ces êtres malheureux, condamnés sans recours en grâce, se dévorant eux-mêmes, que de fois je me suis intérieurement écrié, comme Panurge pendant la tempête : « Oh que trois et quatre foys heureux sont ceulx qui plantent choux ! » Et que de fois je me suis applaudi de n'avoir jamais senti sourdre en mon cœur la moindre velléité d'ambition politique.

Dans l'état actuel de nos institutions et de celles de presque toute l'Europe, la parole est l'instrument nécessaire, l'instrument forcé de la politique. C'est du haut de la tribune des assemblées délibérantes que tombe le mot d'ordre qui détermine la ligne de conduite d'où peut dépendre la perte ou le salut. Quelle cause de périls, qui n'ont pas toujours été évités ! Lecteur, voulez-vous que nous relisions ensemble certain passage de l'étude que Macaulay a consacrée à William Pitt ? Le morceau est à méditer et le voici :

« Le gouvernement parlementaire s'exerce au moyen de la parole. Dans un gouvernement de cette nature, l'éloquence est la qualité la plus estimée de toutes celles que peut posséder un homme politique, et cette faculté peut exister au degré le plus éminent sans être accompagnée de jugement, de courage, sans être doublée de l'art de deviner le caractère des hommes ou les signes du temps, et sans avoir pour appui la moindre connaissance des principes de la législation ou de l'économie politique, ni le moindre talent diplomatique, ni la moindre notion d'administration militaire. Il peut bien arriver aussi que ces mêmes qualités intellectuelles qui donnent un charme particulier aux discours d'un homme public, soient incompatibles avec celles qui le rendraient capable de montrer de la présence d'esprit et de la fermeté dans une circonstance pressante. »

Le portrait est tracé de main de maître : à combien de personnages, les septuagénaires, mes contemporains, ne le pourraient-ils appliquer? Se souviennent-ils, comme moi, des gouvernements que nous avons vus s'effondrer, enivrés ou désagrégés par la faconde d'hommes médiocres, sans prévision ni prudence, qui avaient le don de la parole? On est tenté de leur crier, en modifiant deux vers célèbres :

> Détestables « rhéteurs », présent le plus funeste
> Que puisse faire « à tous » la colère céleste !

Amoureux de leur propre verbe, étourdis de leur bruit personnel, ils s'imaginent qu'ils font tourner le monde parce qu'ils pivotent sur eux-mêmes. Presque tous n'étaient que des virtuoses, et bien souvent leur phrase était d'autant plus brillante que leur conviction était moins profonde. L'éloquence de ces Attilas de la parole a été le fléau dont notre pays a été battu.

Un fait à signaler, c'est que l'homme qui a été au pouvoir et qui, par imprévoyance ou par incapacité, s'est égaré sur les mauvaises voies, n'éprouve jamais, je ne dirai pas le moindre remords, l'expression serait trop forte, mais un simple regret. Ce n'est pas lui qui a commis une erreur, ce sont les événements — oui, les événements eux-mêmes — qui se sont trompés. Dix ans après la révolution de Juillet, le prince de Polignac expliquait qu'il n'avait aucun reproche à s'adresser et que « si c'était à refaire, il le referait » : cas de conscience que chacun arrange à son avantage et dont les plus coupables savent tirer parti pour leur propre glorification. C'est toujours l'histoire du général qui perd la bataille et qui s'en honore, car ses dispositions lui assuraient la victoire : mais le hasard, mais la fatalité...; on sait le reste.

Ah! elles ont bon dos ces bienveillantes divinités inventées pour masquer les fautes et les sottises humaines. Les plus grands hommes les ont invoquées, Napoléon tout le premier : à l'entendre, les campagnes dont il est sorti vaincu, — Essling, la Russie, Leipzig, Waterloo, — semblent avoir été dirigées contre lui par le *Fatum* en personne. Après un tel exemple, doit-on s'étonner que les pauvres petits personnages portés au pouvoir par l'illusion qu'ils ont fait naître, accusent le destin de s'être complu à déjouer les combinaisons de leur génie? Un *Confiteor* serait plus loyal et leur vaudrait quelque indulgence.

Pour ces hommes-là, l'histoire sera sévère; pièces en mains, elle rejettera leur pourvoi et leur demandera compte de l'arrêt dans les destinées de la nation; elle leur demandera peut-être aussi ce qu'ils sont venus faire dans la politique et pourquoi ils se sont saisis de la foudre, puisqu'ils ne savaient pas la manier. L'ambition n'est légitime que lorsqu'elle est justifiée; si elle ne l'est pas, elle me paraît criminelle. On aurait pu être intègre, habile, considéré dans les hautes fonctions de la magistrature, de la science, du barreau, de l'enseignement; mais la vanité s'en est mêlée, elle a soufflé les mauvais conseils, elle a fait perdre l'esprit à ceux qui n'en avaient pas assez pour résister à la tentation; alors on s'est cru un grand homme, on a voulu diriger les affaires du pays, on les a dirigées, et c'est le pauvre pays qui est obligé de redoubler d'efforts et de sacrifices pour se rédimer de l'expérience que trop souvent son engouement a provoquée.

XIV

LE MOYEN DE PARVENIR.

« La politique est l'art des complications »; le mot est du prince de Talleyrand. Si la définition est exacte, c'est un art qui exclut la bonne foi; on doit croire aussi que c'est un art indispensable, car il a été, il est, il sera; semblable en cela à l'art de la guerre, que l'on cultive avec prédilection, qui seul suffit souvent à constituer la grandeur d'un peuple, que l'on honore avec fracas, qui a pour but de faire écraser le plus faible par le plus fort et qui, afin de parvenir plus rapidement au résultat cherché, ne doit reculer ni devant les excès de la cruauté ni devant les pratiques de la trahison. Tromper pour réussir semble être la loi primordiale de l'homme, celle qui le place au-dessus de ses semblables et lui assure un immortel renom. L'antiquité sacrée, l'antiquité païenne, l'histoire des patriarches, l'histoire des guerriers fameux, nous le crient à travers la série des siècles.

L'enfant chéri de la Genèse, celui qu'elle offre à l'émulation comme un exemple d'incomparable intelligence, c'est l'homme des combinaisons sans scrupule, profitant de la faim de son frère pour lui ravir le droit d'aînesse, usant de subterfuge pour dérober la bénédiction paternelle qui constituait alors une véritable investiture, provoquant facticement la naissance des agneaux et des chevreaux tachetés qui, par convention, devaient lui appartenir, volant les idoles de son beau-père, c'est Jacob ; le surnom qu'il avait reçu parce qu'il avait été « le plus fort avec Dieu et avec les hommes » est encore le nom de son peuple : Israël.

Le héros préféré d'Homère, c'est *Odyssefs polymitis*, Ulysse fertile en ruses : non point parce que son cœur est indomptable et que son énergie contre la fortune adverse n'a point de défaillance, mais parce qu'il n'emploie sa vigueur et son courage qu'après avoir épuisé les ressources de la duplicité. Minerve, sa protectrice, est-elle vraiment la déesse de la sagesse ? ne serait-elle pas celle de l'habileté ? Ulysse et Jacob sont le type même du génie politique. Le christianisme et la morale qui en émane n'y ont rien changé. L'histoire nous le prouve, et les princes de l'Église, à ne citer que Ximenès, Granvelle, Richelieu et Mazarin, ont démontré qu'en cette matière ils auraient pu faire la leçon aux casuistes les plus retors.

Il paraît qu'il ne peut en être autrement et que certaines sciences comportent des nécessités qu'il faut subir sous peine de les laisser stériles. La politique est un élément de puissance dont les États ne se peuvent passer ; c'est là une vérité dont la contestation n'est pas admissible et qui, hélas ! a pour corollaire cette parole de Pascal : « Ne pouvant fortifier la justice, on a justifié la force. » La politique n'a ni sentiment, ni philosophie, ni moralité ; elle n'a et — sous peine de n'être plus — elle ne peut avoir que des intérêts. Croire à la reconnaissance d'un peuple, s'indigner de son ingratitude, c'est faire acte de naïveté : un autre mot serait moins poli, mais plus exact. Du moment que l'intérêt seul met en mouvement les nations et leurs mandataires, tout est permis en politique pour réussir : je veux dire que l'on s'y permet tout. Il en résulte que l'homme d'État digne de ce nom est sans scrupule, et cependant si le scrupule confine aux préjugés, il touche de bien plus près aux principes.

En cas de conflit intérieur entre l'homme moral et l'homme politique, c'est la conscience qui succombe, car elle est souvent contraire à l'intérêt. La conscience a du bon cependant, quoiqu'il n'existe point d'accommodement avec elle, ainsi qu'avec le ciel de Tartufe. Je crois que, dans plus d'une circonstance qui pouvait modifier le sort d'un pays, on a eu tort de ne point se laisser guider par elle. L'homme dont la loyauté serait impeccable, qui ne mentirait jamais et resterait impassible dans la ligne droite, aurait peut-être une puissance que l'on ne soupçonne pas : tout le monde serait dupé par lui, car personne ne le croirait. En politique la probité est si rare, qu'elle serait peut-être le dernier mot de l'habileté, j'allais dire de l'astuce.

Les rouerics ne font généralement œuvre que de résultats transitoires, dont il ne reste plus trace au bout de peu de temps. Quelle est la durée des traités solennels, signés, paraphés, scellés, échangés avec cérémonies religieuses et salves d'artillerie? Bien éphémère, et par conséquent bien décevante. Les changements de gouvernement, de direction, de principe n'y font rien ; le train même des choses condamne des hommes absolument différents les uns des autres à revenir aux errements consacrés : la diplomatie des comités de la Convention n'était pas moins perfide que la diplomatie officielle ou secrète de Louis XV. Il doit en être ainsi : du moins, sous le gouvernement de Louis-Philippe, on n'agissait pas autrement.

Si l'on veut apprécier la fausseté et l'inutilité de ces luttes de finesse en ce qui touche la dignité des États et la solidité des contrats jurés « au nom de la Très Sainte-Trinité », il faut lire les pièces relatives aux négociations ouvertes, en 1840, entre les cabinets d'Europe à propos de la question d'Orient que Méhémet-Ali voulait résoudre un peu brusquement à son avantage. Ce que l'on découvrirait est pour faire réfléchir. Toutes les puissances cherchent à se duper et à se nuire les unes les autres ; on ment à bouche que veux-tu ; pas une dépêche n'est sincère, toutes les promesses sont réservées par des sous-entendus; c'est le scénario du *Barbier de Séville* : « Qui diable est-ce donc qu'on trompe ici? » — Tout le monde, quoique personne ne soit dans le secret, qui est celui de l'avenir. Après bien des pourparlers, on se met enfin d'accord et les « couronnes » s'engagent par serment à maintenir, contre tout venant, l'intégrité de l'Empire Ottoman et la souveraineté de la vice-royauté d'Égypte dans la descendance de Méhémet-Ali.

C'est au mieux; nul ne peut désormais s'emparer d'un des territoires du Grand Seigneur et les petits-fils de l'arnaute de Cavalla sont assurés de régner sur la vieille terre des Pharaons et des Ptolémées. La convention qui consacre — à jamais — ces stipulations auxquelles ont concouru les plus fortes têtes de l'époque, n'a guère plus de cinquante ans, car elle date du mois de juillet 1841. Depuis longtemps elle est morte de caducité. Comptez les petits royaumes — si périlleux par leur exiguïté même qui les rend ambitieux — que l'on a taillés en pleine intégrité ottomane; chacun s'est fait sa part, en reniant son serment et en faisant le contraire de ce qu'il avait juré; il n'est pas jusqu'aux cokneys de Londres qui n'aient tenu à boire le vin de Chypre sur place.

Quant à l'Égypte, elle appartient de fait à l'Angleterre, qui s'y trouve bien et n'en sortira pas. On adjurera la noble Albion de faire honneur à sa parole, comme il convient à une sage douairière qu'elle a la prétention d'être. La réponse qu'elle fera, lorsqu'elle sera, non pas sommée, mais simplement sollicitée de quitter la place, est depuis longtemps libellée dans une fable de La Fontaine, intitulée : *la Lice et sa Compagne*. J'ai toujours été surpris qu'avec des données d'un tel comique on n'ait pas fait une opérette : *la Question d'Orient*, d'autant plus que les costumes y prêteraient et fourniraient les éléments d'un joli ballet, où l'on mêlerait, dans de justes proportions, la gigue anglaise, la danse du ventre et la valse viennoise.

J'ai choisi cet exemple parce qu'il est d'hier et parce que « les hautes parties contractantes », — ainsi que s'exprime la pompe du style diplomatique, — agissant dans leur pleine et entière bonne foi, n'oubliant pas que leur signature est engagée, n'en ont pas encore fini avec leurs spoliations. La politique est comme le monde planétaire : elle tourne, elle tourne même souvent avec une telle rapidité, que l'on en reste étourdi. Ce qui la rend désagréable — pour ne dire odieuse — à de pauvres esprits terre à terre, comme le mien, c'est qu'au milieu des notions dont elle se compose, des talents réels qui s'y appliquent, on cherche la loyauté et qu'on ne la rencontre jamais. Il est possible que je sois sévère jusqu'à l'injustice ; je m'en accuserai volontiers, mais alors je demanderai pourquoi, entre gens de bonne compagnie, il est honteux de renier sa parole et de dépouiller ses amis. Comment ne pas sourire en se rappelant que ce pauvre Nisard a été conspué pour avoir dit qu'il existe deux morales? Morale sociale, morale politique, morale de l'individu, morale de l'État; elles sont sœurs, dit-on : oui, comme Étéocle et Polynice étaient frères.

Champfort a dit : « L'ambition prend aux petites âmes plus facilement qu'aux grandes, comme le feu prend plus aisément à la paille, aux chaumières qu'aux palais. » — Que les jeunes gens n'oublient point cette vérité, si, encore retenus par leurs études, ils sont tentés de délaisser plus tard les satisfactions de l'esprit pour courir vers les déceptions de la vie publique. Vieille légende des feux follets, bien surannée, toujours opportune. A les suivre on s'embourbe dans les marécages. Plus d'un jeune homme rêve sans doute d'être un jour ce que don Salluste appelle

> Un gaillard populaire
> Adoré des bourgeois et des marchands d'esteufs,

et de jouir de ce que La Fayette nommait « le sourire enivrant de la multitude ». Si quelques-uns sont éblouis par un tel mirage, qu'ils me permettent de leur conter une histoire qui, pour être vieille, n'est pas moins instructive : — A la journée du 10 août 1792, d'Espréménil, qui avait été adoré du peuple de Paris et qui ne l'était plus, se mêla imprudemment à la foule dans le jardin des Tuileries. On le reconnut, on l'injuria, on le frappa ; il fut sauvé par Pétion, qui le fit enfermer dans un corps de garde. Étendu sur un matelas, meurtri, se soulevant avec peine, d'Espréménil dit : « Et « moi aussi, Pétion, j'ai été populaire ! » Deux ans plus tard, proscrit à son tour, traqué, caché au milieu des blés d'un champ de Saint-Émilion, l'ancien maire de Paris, le girondin si souvent acclamé, se souvint-il de cette parole, lorsqu'il sentit la morsure des loups qui le dévoraient? L'échafaud du moins épargna à d'Espréménil une telle agonie.

La popularité, « cette gloire en gros sous », n'est point faite pour les cœurs haut placés, d'autant plus que l'homme politique qui ne sait pas se résigner à être impopulaire, ne sera jamais un homme d'État. C'est l'insouciance, la vigueur et la gaieté qui constituent le charme de la jeunesse, mais ce charme elle le perd dès qu'elle est touchée par l'ambition. Elle devient maussade; elle n'est plus elle-même, elle revêt une apparence sévère, elle prend des attitudes, elle se fait hypocrite, elle est entachée de cuistrerie et devient déplaisante. J'en ai connu de ces garçons-là, j'en ai fréquenté quelques-uns ; ce n'étaient plus que des êtres factices, apprêtés dans la parole, dans le costume, dans la façon d'écouter, dans ce je ne sais quoi de travesti qui se devine au premier coup d'œil et qui commande au moins la réserve. Nul d'entre eux n'est parvenu ; ils s'étaient mûris — vieillis — si prématurément qu'on les a toujours trouvés trop vieux pour leur faire place.

Un de ces jeunes hommes qui, à vingt ans, ont le maintien gourmé d'un magister expliquant à des écoliers la formation du supin en u, est venu me voir récemment ; il me consulta sur les voies à choisir pour arriver rapidement à la vie politique. Il se sentait appelé ; la voix intérieure lui parlait si haut, qu'il avait dû l'écouter ; lui aussi, ce n'est pas sans regret, que dis-je ? sans déchirement qu'il abandonnait de « chères études », pour se vouer à la gloire du pays et à l'affermissement de certains principes ; c'était là sa mission, il ne s'y pouvait soustraire ; il y consacrerait son cœur, son intelligence, sa fortune au besoin, ses veilles à coup sûr. Mais comment faire pour abréger le stage, pour être remarqué, pour émerger de la foule et saisir au plus tôt le bienheureux mandat que décerne le suffrage universel qui, semblable à la Fortune de la fable, a toujours les yeux bandés ? Je l'écoutais, j'entendais ces redites, ces phrases banales, usées à force d'avoir été répétées, et qui déguisent mal les frénésies de l'intérêt personnel. Je répondis par des lieux communs, car le personnage m'inspirait peu de sympathie, et je le congédiai.

Je me suis demandé ce que je lui aurais dit si j'avais reconnu en lui des qualités de bon aloi et si j'avais estimé qu'il fût digne de conseils sincères? Grave question, difficile à résoudre entre ce que la conscience m'aurait dicté et ce que l'expérience m'a enseigné. Quelle voie mène au but et permet d'y toucher sans trop attendre? Est-ce la grande route, large, en plein soleil, et droite en son tracé? est-ce le chemin de traverse, coudé à tout bout de champ, creusé de fondrières et parfois de précipices? Un honnête homme n'hésitera pas, un homme qui n'est qu'ambitieux hésitera peut-être. L'un gardera toute correction à son existence; l'autre, comme au temps du moyen âge, signera un pacte avec le diable. Lequel des deux aura le mieux servi ses intérêts? La solution du problème est indécise.

Il est certain que si l'on a quelque souci de la rectitude de son âme, on fera son apprentissage en conscience et l'on ne se présentera au seuil de la vie publique qu'après avoir acquis les notions qui permettent d'y faire bonne figure. Ce ne sera pas trop d'avoir suivi avec assiduité les cours de l'École des sciences politiques, où l'on peut acquérir tant de connaissances indispensables aux hommes d'État; il sera bon d'avoir voyagé, d'avoir posé le doigt sur le pouls des nations, d'avoir constaté que chaque peuple a sa grandeur et reconnu que si le droit du plus fort est redoutable, le droit du plus faible est sacré. Il faut se préserver — se guérir peut-être — de la maladie essentiellement française qui consiste à croire que ce que l'on ignore n'existe pas. Lorsque l'on aura étudié le mécanisme des administrations publiques, lorsque l'on aura appris à lire couramment dans le livre du budget, ce qui n'est pas facile, lorsque l'on ne sera plus obligé de consulter des dictionnaires, souvent plus complaisants que véridiques, pour connaître les frontières, les ressources, la population des pays, lorsque, en un mot, on sera licencié ès sciences gouvernementales, on pourra briguer la maîtrise et la demander au corps électoral.

Si, au contraire, l'homme est un ambitieux, n'ayant d'autre mérite, d'autre raison d'être que son ambition même, il devra se pénétrer de cette vérité que Joseph de Maistre a formulée dans une lettre écrite de Paris, le 5 juillet 1817, et qu'il signerait encore : « Si j'étais Français, dit-il, je serais tenté de m'enrôler systématiquement sous l'un ou l'autre des drapeaux exagérés, tant je suis persuadé que les systèmes modérés sont les moyens sûrs de déplaire aux deux partis. » Pour jouer habilement ce jeu, il convient de se débarrasser d'abord de toute conviction, car la conviction est, par essence, un bagage encombrant qui ralentit la marche, interrompt les culbutes, nuit aux sauts périlleux, alourdit les acrobates et fait osciller les funambules. Si le lecteur proteste, c'est qu'il n'a pas été attentif aux évolutions intéressées des hommes politiques de tous les temps. Lorsque l'on a supprimé toute conviction, on se sent à l'aise et l'on a le pied léger pour prendre la direction que l'on croit favorable ; car il n'est pas question de défendre des idées, d'appliquer des principes, de préparer des améliorations : il s'agit d'arriver vite et haut.

Les plus pressés et bien souvent les plus rusés sont les plus violents ; ils ne laissent à personne le privilège de crier plus fort qu'eux ; c'est leur voix qui domine, franchit les murailles, frappe l'oreille des foules. Jamais ces bons compères ne parlent en leur nom personnel ; fi donc ! on pourrait les accuser de chercher à se faire valoir et d'être guidés par leur propre intérêt ; ils parlent au nom du peuple ; ils somment le gouvernement de faire son devoir, sinon le peuple fera le sien ; le peuple attend, sa patience est à bout ; et patati, et patata, avec accompagnement de coups de poing sur la tribune. Quelle est vieille, cette logomachie de club et de parlement, toujours la même, toujours écoutée, trop souvent victorieuse ! Les esprits pondérés s'en étonnent, les sages s'en affligent, les adversaires s'en indignent.

A quoi bon ! N'ont-ils donc pas remarqué que les assemblées délibérantes se laissent volontiers mener par les mots, qu'elles sont timides ou du moins timorées ? Quel long temps ne fallut-il pas à la Convention pour se délivrer des coupe-têtes qui la décimaient et dont elle avait horreur! C'est cette sorte de crainte collective de tomber de mal en pis et de susciter des difficultés redoutables qui permet à certains individus médiocres, sans opinions arrêtées, sans trajectoire dans la pensée, de se rendre maîtres des majorités, d'enrayer le mécanisme gouvernemental, de démolir les ministères à l'heure qu'il leur convient et d'être acclamés par les mécontents dont notre pays de France n'a jamais chômé.

Cette furibonderie de la parole suffit aux heureux qui siègent dans l'enceinte parlementaire, elle en fait des personnages importants et satisfait leur gloriole. Comme certains monuments, ils sont tout en façade; on s'en aperçoit lorsqu'ils s'écroulent. Mais les autres, les pauvres diables qui se sont cassé le nez contre la porte et n'ont pu entrer, ceux qui sont condamnés à rester dans l'antichambre, que feront-ils de leur éloquence dont ils ne trouvent pas le débit? Ceux-là se lassent d'attendre et se jettent dans l'action dès qu'ils le peuvent. Plus l'action est coupable, plus elle attachera de notoriété à leur nom, mieux elle assurera leur prochaine fortune. Un jour viendra où le peuple « le plus spirituel de la terre » leur comptera, comme un titre à sa confiance, de n'avoir reculé devant aucun méfait. A cet égard les gouvernements rivalisent d'entrain et de bonne grâce avec l'engouement populaire.

Je sais bien que l'aventure a des inconvénients; eh! mon Dieu, quelle chose humaine n'en a pas ? On peut être fusillé au coin d'une rue, on peut être déporté, emprisonné, contumax; on peut être contraint de s'exiler ; mais lorsque les besoins d'une orientation politique ouvrent la porte des prisons et de la patrie, de tels états de service constituent une bonne réclame électorale. Ces anciens fabricants de révolte ne baissent point la tête et ne se cachent guère. On en retrouve dans plus d'un endroit où l'on délibère, où l'on vote, où l'on a sa part d'influence sur le destin des cités et du pays. Ceux-là ont joué le tout pour le tout; ils ont perdu la première manche et gagné la seconde. La violence de leurs actes — si grande qu'on a pu l'attribuer à un accès de folie furieuse — leur a tenu lieu, devant le scrutin, d'intelligence, de savoir et de bon sens. Ceux-là ont pris le chemin de traverse ; les fondrières où ils sont tombés n'étaient pas bien profondes puisqu'ils en sont sortis, — indemnes? — non, glorifiés. C'est ainsi que l'a voulu la politique. J'ajouterai en passant, comme point de comparaison à méditer, que plus d'une peccadille correctionnelle entraîne la privation des droits électoraux.

Tous les hommes politiques sont-ils ainsi ? Dieu me préserve de proférer un tel blasphème ! Les politiciens dont je viens de parler, qui ne pensent qu'à eux-mêmes et jamais au pays, excellent aux intrigues ; ils sont turbulents, ils exercent souvent une action néfaste sur la marche des choses ; par leurs clameurs ils attirent le regard des foules, mais s'ils sont le bruit, ils ne sont pas le nombre ; dans les assemblées ils font la parade et ne font pas la besogne. Le travail sérieux des réformes est réclamé et mis en œuvre par des hommes modestes, rompus aux affaires, juristes ne cheminant qu'entre les lignes parallèles du droit, spécialistes dans certaines questions, étudiant celles qu'ils connaissent d'une façon imparfaite et les examinant à la lumière de leur bon sens.

Pour ces hommes nous ne saurions avoir trop de gratitude ; la nation ne les applaudit pas, car elle les ignore. Leur labeur fécond, auquel nous devons l'ensemble de nos lois, ne s'étale pas orgueilleusement sur l'estrade aux paroles, il ne dépasse guère la limite des salles de commission et le public ne les connaît, le plus souvent, que par le bienfait anonyme qui en résulte. Dans l'armée parlementaire ceux-là représentent le régiment discipliné, vaillant, prêt au combat, humble en son sacrifice et ne demandant qu'à faire son devoir ; les autres n'en sont que la fanfare ; on les suit de préférence et l'on bat des mains parce qu'ils jouent des airs de bravoure et des ritournelles retentissantes. Les uns sont à peu près inconnus et d'une utilité de premier aloi ; les autres ont acquis une célébrité éphémère en prononçant des discours inutiles. Il en était ainsi au temps de la Convention : toutes les grandes choses qu'elle a faites sont l'œuvre d'hommes restés en partie ignorés, mais l'éclat persiste pour les orateurs qui se disputaient le pouvoir à coups de harangue et aussi à coups de hache [1].

C'est parmi ces hommes d'abnégation et de bon vouloir que l'on trouve les convictions peu flexibles et n'oscillant pas aux soubresauts de l'opinion publique. L'histoire leur a donné ses enseignements, qu'a corroborés leur propre expérience. Il en résulte que, tout en étant indulgents, par caractère ou par nécessité, ils n'ont plus confiance dans la créature humaine ; ils la savent faillible, entraînable et pénétrée d'égoïsme. J'ai rencontré quelques-uns de ces bons ouvriers de la politique qui, malgré des concessions imposées par les circonstances, étaient restés fidèles à leurs principes ; j'ai été frappé d'un fait qui se manifeste d'une manière

---

1. Les grandes fondations que nous devons à la Convention sont postérieures au 9 Thermidor. Les politiciens de la guillotine ont disparu ou sont annihilés ; l'assemblée, en ses comités, se met à l'œuvre ; du 28 septembre 1794 au 26 octobre 1795 elle vote les décrets d'où résultent : l'École des travaux publics, le Conservatoire des arts et métiers, l'École normale, l'École de médecine, le Muséum, les écoles centrales et les lycées, l'École polytechnique, le Bureau des longitudes, l'uniformité des poids et mesures, l'organisation de l'instruction publique, l'Institut, etc., etc. (Cf. Albert Sorel, *L'Europe et la Révolution française*; 4e partie : *Les limites naturelles*. Plon, Paris, 1892, 4 vol. in-8º.

analogue chez les hommes sincères appartenant aux partis les plus opposés : les républicains croient à la République, mais ne croient pas aux républicains, les monarchistes croient à la Royauté, mais ne croient pas aux royalistes.

Ils connaissent les politiciens pour les avoir regardés de près et les avoir vus en travail d'évolution ; forcés de les côtoyer, ils les méprisent et redoutent leur trahison qui ne les étonne jamais. De tant d'aventures décevantes, si souvent renouvelées, le doute a pris naissance, a grandi, s'est emparé d'eux et leur a donné suspicion de leurs partisans. Les politiciens sont moins dégoûtés, ils font commerce avec tous ceux qui les peuvent servir et les repoussent dès qu'ils n'en ont plus besoin ; plusieurs sont arrivés à de hautes fortunes, par des moyens qui leur infligent un stigmate ineffaçable ; pour ceux-là, la conscience est comme les gants en peau de Suède : ça se porte sale.

L'exemple le plus fameux a été fourni, sans palliatif ni remords, par cet ancien préfet des études chez les Oratoriens, qui fut Fouché. Envoyé à Lyon, par la Convention, en qualité de commissaire, avec le cabotin Collot d'Herbois, pour dompter la ville rebelle, il écrit : « Je viens de faire tomber deux cents têtes ; je me promets d'en faire tomber autant chaque jour ; les larmes de la joie et de la vertu inondent mes paupières sous l'effort d'une sainte sensibilité. Exerçons la justice à l'exemple de la nature ; frappons comme la foudre et que la cendre même de nos ennemis disparaisse du sol de la liberté ! » Ce galimatias, qui était le langage politique de l'époque, ne laisse aucun doute sur la raideur des opinions de l'homme : certes celui qui parle et surtout qui agit de la sorte ne transigera pas avec ses convictions.

Cet énergumène, pour ne dire plus, s'attacha avec empressement et docilité à la fortune de Napoléon, qui lui confia le ministère de la police et le créa duc d'Otrante. La carmagnole de 1793 s'est, sous l'Empire, bien fréquemment transmuée en habit brodé de ministre, de sénateur ou de préfet. Autre temps, autres mœurs ; autres mœurs, autres costumes.

Passe encore qu'il ait servi « le capitaine de vingt ans », car c'était toujours servir la Révolution ; mais que penser du fait qui se produisit en 1815, après Waterloo, au début de la seconde Restauration, lorsque ce Fouché, l'un des « votants » pour la mort de Louis XVI, fut choisi comme ministre par Louis XVIII ? Si vraiment la politique est ainsi faite, si elle autorise de tels compromis, si elle excuse de telles actions, dégradantes pour ceux qui y participent, elle n'est digne que d'écœurer les honnêtes gens. Le duc d'Otrante ne resta pas longtemps en possession de son portefeuille ; on le lui enleva et pour le dédommager on le nomma ambassadeur à Dresde ; là on s'aperçut qu'il n'était plus ni utile ni dangereux et on le jeta hors des frontières. Il mourut en exil, à Trieste, assisté à sa dernière heure par un des rois éphémères que l'Empire avait improvisés.

Fouché a été le type même de l'ambitieux politique. Il a eu sa part de puissance, il a joui de grands honneurs, de grandes dignités, d'une grande fortune; mais plutôt que d'entrer, comme lui, dans l'histoire par la porte des hontes et de l'abjection, il vaudrait mieux n'avoir été qu'un garde-chasse avec six cents francs de gages et le droit au bois mort.

XV

LES LETTRES.

A la façon irrévérencieuse dont j'ai parlé de la politique, on se doute que je ne l'ai jamais recherchée; je n'eus pas à faire appel au désintéressement ou à une résistance préconçue; cela fut naturel. Loin de m'attirer, elle me repoussait. Le raisonnement éclos plus tard, les spectacles que j'ai eus sous les yeux ont fortifié ma tendance première, et, parvenu à un âge souvent fertile en regrets, je me sens heureux d'être resté étranger à ces sortes de choses, car je les ai trouvées contradictoires à ce que je réclamais de l'existence.

A Gabaon, dans un songe, Dieu apparut à Salomon et lui donna la sagesse, c'est-à-dire, selon la conception orientale, l'esprit politique, l'astuce poussée jusqu'aux subtilités sophistiques, l'amour du pouvoir ne reculant devant rien, pas même devant le meurtre. Cette sagesse, qui n'est en somme, que l'art de réussir quand même, cette sagesse fait horreur au sage, — tel que nous le comprenons aujourd'hui, — car l'axiome fondamental en est « La fin justifie les moyens », et c'est la plus détestable des maximes.

Si mon goût — mon instinct peut-être — ne m'eût tenu éloigné des ambitions politiques, que serais-je aujourd'hui ? Comme tant d'autres sans doute, un vieil homme aigri, remâchant l'amertume de ses déceptions, accusant le sort, dénigrant les hommes et maudissant la carrière parcourue où il n'aurait trouvé que des mécomptes. Je regretterais d'avoir suivi la route où j'aurais cheminé de désillusions en faux pas et je me vitupérerais d'avoir gâché ma vie en la consacrant à la plus ingrate, à la plus menteuse des divinités. Ah ! que je suis loin de là ! Je n'ai que des bénédictions et des actions de grâces pour mon métier, pour cet humble métier de plumitif, auquel je dois les meilleures joies de ma vie et le calme de ma vieillesse.

J'ai été un privilégié, je le reconnais avec gratitude ; les fées du berceau m'ont souri, car dès les heures de ma jeunesse, — je n'ose dire de mon enfance, — j'appartenais sans partage comme sans restriction à une autre déesse, la plus consolante de toutes. Elle aussi, elle peut naître de l'illusion et ment souvent aux promesses que l'on croit en avoir reçues ; qu'importe ?

..... La Muse est toujours belle,
Même pour l'insensé, même pour l'impuissant ;

c'est Alfred de Musset qui l'a dit ; il ne s'est pas trompé, car il la connaissait bien. C'est la plus indulgente, la plus infatigable des berceuses ; elle endort les douleurs, même celles qu'on lui impute lorsqu'elle n'accorde pas les faveurs que l'on s'imagine avoir méritées et dont elle ne nous juge pas dignes.

Je n'ignore pas l'antique proverbe et je sais qu'il n'est pas accordé à tout le monde d'aller à Corinthe ; mais la route est libre et chacun peut s'y engager ; beaucoup tombent en chemin, avant même d'avoir aperçu, au plus lointain de l'horizon, les murailles de la ville. Qu'importe encore ! leurs forces les ont trahis, ou la mauvaise fortune les a terrassés : ils n'en ont pas moins marché avec l'espoir de parvenir au but, et cet espoir, qui peut-être ne fut qu'un leurre, les a soutenus et encouragés. Le mythe d'Icare est immortel ; le jeune héros a visé le ciel et se brisa dans sa chute ; ce qu'il en faut penser, Philippe Desportes l'a dit :

Il mourut poursuivant une haute aventure,

et cela suffit à démontrer que son cœur ne fut point vulgaire.

Lorsque j'évoque ma vie et qu'elle comparaît devant mon souvenir, il me semble que tout ce que j'ai fait, même ce qui, à première vue, n'offre aucun rapport avec les lettres, n'a été fait que pour elles ou du moins au profit personnel du culte que je leur ai voué. Il ne peut en être autrement : elles sont encyclopédiques et savent tirer parti de tout ; elles ne sont spécialisées que par exception, l'universalité est leur domaine ; lorsqu'on parle en leur nom, elles seraient en droit d'exiger que l'on parlât *de omni re scibili*. Certes une telle tâche ne peut incomber à un homme seul; mais regardez bien, et vous verrez que cette mission de parler de tout à tous est acceptée et noblement remplie par le groupe des écrivains.

En mettant de côté l'esprit de parti et les théories d'école, en ne tenant compte que de l'œuvres des écrivains français depuis le commencement du siècle, on est stupéfait de la quantité d'idées qu'ils ont mises en mouvement, des questions qu'ils ont élucidées ou seulement posées, des découvertes qu'ils ont provoquées et de leur influence génératrice. En somme, aujourd'hui, c'est le Dieu des Lettres — Toth hiérogrammate — qui tient en main le flambeau dont l'humanité est éclairée. On peut dire qu'il est le maître de la colonne de feu, qui, au milieu de l'obscurité des routes, sert de guide et de phare à la caravane des peuples en marche vers la terre de promission.

Oui, le Dieu des Lettres, mais avec lui, avant lui peut-être, le Dieu des Sciences. Tous deux rayonnants, semblables aux Dioscures de la grandeur humaine, appuyés l'un sur l'autre, ils marchent parallèlement, fertilisant l'esprit, spiritualisant la matière, déchirant les voiles, s'emparant des secrets. Je sais bien que je devrais faire plus qu'une allusion aux miracles accomplis et dire l'influence primordiale que les sciences exercent en ce jour. Elles sont les révolutionnaires irrésistibles et fécondes, elles bouleversent le monde, projettent partout la lumière et, par leur initiative, centuplent la vie de l'homme. Hélas! ainsi que les nouveaux chevaliers du Saint-Esprit, recevant le collier de l'ordre des mains du Roi, je puis dire : *Domine, non sum dignus* : non, je ne suis pas digne ; en outre, je ne suis plus assez sot pour parler de ce que j'ignore. Je constate le prodigieux élan, j'admire le résultat et je regrette de n'être qu'un profane arrêté sur le seuil du temple. Je n'en suis pas moins pénétré de vénération et je m'incline. Lorsque je rencontre Pasteur, j'ai envie de me prosterner, et je suis surpris qu'il ne soit pas entouré d'une auréole.

La victoire définitive, la victoire morale, celle qui, malgré les défaites et les défaillances matérielles, ne redoute pas l'histoire et se gagne devant la postérité, appartient toujours au peuple qui a fait des livres, et par ses livres a souvent conquis l'humanité. Athènes et Rome règnent encore sur les âmes par leurs poètes et par leurs prosateurs. Supprimez ce qui a été écrit par la Palestine, par la Grèce, par le Latium, quelles ténèbres sur le monde! Dans le perpétuel combat de la plume et de l'épée, je sais bien qui triomphera ; j'en demande pardon aux hommes de la force et j'en félicite les hommes de la pensée, mais ce ne sera pas le glaive.

Dans une des pages de l'*Itinéraire*, Chateaubriand l'a dit en termes qu'il convient de rappeler : « C'est ici (Sparte) qu'il faut remarquer un mémorable exemple de la supériorité que les lettres donnent à un peuple sur un autre, quand ce peuple a d'ailleurs montré des vertus guerrières. On peut dire que les batailles de Leuctres et de Mantinée effacèrent le nom de Sparte de la terre, tandis qu'Athènes, prise par les Lacédémoniens et ravagée par Sylla, n'en conserve pas moins l'empire. » Tant il est vrai que les poètes, les historiens, les philosophes, les moralistes font plus pour la gloire et l'influence persistantes d'une nation que les armées, celles-ci n'eussent-elles compté que des victoires.

C'est à l'ensemble des œuvres écrites que l'humanité doit l'impulsion qui, malgré les misères dont elle est écrasée et les hésitations dont elle est souvent ralentie, la force à monter vers la lumière, à tendre au progrès et à s'améliorer. Si à la même heure tous les encriers se desséchaient, si toutes les plumes qui écrivent étaient brisées, le monde, semblable à un navire sans pilote, sans gouvernail et sans boussole, irait en dérive à l'aventure et deviendrait bientôt l'épave sur laquelle les naufragés s'entre-dévorent. Est-ce à dire que tous les écrivains exercent une action sérieuse dans l'apostolat de la pensée ? Non certes ; il en est qui ont été inutiles, dont l'œuvre n'a distrait que des oisifs ennuyés et dont le silence n'eût en rien modifié l'évolution intellectuelle. Ceux-là sont nombreux, je le reconnais, et si l'on me démontre que ma place est marquée parmi eux, je n'en serai ni choqué, ni surpris, car depuis longtemps je me le suis dit à l'oreille.

Nul n'est forcé d'écrire ; celui qui librement saisit l'outil sacré peut être abusé par les suggestions de son erreur, mais du moins il obéit à ce qu'il prend pour une vocation ; il fait ce qu'il aime à faire, et sous ce rapport du moins il est heureux. S'il a été doué de quelque indépendance de caractère, s'il a pu échapper aux mauvais conseils de la pauvreté et, par conséquent, ne jamais dire que ce qu'il voulait dire, n'eût-il rédigé que des almanachs, n'eût-il composé que des complaintes, son sort a été enviable. Il a été son maître, il n'a pas été soumis aux hiérarchies administratives, il n'a pas été appelé par le coup de sonnette des chefs de division, il n'a pas menti à sa conscience en dissimulant sa pensée derrière des subtilités diplomatiques, il lui a été donné d'être sincère sans craindre de voir sa sincérité blâmée par un supérieur, car il n'en a point, puisqu'il s'appartient tout entier. Il a été libre, ce qui est le plus grand bienfait dont un homme puisse jouir ici-bas. Aussi me paraissent-ils avoir été protégés du destin ceux à qui l'on peut appliquer la phrase que Villemain écrivait sur l'abbé de Féletz : « C'est un type attachant de cette honorable vie des lettres, indépendante et simple, qu'on est heureux de reprendre et plus heureux de ne quitter jamais, quand on a osé une fois la choisir. »

Souvent j'ai vu des écrivains, au début de leur carrière, être obligés « pour vivre » de se réduire à un emploi qui donnait à peu près le pain et l'abri ; j'en ai conservé l'ineffaçable souvenir d'une torture et j'ai ressenti pour eux une compassion qui dure encore, quoique plusieurs soient devenus célèbres. Je crois que le culte des lettres est celui auquel on fait le plus de sacrifices, celui pour lequel on endure le plus de souffrances, celui qui comporte le plus de désintéressement. En est-on toujours récompensé ? Je voudrais le dire, mais je ne le puis, car je sais que la fausse vocation est d'une invincible ténacité.

Lorsque je parle de l'écrivain, j'ai en vue surtout, sinon exclusivement, celui qui fait des livres, qui connaît les labeurs de longue haleine et qui, voulant être bien avec lui-même, dit ce qu'il pense, sans trop se soucier de ce que pensent les autres. La satisfaction de son esprit est dans le travail plus que dans le bruit qui peut en résulter. Celui-là, quel que soit son talent, est le vrai littérateur : il est possédé ; il sert sa passion ; voudrait-il faire autre chose, il ne le pourrait ; j'en sais plus d'un qu'il me serait facile de nommer; ce sont des bénédictins laïques.

Courbés sous leur propre joug, ne sachant rien des plaisirs du monde, où ils se sentent déplacés et comme ahuris; absorbés par l'élaboration de la pensée qui les étreint, vivant d'une vie intérieure dont l'intensité est prodigieuse, au-dessus ou au-dessous des autres hommes, je ne sais, mais à coup sûr en dehors, ils en arrivent au travail maniaque et souffrent matériellement lorsqu'ils ne se sont point penchés, pendant un certain nombre d'heures, au-dessus du papier sur lequel ils tracent leurs chefs-d'œuvre, leurs lieux communs ou leurs rabâchages. Tant qu'ils écrivent, tant qu'ils « composent » comme disent les bonnes gens, ils sont pleins d'ardeur et croient bien que, cette fois du moins, ils ont saisi la réalité du rêve; lorsqu'ils relisent le manuscrit terminé, ils n'ont plus que du doute; dès que le livre est imprimé, corrigé, en librairie, c'est à peine s'ils y songent et ils se hâtent d'en commencer un autre.

Que l'on ne se figure pas que j'exagère; les modèles m'apparaissent pendant que j'esquisse leur portrait; j'ajouterai qu'ils ne font point partie de ceux que l'argot moderne appelle Tout Paris, car ils vivent retirés et ne se montrent guère. Certes tous ne sont point ainsi, car dans les lettres, comme en toute autre fonction, l'homme obéit à son tempérament particulier, à ce que les pédants nommeraient son idiosyncrasie. Chacun est influencé d'une façon qui lui est propre par les faits extérieurs et par l'atmosphère morale des milieux. Bien des lettrés se sentent attirés vers le monde, où trop souvent, et parfois sans qu'ils s'en doutent, ils jouent le rôle de bête curieuse.

On aime à les faire causer, à provoquer leurs confidences sur le plus ou moins de vérités mêlées aux fictions qui les ont rendus célèbres; on les écoute avec une déférence apparente, on ne leur ménage ni les éloges, ni les sourires. Quelques-uns se laissent griser par cet encens peu désintéressé, sans remarquer que, presque toujours, c'est la médiocrité qui tient l'encensoir; ils se dépensent en bavardages oiseux au lieu de se garder en concentration pour l'œuvre entreprise et se plaisent à diluer leur verve en conversations, au lieu de la mettre en volume. Tout ce qui détourne l'artiste créateur — écrivain ou peintre, compositeur ou statuaire — de sa vocation est préjudiciable à son travail et peut, en certains cas, affaiblir une des lueurs de l'esprit humain.

La femme excelle à attirer près d'elle et à retenir loin du labeur les hommes dont la notoriété a quelque rayonnement; elle trouve là des satisfactions d'amour-propre pour ses jours de réception, une distraction agréable pour le tête-à-tête; dans le premier cas elle se pavane, dans le second elle s'amuse; dans les deux elle justifie la parole de l'Ecclésiaste : « Et j'ai reconnu que ses mains sont des chaînes. » Sans scrupule et avec une sérénité qui dénonce l'amour de soi-même, elle enlève à l'homme ce qu'il a de plus précieux, le temps — le temps du travail.

J'ai été lié, lorsqu'il vivait, avec un artiste qui avait été amplement doué, car il fut, dans toute l'acception du terme, un maître de la plume et du pinceau; il était aimable, causeur éloquent et un peu trop entraîné vers la vie mondaine, dont la futilité et les fatigues ne le rebutaient pas. Il se laissa naïvement accaparer par une femme oisive, irrespectueuse des fonctions de l'esprit et ne se souciant guère des labeurs intellectuels, pourvu qu'elle pût échapper à l'ennui qui la dévorait. Ce que le pauvre homme a gâché d'heures en visites décevantes et en correspondance stérile est incalculable; nous, nous y avons perdu plus d'un beau livre et plus d'un bon tableau. Être avare de son temps, ne le consacrer qu'à son métier, me paraît être une obligation morale pour ceux que le jargon démocratique, né de la révolution de 1848, a nommés les ouvriers de la pensée.

En telle matière j'ai une opinion très arrêtée. La dois-je à mon expérience ou à mes goûts naturels? Je ne le saurais déterminer avec précision, et j'avouerai, en toute bonne foi, que j'ignore si elle est le résultat de la sagesse ou simplement le produit de mon caractère. Quelle qu'en soit l'origine, je pense que l'écrivain n'a rien à gagner en prenant part aux distractions du monde ; je crois que la solitude lui est bonne, que ses relations doivent être peu nombreuses, choisies avec soin et comporter le caractère de l'intimité parfaite qui jamais ne gêne la liberté ; je crois en outre qu'il doit vivre sur lui-même et ne jamais parler du travail qui l'occupe.

En somme, j'estime que l'écrivain n'a de devoir qu'envers le public anonyme. Ce qu'il donne de lui aux bonnes compagnies — plus ou moins bonnes — qui l'attirent est au détriment de lui-même et des amis inconnus avec lesquels il est en communication par le livre imprimé. Si j'étais mondain, au lieu d'être un peu — un peu trop — sauvage, il est probable, dirait M. de la Palisse, que je ne raisonnerais pas de la sorte.

Quoi qu'il en soit, du reste, de la conduite extérieure de l'écrivain, qu'il vive comme Siméon le Stylite ou comme Don Juan, il est certain de n'être pas à l'abri de la médisance. Quel est l'homme connu — si peu que ce soit — qui ose se flatter d'avoir échappé à la calomnie et à toute sorte de propos qui grossissent les plaisirs les mieux permis et dénaturent les actions les plus simples? C'est la monnaie courante, jetée à pleines mains par l'envie et la jalousie, qui nulle part ne font défaut et qui sous prétexte de moralité se délectent au dénigrement. Que de choses je pourrais dire à cet égard! Les documents ne m'ont point manqué lorsque j'ai étudié certaines institutions de Paris; il en est résulté pour moi cette conviction que si les contempteurs de l'écrivain étaient aussi en vue que lui, plus que lui ils seraient en droit d'être vitupérés par les mauvaises langues. Je me figure qu'il en a été toujours ainsi, car ce n'est pas hier que Shakespeare a dit dans un de ses sonnets : « Mes fragilités sont épiées par des censeurs encore plus fragiles que moi. »

On dirait, en vérité, que cela fait partie de la fonction et que la calomnie est le contrepoids de toute notoriété. Diderot le savait bien lorsqu'il écrivait : « Quand on a embrassé un état, il faut savoir en supporter les dégoûts. » Le mot aujourd'hui serait excessif; disons les « inconvénients », cela suffit. Tout écrivain est, par certains côtés, un homme public, puisqu'il livre une portion de lui-même à la discussion, c'est-à-dire aux éloges et au blâme. Si l'on y mêle quelques injures, il n'y a pas lieu d'en être surpris, car ceux dont on choque les opinions ne le pardonnent guère et mordent à belles dents dès qu'ils en trouvent l'occasion. Et puis il ne faut point oublier les cuistres qui rêvassent sur le vieil oreiller des traditions et pour qui toute hardiesse, toute nouveauté, en un mot tout ce qui n'est pas la pure routine, devient justiciable de leur acrimonie. Laissons-les faire sans nous émouvoir et rappelons-nous les paroles de Champfort : « Il faut que l'homme public s'habitue à déjeuner tous les matins avec un crapaud. » La première fois c'est un peu amer, puis on s'y fait et l'on n'y pense plus.

Je sais comment ont été traités les poètes qui sont restés célèbres et qui, aux jours de ma jeunesse, faisaient éclater le moule où Delille, Campistron et quelques autres buveurs des eaux d'Hippocrène avaient coulé leurs vers. Ce que l'on a proféré — j'allai dire vomi — contre Victor Hugo, Alfred de Musset, Auguste Barbier, Théophile Gautier, dépasse en violence tout ce que l'on peut imaginer : leur renommée ne s'en porte pas plus mal. L'écrivain sait, du reste, qu'en pays de liberté de presse le droit de tout dire implique le devoir de tout supporter. Qu'il laisse passer les rumeurs — sifflets ou bravos — et qu'il continue son œuvre, cela seul importe.

Jamais autant qu'aujourd'hui, il faut le dire, la plume n'a été libre, en possession de soi-même ; les désagréments qui la peuvent atteindre sont peu de chose en regard d'une si complète et d'une si puissante émancipation. Que l'on juge de ce qu'il en était au siècle dernier : En 1770 Saint-Lambert — le beau Saint-Lambert — fit mettre à la Bastille un pauvre homme qui avait dit que le poème des *Saisons* était mauvais. Le poème des *Saisons* est détestable : mais le critique n'en connut pas moins la prison; son livre fut supprimé et ne put reparaître qu'avec un « carton » substitué au passage dont le rival — en bonnes fortunes — de Voltaire et de J.-J.-Rousseau avait été offusqué. Ah! si ces insanités n'avaient à jamais disparu, que de Bastilles il faudrait construire! Dans sa lettre sur le *Barbier de Séville*, Beaumarchais, qui avait été houspillé, a écrit : « Par état les gens de feuilles sont souvent ennemis des gens de lettres »; ceci aussi est excessif; en tous cas l'indulgence sied aux uns comme aux autres et c'est pour les gens de plume que la devise « Bien faire et laisser dire » semble avoir été inventée.

La jouissance du seul travail est supérieure aux ennuis qui en résultent et qu'elle efface, car chez l'écrivain le renouvellement est perpétuel. Sa fonction en effet est une dans l'ensemble, mais elle est multiple dans le détail, et si variée qu'à chaque nouvelle œuvre la fonction se rajeunit, souvent se transforme et paraît différente. Je prendrai un exemple pour me faire bien comprendre : *les Origines du droit*, *l'Histoire de France*, *l'Oiseau*, *l'Insecte*, *la Sorcière*, *la Bible de l'Humanité* et tant d'autres livres, dont la diversité est pour surprendre, sont du même auteur. La variété dans la conception, dans l'évocation, dans l'exécution est un repos pour l'esprit. Je disais, un jour, à Michelet : « Comme vous restez jeune malgré vos cheveux blancs ! » Il me montra son encrier et de sa belle voix sonore me répondit: « Voilà ma fontaine de Jouvence. » Le mot n'est pas exagéré ; les grands laborieux le savent bien ; voyez par quelles charmantes fantaisies Ernest Renan — un des types les plus complets de l'écrivain — s'est reposé de ses travaux d'histoire et a rafraîchi son cerveau surmené.

Je crois que les vrais écrivains sont modestes ; d'abord parce que la production même est leur joie préférée, et puis parce qu'ils savent à quoi s'en tenir sur la fragilité des succès. Je ne citerai aucun nom ; à quoi bon réveiller dans l'oubli de leur tombe des gens qui ont été acclamés et dont nul ne se souvient plus. Pour l'homme de lettres la réputation a plus de durée que pour l'orateur politique, mais guère plus. Sa propre expérience lui a du reste enseigné qu'en telle matière comme en bien d'autres, ce n'est qu'à l'ancienneté que l'on arrive : à moins de débuter par une œuvre de génie, ce qui n'est pas commun, ou d'être servi par des circonstances exceptionnelles, presque toujours déterminées par la mauvaise humeur d'un gouvernement qui manque d'esprit.

C'est ce que les jeunes gens ont tant de peine à admettre ; ils s'émeuvent d'être obligés d'attendre : leur premier volume n'a-t-il pas été publié ? pourquoi la gloire n'a-t-elle pas frappé à leur porte ? Leur impatience est plus naturelle que légitime ; la camaraderie a beau s'évertuer, crier leur nom et dire : Enfin un homme nous est né ; peine perdue, nul ne tourne la tête, et le pauvre auteur n'est connu que de ceux qui le connaissaient. Le monument, — pyramide ou taupinière, — se construit grain de sable par grain de sable, jour par jour, et pour ainsi dire heure par heure. Lorsqu'il commence à dépasser le niveau du sol et que l'espoir croît en proportion, une rafale passe et tout disparaît. Déception qu'il est toujours prudent de redouter et qu'il est correct de supporter sans plainte. On se remet à l'œuvre, comme la fourmi dont la fourmilière a été détruite ; au lieu d'en appeler aux âges futurs, on n'en appelle qu'à soi-même, et l'on fait bien. L'homme qui, ayant débuté à trente ans, n'est pas encore ignoré vers sa quarantième année, n'a pas été desservi par la fortune.

Les débutants ont un autre tort dont ils seraient sages de se guérir. Afin d'appeler l'attention du public, ils se mettent l'esprit à la torture, cherchent l'extraordinaire et glissent dans l'extravagant. En matière d'art, l'extra-ordinaire, au sens précis du mot, est le simple et le beau : le *Dialogue d'Eucrate et de Sylla* par Montesquieu est extraordinaire.

Pour la plupart des écrivains, sinon pour tous, les mécomptes sont fréquents ; on s'en console en répétant une parole de Henri Heine : « Après tout, c'est pour un bien petit nombre de gens que l'on écrit », et l'on n'en croit pas un mot ; car, en réalité, on écrit pour tout le monde ; si cela n'est pas vrai, pourquoi est-on de méchante humeur lorsque tout le monde n'applaudit pas ? Il est possible pourtant que, dans une certaine mesure, on n'écrive que pour une élite, si l'on se croit maître en beauté de style et en élégance de langage. Ceux qui se connaissent en ces matières délicates sont rares en effet, et si l'on ne s'adresse qu'à eux, on doit accepter l'insuccès comme la conséquence forcée de l'œuvre même.

Il est très joli de rechercher les mots de sélection, de sonorité harmonieuse et d'agréable contexture, mais cela ne peut satisfaire que les prétendus gourmets dédaigneux de tout ce qui n'est pas la forme : à ces gens-là le virtuose suffit, l'écrivain est superflu. Assembler des mots n'est point malaisé, leur faire signifier quelque chose n'est pas facile. Si la parole n'est point le véhicule de l'idée, la parole est vaine. En littérature, tout — je dis tout — peut se résumer dans l'expression sincère d'une pensée fortement conçue et bien distribuée en ses parties. Lorsque la pensée fait défaut, ce qui reste ne mérite guère que l'on s'y arrête. N'est-ce pas en songeant aux jongleurs de syllabes que Montaigne a écrit : « Mot et langaige, marchandise si vulgaire et si vile, que qui plus en a n'en vault à l'aventure que moins » ?

C'est pourquoi dans toute œuvre littéraire le

choix du sujet a une importance capitale, car souvent il entraîne la solidité de l'exécution ou en fait excuser la faiblesse. Bien des livres, qu'il ne serait pas impossible d'énumérer, dont la forme était au moins défectueuse, ont dû leur succès au sujet même adopté par l'auteur. Si la forme est forte comme l'objet traité, le chef-d'œuvre est éclos. Je crois qu'en littérature, comme en toute chose, il est bon de se pénétrer d'une vérité émise par Ernest Renan : « Tout ce qui ne contribue pas au progrès du bien et du vrai n'est que bulle de savon et bois pourri. » Or le bien et le vrai n'ont point de domaine exclusif, l'universalité leur appartient ; leur action est permanente ; celle de la forme est éphémère, car elle subit les fantaisies de la mode, qui semble se plaire à dénigrer ce qu'elle a exalté.

Je me souviens qu'aux jours de mon enfance on opposait les romans de Mme Cottin aux « monstrueuses exagérations des écrivains de nos jours ». C'est ainsi que l'on parlait alors du romantisme. Qu'est-ce que le romantisme penserait de ce que l'on écrit aujourd'hui ? Je m'en doute bien. Tout se répète ici-bas ; ce que l'on dit à cette heure, nos pères l'ont dit, nos enfants le diront. Écoutez ceci : « Vous voyez ici des romans dont les auteurs sont des espèces de poètes qui outrent également le langage de l'esprit et celui du cœur ; ils passent bien leur vie à chercher la nature et la manquent toujours; leurs héros y sont aussi étrangers que les dragons ailés et les hippocampes. » Cette phrase est d'hier, n'est-ce pas ? elle vise les romans qui ont aujourd'hui la vogue et la critique ne manque pas de justesse ? La phrase est de Montesquieu : vous la trouverez au numéro cxxxvii des *Lettres Persanes*.

En matière littéraire, plus peut-être qu'en toute autre, à l'exemple du « Sicambre adouci », on brûle ce que l'on avait adoré. Il y a des courants irrésistibles, souvent inexplicables, qui emportent le public et auxquels plus tard on est stupéfait d'avoir obéi. A propos de Chateaubriand, Gustave Flaubert a dit quelque part que le mauvais goût était le bon goût de la veille, comme le bon goût du jour sera le mauvais goût du lendemain ; cela est vrai et démontre qu'il convient de n'attribuer aux applaudissements dont l'apparition d'un livre est saluée, qu'une importance relative. A plus tard pour le jugement définitif, à si tard que l'auteur aura le temps de mourir de vieillesse, avant de savoir à quoi s'en tenir sur son propre compte. Pour ma part, j'ai vu le « bon goût » se modifier si souvent, j'ai assisté à tant de triomphes oubliés au bout de six mois et à tant de chutes qui se terminaient par une apothéose, que je crois sage de ne s'étonner de rien et de reconnaître au public la faculté de ne savoir ni ce qu'il veut, ni ce qu'il ne veut pas.

C'est surtout dans les champs du combat littéraire que se livrent ces batailles perdues le matin, gagnées le soir, victorieuses à midi, en déroute au crépuscule ; heureux Bonaparte ! pauvre Mélas ! Les Marengos de lettres sont si nombreux, que l'on perdrait son temps à les compter. Le véritable écrivain est-il dérouté par cette inconsistance du renom ? Je ne le pense pas ; j'imagine plutôt qu'il produit parce qu'il est sous l'empire d'une impulsion irrésistible, et que s'il avait une profession de foi à formuler, il ne s'éloignerait guère de celle qu'Alfred de Musset a placée en tête du *Spectacle dans un fauteuil*, sous prétexte de dédicace à Alfred Tattet. Lorsqu'il écrit, l'écrivain n'a-t-il pas en lui un maître qui commande et auquel il est contraint d'obéir ?

> On ne travaille pas ; on écoute, on attend ;
> C'est comme un inconnu qui vous parle à voix basse.

On croirait volontiers qu'il ne peut dévier de la ligne tracée par une volonté supérieure.

A ce sujet, voici une observation que j'ai faite plusieurs fois. En conversation, certains écrivains sont d'une douceur extrême, d'une douceur que l'on peut souvent qualifier de faiblesse ; ils se rallient avec empressement à toute opinion exprimée, ils vont au-devant des objections et semblent faire état d'être de l'avis de chaque interlocuteur. Lorsqu'ils parlent, ils ne font que des concessions ; lorsqu'ils écrivent, ils sont irréductibles et n'entrent jamais en composition avec leur pensée. Là, en exercice de leur fonction, responsables vis-à-vis d'eux-mêmes, en face de ce que j'appellerai leur conscience professionnelle, nulle considération ne les arrête ; ils ne ménagent rien, ni personne, ni l'État, ni l'Église, ni leurs amis, ni leurs adversaires ; les reproches les plus acerbes, les objurgations les plus touchantes se brisent sur leur énergie.

Ces hommes qui, au premier abord, semblent à double visage, qui sont simplement dédaigneux des discussions frivoles en usage dans les salons et qui ne peuvent rien sacrifier de leur conviction, ne sont pas rares chez les maîtres de la plume ; j'en pourrais citer parmi les historiens, parmi les romanciers, parmi les poètes. Je ne dirai rien des vivants, quoique j'en connaisse plusieurs ; mais si l'on se souvient de la lutte que Victor Hugo a soutenue et des tempêtes dont il a été assailli, on ne me démentira pas. La plupart sont restés impassibles, les plus impatients ont regimbé et ont répété le mot de Philarète Chasles : « La critique est un symptôme de maladie » ; Alfred de Musset a invoqué le souvenir de la servante de Molière, et tous ont continué, tous continuent à émettre leur pensée avec le plus de clarté possible, sans se soucier des colères qu'ils soulèvent et parfois même des haines qu'ils suscitent. — « Écris ce que dois, advienne que pourra. »

Ceux qui se sont conformés à ce précepte, où réside le fond même de la probité littéraire, ont rendu plus de services que l'on ne croit, car beaucoup d'entre eux sont indifférents à se faire valoir. On ne se doute pas de la quantité d'idées tombées de leur plume, que des législateurs de rencontre ont ramassées, se sont attribuées et ont condensées en articles de loi. En dehors des querelles politiques, des animosités de partis, des brigues pour le pouvoir qui sont la principale affaire des assemblées délibérantes, l'essence première des réformes, des créations utiles, des modifications fécondes leur est fournie par l'écrivain, qui s'en aperçoit de temps en temps, dont le nom n'est jamais prononcé, mais qui ne réclame pas, car il se trouve suffisamment rémunéré en reconnaissant que la graine de sa pensée n'a pas été semée en vain.

Aussi, je le répète, je ne sais rien de plus respectable, de plus heureux que l'écrivain qui, soutenu par la force intérieure, se consacre à son œuvre et ne s'en laisse point détourner. Comme tous ceux qui sont absorbés par la concentration de leur pensée, il échappe à bien des soucis, reste indifférent aux compétitions médiocres, et contemple, sans s'y mêler, la lutte pour les déceptions de la politique et les fragilités de la richesse. S'il n'a été content de son sort, il a été ingrat ; s'il a eu des jouissances d'amour-propre, elles n'ont été qu'accessoires à sa vie, dont le but réel était placé au delà et plus haut; s'il a quelque orgueil, c'est de savoir que, dans l'acception la plus élevée de l'expression, il a été, par excellence, fabricant de matière première; il a été en quelque sorte un créateur : il a mis au monde des idées, bonnes ou mauvaises, justes ou fausses, à coup sûr discutables, qui sans lui n'auraient peut-être jamais été formulées. Il a intellectuellement vécu sur sa propre substance, et, autant qu'il lui a été possible, il en a fait vivre les autres. A regarder les rôles qui se jouent dans l'humanité, je crois que le sien est un des meilleurs.

Que de fois, envolé, perdu dans le monde des hypothèses où les rêveurs se réfugient pour fuir les obsessions de la réalité, que de fois je me suis dit : Serait-elle vraie la parole du Père Enfantin à Charles Duveyrier dans sa *Lettre sur la vie éternelle* : « Tu as été avant de naître, tu seras après ta mort » ? Devons-nous revenir ici-bas sous une forme nouvelle et subir des incarnations successives jusqu'à l'absorption suprême dans l'Être supérieur ? Au moment où je serais appelé à reparaître parmi les hommes, si le génie qui préside à la transmigration des âmes et à la renaissance des créatures, daignait me dire : Choisis la fonction de ta prochaine existence, je lui répondrais : Rendez-moi ma mie, au gué, rendez-moi ma mie, et permettez-moi d'être encore, d'être toujours ce que j'ai été, un passionné de la plume, un adorateur des lettres, un artisan assidu que son assiduité suffisait à satisfaire.

XVI

LE LANGAGE ET LE SOCIALISME.

L'homme n'est pas immuable, c'est là une vérité digne de figurer sur les mirlitons; mais s'il est coupable dans ses actes de versatilité, il n'est guère responsable de ses propres métamorphoses, car il est modifié par des causes multiples, incessantes, qui agissent sur lui sans qu'il en ait conscience. Pour ma part, j'ai singulièrement changé; il suffit que je me compare à moi-même pour le reconnaître. Les évolutions de mon esprit ont été intenses; aujourd'hui je le vois; je ne les ai point provoquées; bien plus, je ne les ai jamais constatées lorsqu'elles s'opéraient d'elles-mêmes : je m'aperçois que j'ai changé, je ne me suis pas aperçu que je changeais. Le *Quantum mutatus ab illo* est fait pour la collectivité comme pour l'individu; c'est seulement dans les tragédies de Marmontel que les personnages sont d'une seule pièce, toujours les mêmes, toujours vertueux ou toujours criminels. C'est une des lois auxquelles l'humanité est assujettie; peut-être est-ce sa façon instinctive de se dégager des entraves pour marcher plus librement vers le mieux. La philosophie aussi bien que la religion, la justice aussi bien que la morale, ne sont plus aujourd'hui ce qu'elles étaient jadis. Tout se meut en nous et autour de nous.

Si les idées de l'homme se sont modifiées, l'expression de ces idées n'a pu rester stationnaire ; la modification des unes a fatalement entraîné la modification de l'autre ; c'est pourquoi nous ne parlons pas, nous ne pouvons parler le langage que parlaient nos pères. Parfois insensibles et parfois brusques, ces modifications procèdent, en certains cas, avec une sorte de vivacité dont on est surpris. C'est ce qui se produit actuellement. Nous assistons, depuis quelques années, à une évolution de la langue française qui est un indice de l'évolution des esprits : celle-ci est la conséquence de celle-là ; elle n'est point contingente, elle est nécessaire, ainsi qu'eût dit Malebranche.

Bien des braves gens, animés d'intentions excellentes, se désolent, rappellent les jeunes écrivains au respect des traditions et leur montrent avec vénération les modèles inimitables qu'ils les adjurent d'imiter. C'est une vieille rubrique, si ancienne que nul ne sait plus quand elle a été mise au monde. Lorsque j'étais en mes jeunes années, les critiques « éminents » devant qui tremblait la littérature et dont les noms, si je m'avisais de les prononcer, éveilleraient peu d'écho dans la mémoire, n'avaient point d'autre marotte ; cette marotte qu'ils avaient héritée de leurs prédécesseurs, ils ont eu beau en abuser, ils n'ont pas réussi à la tuer; elle a la vie dure, elle frétille toujours; on s'en sert encore, sans grand succès, il est vrai, mais avec persistance. Les idoles que les aïeux admiraient ont droit à un culte archéologique que nous ne leur ménageons pas, mais leur voix est muette qui rendait des oracles, et c'est pourquoi on ne les consulte plus. Semblables aux Césars morts, ces idoles ont été élevées au rang des dieux; mais, quoiqu'elles soient au plus haut de l'empyrée, elles ont cessé non pas de régner, peut-être, mais, à coup sûr, de gouverner.

Il faut qu'il en soit ainsi, car on ne peut traduire les idées de son époque que dans le langage de son époque. J'admire autant que qui que ce soit la langue des maîtres ès arts littéraires du « grand siècle »; je m'y délecte et souvent je vais, en bonne fortune, causer avec eux dans ma bibliothèque; mais s'ils revenaient en ce monde, s'ils avaient à parler de chemins de fer, de guerre moderne, de socialisme, de pétrole, de dynamite, de photographie, de vapeur et d'électricité, ils seraient fort embarrassés si leur plume n'avait à ses ordres que la prose de Pascal et la poésie de Racine.

Perpétuellement, chaque jour, à chaque découverte, à chaque idée nouvelle, la langue se modifie, afin d'être toujours au niveau du fait à mettre en lumière ou de la pensée à énoncer. Une langue qui se refuserait à tout changement, à toute adjonction, serait bientôt aussi inutile qu'une langue morte ; on ne pourrait s'en servir qu'à la condition de la bourrer de barbarismes ou de la disloquer en périphrases si savantes qu'elles en seraient grotesques, comme les vers latins qu'au collège nous construisions à coups de *Gradus ad Parnassum*. Un écrivain de nos jours, condamné à n'écrire que d'après les dictionnaires de Furetière et de Ménage, ne pourrait dire que bien peu de chose ou serait inintelligible. Le grand amoureux de cette langue charmante, Victor Cousin, savait bien ce qu'il faisait lorsqu'il se complut à son histoire des coureuses de la Fronde · le sujet et le langage concordaient si bien, qu'ils semblaient inséparables l'un de l'autre.

Le pouvoir absolu ne parle pas comme la démocratie : dans le premier cas, c'est un homme seul, indiscutable, *major homine, minor Deo*, qui donne le ton ; dans le second, c'est la foule qui impose ses usages. Le langage d'aujourd'hui est au langage du dix-septième siècle ce que les tramways sont aux carrosses royaux de Louis XIV. Aussi que de lamentations parmi les dévots des anciennes formules : La langue se meurt ! la langue est morte ! et l'on en fait l'oraison funèbre. Je n'en crois rien, je crois même qu'elle est plus vivace que jamais.

Ce cri d'alarme, la France n'est pas seule à le jeter dans l'espace ; on l'entend retentir en tout pays littéraire. Où allons-nous ? Que devenonsnous? et l'on pousse des soupirs désespérés; c'est ce que faisaient déjà nos grands-pères. Mme de Villedeuil, dont le mari fut contrôleur général, dînant à la table de Louis XVI, dit: du champagne, au lieu de dire correctement : du vin de Champagne. Ce fut un scandale dont on retrouverait trace dans les correspondances de l'époque : — C'en est fait de la bonne compagnie, si les expressions populacières envahissent le langage de la cour et blessent, même à Versailles, les oreilles du roi; il n'existe donc plus ni respect, ni tradition : tout est perdu!

On n'en est plus là aujourd'hui : la vapeur et l'électricité imposent leur rapidité à la langue parlée, qui l'inflige à la langue écrite; il en résulte que souvent la langue se précipite pour arriver au but et qu'en courant elle fait des faux pas. La langue s'est-elle abaissée? comme on le prétend; s'est-elle simplement modifiée sous l'influence de besoins nouveaux et d'une plus vaste expansion? L'avenir en décidera. Le langage actuel est moins orné, plus agile, moins imagé, mais c'est toujours le langage du souverain, qui maintenant est le suffrage populaire; faire parler dix millions d'électeurs comme parlait le plus pompeux, le plus majestueux des monarques, il n'y faut pas songer. Depuis ce règne légendaire tant de choses ont passé sur la France, qu'il est étonnant que le langage n'ait point subi de transformations plus radicales.

Les bouleversements, qui ne nous ont point été ménagés depuis un siècle, ont été des facteurs énergiques dans les métamorphoses de notre langue. On pourrait affirmer que toute révolution amène une sorte de dépression dans le langage. Montaigne l'avait déjà constaté lorsqu'il a dit : « Les troubles sont mauvais grammairiens. » Tout alors contribue à délivrer la langue des usages traditionnels dont parfois elle était gênée. La liberté de la tribune, la liberté de la presse, l'âpreté des polémiques, la nécessité d'être compris par les masses illettrées, imposent, comme conditions premières, la rapidité et la clarté. On n'a pas le temps de s'arrêter, car tout ralentissement est préjudiciable ; aussi l'éloquence politique est-elle toujours incorrecte : à la langue écrite on substitue la langue parlée, souvent familière jusqu'à la vulgarité. L'habitude prise ne se perd plus, et c'est la langue qui en souffre ou qui en profite.

Une langue étant donnée, l'écrivain s'en sert de son mieux ; il ne la fait pas, il est contraint d'accepter celle que lui offre la coutume ; mais, tout en l'acceptant, il ne se réduit pas, s'il se respecte, au rôle de phonographe ; il n'est pas tenu de répéter servilement ; il a le droit et même le devoir de sélection. Il est éminent, médiocre ou nul, mais la langue courante de son époque n'y est pour rien. Les gens de lettres qui accusent la langue d'être inférieure à leur pensée et insuffisante à faire valoir leur génie, me rappellent ces femmes laides qui reprochent à leur couturière de ne les avoir pas mises en beauté. Bossuet, Montesquieu, Voltaire seraient des maîtres écrivains dans notre langue, comme ils l'ont été dans celle de leur temps; la contexture serait aussi noble, aussi forte, aussi acérée, mais elle revêtirait d'autres idées, et ces autres idées nécessiteraient d'autres formes. Certes la différence est profonde entre la langue d'autrefois et celle d'aujourd'hui; mais, en toute conscience, je ne saurais dire s'il convient de se lamenter ou d'applaudir.

La belle princesse hautaine, guindée, n'osant remuer pour ne point déranger les plis de sa fraise godronnée, ferait sourire nos contemporains accoutumés à une bonne fille, souvent débraillée, mais toujours franche et assez souple pour varier ses attitudes sans rien perdre de sa grâce. Elle s'est humanisée, elle a compris qu'elle n'était pas destinée à correspondre exclusivement au goût d'une société restreinte, mais qu'elle se devait aux plus humbles comme aux plus grands, car elle est la dispensatrice toute-puissante par qui les lumières brillent, les idées se propagent et le progrès s'accomplit. Elle s'est mise à la portée de tous, elle est intelligible à tous et secourable à tous. En somme elle a imité les hommes d'armes : elle a rejeté le casque, la cuirasse, qui l'alourdissaient, elle a pris le vêtement léger et l'arme commode à manier pour courir plus facilement à la victoire.

Tout en se modifiant à travers ses évolutions successives, se débarrassant de ses atours pour augmenter son agilité, notre langue a conservé le caractère spécial qui en fait la langue la plus probe de l'univers : elle a conservé sa clarté. Le mot « probe » n'a rien que de juste, car la clarté permet d'éviter les amphibologies si fréquentes en d'autres idiomes, à la condition toutefois de se conformer aux prescriptions de la grammaire, qui sont l'armature même du style, sans lesquelles il se disloque et devient confus. Plusieurs écrivains de nos jours, auxquels le talent ne fait point défaut, disparaîtront promptement pour n'avoir pas respecté cette règle fondamentale de toute œuvre littéraire. Boileau, qu'aux jours du romantisme nous nommions avec ironie le Législateur du Parnasse, Boileau a formulé un précepte qui n'a rien perdu de sa valeur :

Sans la langue, en un mot, l'auteur le plus divin
Est toujours, quoi qu'il fasse, un méchant écrivain ;

ici « la langue » signifie la correction grammaticale, qui, malgré la différence des façons de s'exprimer, doit rester hors de cause.

L'affectation extraordinaire qui jadis était de mode, qui détruisait toute précision et semblait faite pour voiler plutôt que pour mettre en relief la pensée de l'écrivain, l'abus des périphrases alambiquées qui frisaient le rébus, ont disparu, Dieu soit loué ! Au lieu de dire : « je porte perruque et j'ai cinquante-trois ans, » ce que tout le monde comprendra, qui donc oserait écrire aujourd'hui :

..... La vieillesse venue,
Sous mes faux cheveux blonds déjà toute chenue,
A jeté sur ma tête, avec ses doigts pesants,
Onze lustres complets surchargés de trois ans.

Un de mes professeurs se complaisait à déclamer ces vers amphigouriques et les citait comme un modèle de langage exquis.

Lorsqu'une révolution se produit dans la langue écrite, c'est qu'elle a déjà pénétré la langue parlée. A cet égard, Victor Hugo s'est fait illusion, et s'est attribué une initiative qu'il n'a pas eue, en disant dans les *Contemplations* :

J'ai dit au long fruit d'or : « Mais tu n'es qu'une poire ! »
J'ai dit à Vaugelas : « Tu n'es qu'une mâchoire ! »

Quand il apparut et que ses œuvres commencèrent à témoigner de sa hardiesse, les longs fruits d'or, les pommes du jardin des Hespérides, la fève d'Arabie, n'étaient plus cueillis par personne. La révolution était accomplie, il en a profité, il a plus que nul autre contribué à la faire triompher, mais il ne l'a pas faite.

Les modifications dont j'ai été le témoin sont nombreuses, car dans un temps de démocratie à outrance le langage tend naturellement à se démocratiser, et c'est pourquoi il adopte souvent des formes dont la vulgarité n'a rien d'occulte. Voici un exemple emprunté à deux écrivains connus, quoique d'inégal renom, qui prouvera les changements que la langue écrite a subis en peu d'années. Tous deux ont eu la même pensée et l'ont exprimée chacun à sa manière; la nuance est sensible. Edgar Quinet a dit : « Le talent, le génie même ne sont que des promesses; il y faut joindre l'étoile; où elle manque, tout manque. » M. Sarcey, lui aussi, a énoncé cette vérité, en disant : « Pour faire son trou, il faut un peu de talent, un peu d'entregent, un peu d'obstination et de volonté et beaucoup de chance. » La pensée est identique, les formules sont intelligibles : au lecteur de choisir.

Un fait paraît acquis à cette heure : c'est que la leçon ne tombe plus d'en haut, elle monte d'en bas; si la source n'est plus à la montagne, il est possible qu'elle soit dans les bas-fonds. Les amoureux de belles phrases seront sevrés de leur jouissance favorite, car les expressions condamnées jadis et reléguées à l'antichambre ont envahi la littérature d'imagination, en attendant qu'elles s'imposent à la littérature sérieuse. Il y a soixante ans j'ai été sévèrement puni pour avoir prononcé le mot « embêter »; aujourd'hui ce mot court les livres, et récemment j'ai entendu de jolies lèvres aristocratiques qui voulaient dire : « C'est fastidieux ! » s'écrier : « C'est crevant ! » — le mot est laïque, mais non pas obligatoire.

L'élan est donné, je doute qu'on le puisse restreindre. L'art, envisagé sous un angle exclusif, aura peut-être plus d'efforts à faire pour se manifester dans une forme rare, mais l'expansion des idées n'en recevra aucun préjudice, et cela seul a une importance capitale. En tous cas, quelle qu'ait été, quelle que soit la langue, il y a eu, il y aura toujours de bons et de mauvais écrivains ; en ceci la qualité des substantifs et des verbes n'a rien à faire ; j'imagine que Rabelais l'a démontré, car tout ordurière que soit son expression, son style est admirable. La tendance de la France à démocratiser sa langue est commune aux autres nations ; les puristes de Londres et les puristes de Weimar gémissent à l'envi, car l'Angleterre a oublié l'anglais de Byron et l'Allemagne ne se souvient plus de l'allemand de Gœthe ; ce n'est pas seulement chez nous que le vocable populaire a conquis sa place dans le langage des gens de plume, c'est partout en Europe. Un vieil écrivain me disait récemment, et non sans quelque tristesse : « De nos jours, tous les encriers ont de la tendance à s'encanailler. »

La modification de la langue, quel qu'en soit le résultat pour les lettres, est toujours parallèle au mouvement social qui le produit ; or il n'est point possible de contester que l'avènement démocratique s'accuse de plus en plus dans les États européens ; le nier serait puéril, le combattre serait périlleux : tôt ou tard il s'imposera, et dans son bagage on trouvera un jargon auquel nous ne sommes pas accoutumés, mais qui sera sans doute la langue usuelle de nos descendants. Bonne ou mauvaise, laide ou belle, cette langue, que l'on bégaye déjà dans les ateliers, devant le comptoir des marchands de vin, dans les brasseries, dans les coulisses du théâtre, à la tribune des réunions publiques, dans les salles où les grévistes délibèrent, cette langue sera l'instrument de diffusion de l'esprit français ; c'est elle qui en épanchera les idées, qui en propagera les professions de foi et en fera triompher les doctrines, comme notre langue du dix-huitième siècle, débarrassée du justaucorps de Louis XIV, devenue alerte, agressive et rapide, a assuré la victoire de l'expansion philosophique d'où sont nées les aspirations modernes.

Les défauts que l'on reproche à la langue d'aujourd'hui seront peut-être des beautés pour l'avenir, et l'on citera avec honneur les écrivains qu'à cette heure on vitupère volontiers. C'est le sort des hommes qui, par esprit d'initiative, sont en avance sur leur temps, d'être blâmés, puis acceptés, enfin glorifiés. Qui ne se souvient de l'arrêt que La Bruyère a rendu contre Molière ? « Il n'a manqué à Molière que d'éviter le jargon et le barbarisme et d'écrire purement ; » rien que cela, en vérité ! sans compter « la scurrilité » que ne lui pardonnait pas ce pauvre Chapelain. Barbarisme et jargon, qu'en doit-on penser maintenant? que pensera-t-on du jargon et du barbarisme de nos jours lorsqu'un autre barbarisme et un autre jargon leur auront succédé?

Discuter sur ce point serait de l'enfantillage, car la mobilité d'une langue est une de ses forces, et non la moins féconde. Les gens de bon ton et de haut goût ont beau crier : « Ris donc, parterre! » en résumé c'est toujours le parterre qui a raison, car il applaudit ce qu'il comprend, s'en pénètre, se l'assimile et l'impose parce qu'il y trouve avantage. La langue n'est point une mijaurée ; elle prend son bien où elle le trouve, dans le palais comme dans la mansarde, à l'Académie comme à la caserne ; elle semble agir par instinct de conservation et se fortifie de tous les éléments qui sont favorables à sa vitalité.

On dirait qu'un génie particulier veille sur chacune des langues qui servent de formules au cerveau des nations. Celui qui a la garde de la langue française semble avoir reçu son impulsion depuis bien des siècles déjà, car il a toujours visé le même but : il aime la simplicité et repousse systématiquement tout ce qui est obscur. Il accepte les vocables nouveaux, les essaye, pour ainsi dire, et en vérifie l'aloi, puis les conserve ou les élimine selon le profit qu'il en peut tirer. Il ne se laisse point détourner de sa mission, il la poursuit à travers les défaillances apparentes, les concessions forcées que lui imposent des circonstances transitoires, à travers les excès des novateurs, à travers les tentatives de retour vers le passé, et, procédant, selon les temps, avec prudence ou avec impétuosité, il est parvenu à forger un outil de précision qui, aujourd'hui comme autrefois, est apte aux chefs-d'œuvre.

Un jour, on présenta à l'empereur de Russie Alexandre II un livre allemand dont on lui fit l'éloge; il répondit : « J'attendrai pour le lire qu'il ait été clarifié par une traduction française. » Clarifié, le mot est rigoureusement exact; il explique l'influence qu'ont exercée et qu'exerceront les idées françaises. On les accepte en tout lieu parce que, grâce à la langue qui les exprime, elles sont à la fois nettes, précises et pénétrantes.

Cette influence pourrait bien avoir à prouver sa vitalité plus tôt que l'on ne se l'imagine. Je n'étonnerai personne en disant que l'Europe est, depuis longtemps déjà, dans une période critique. Le vieux monde n'existe plus, le monde nouveau n'existe pas encore; entre ce fantôme et cet embryon, un mode de vivre tente de s'établir et n'y réussit qu'imparfaitement. Le principe de l'avenir et le principe du passé sont souvent entrés en conflit; on s'est battu d'abord à coups de phrases, puis à coups de fusil; bien du sang a été versé; les victoires ont été farouches, les répressions ont été implacables ; chacun prétend parler au nom d'un droit supérieur devant lequel on est tenu de s'incliner. En somme, d'une part, volonté de conservation, de l'autre, désir de spoliation : convoitise des deux côtés. Vieille querelle qui ne prendrait pas fin, même par une interversion complète, car, dans ce cas, les rôles seraient simplement retournés, et les frères ennemis, tout en ayant pris la place les uns des autres, se retrouveraient face à face avec leurs passions. Celles-ci auraient changé de camp, mais n'auraient point modifié les conditions de la lutte.

Elle date de loin cette querelle qui semble donner raison à Voltaire faisant dire au personnage d'un de ses contes : « Le droit naturel nous enseigne à tuer notre prochain. » Je l'aperçois à l'aurore du monde, je la retrouve dans les guerres serviles, dans l'invasion des barbares, dans les guerres de religion, dans les jacqueries. La lutte qui se prépare sera la guerre sociale ; elle a déjà créé ses mots ; le prolétariat en veut au capital, le salariat s'attaque au patronat : vilains vocables qui retentiront plus tard avec fracas. On peut, dès à présent, prévoir l'époque où l'on ne mangera que le pain gagné par le travail ; ce jour-là bien des gens souffriront de la faim. Nous n'en sommes encore qu'à la préface : ceux qui feuilletteront le livre auront les mains rouges.

On serait tenté de croire qu'en prévision du conflit redouté, notre langue évolue pour être prête lorsque l'heure sonnera. Non seulement elle se démocratise, mais elle se trivialise, devinant peut-être que dans les conflits prochains la parole ne reculera ni devant la brutalité, ni devant le cynisme pour faire triompher la pensée, dont elle sera le porte-voix ; l'art des rhéteurs a fait son temps et ne peut plus lui suffire ; il lui faudra le vocable brut, sans périphrase ni atténuation, nu comme un athlète. Pour être entendus et compris, les orateurs devront être « forts en gueule » ; pardonnez-moi ce mot, il ne choquait point Louis XIV et il est de Molière ; du reste, un de nos députés en a dit bien d'autres en pleine Chambre. Les discussions seront passionnées jusqu'à la fureur. De lugubres prédictions nous les promettent à brève échéance ; car, à écouter certains prophètes, on se croirait revenu au temps des Millénaires, alors que chacun se préparait à la fin du monde. L'an mil est passé depuis neuf cents ans et le monde vit toujours, amélioré, instruit, éclairé, rendu méconnaissable par les progrès accomplis jour par jour depuis neuf siècles. En sera-t-il ainsi plus tard ? On doit l'espérer, et cependant le trouble moral est tel, les convulsions sociales sont si profondes, que les apôtres du pessimisme ont beau jeu à vaticiner en se couvrant la tête de cendres.

Les vieilles traditions qui jadis ont mené le monde et qui l'avaient si bien étayé qu'elles lui étaient comme un tuteur de fer dont il était soutenu, ces traditions sont tombées une à une, vermoulues par le temps, épuisées par l'usage. Elles sont aujourd'hui semblables à ces arbres dont l'aubier a été dévoré par les larves : l'écorce est intacte, l'apparence offre des vestiges de vie ; au moindre coup de vent, il ne reste plus que des fragments inutiles et quelque poussière. Je ne comprends pas que deux souverains puissent aujourd'hui se regarder sans rire de ce qu'on les respecte encore et sans trembler de ce qu'on les respecte si peu.

Les institutions se modifient par la seule force des choses ; elles continuent, il est vrai, à porter le nom consacré, mais elles se modifient si bien dans leur essence même, que l'on y croit encore lorsque déjà elles ne sont plus. Des voix, qui ne sont pas sans autorité, ne cessent de crier : « Revenez à la foi de vos pères, revenez aux coutumes des ancêtres ! » Paroles superflues : je ne suis pas certain que ceux-là mêmes qui les prononcent, par acquit de conscience, soient persuadés de leur efficacité. L'humanité ne revient pas en arrière, pas plus que les fleuves ne remontent vers leur source ; tout fait acquis appelle un fait nouveau, toute pensée conçue évoque une pensée complémentaire ; sous peine de mort on ne peut rentrer dans le passé, il faut aller en avant. L'homme est semblable au juif de la legende : « Marche ! » S'il s'arrête, il s'affaisse, il s'endort de l'éternel sommeil et il est foulé aux pieds par ceux qui courent pour obéir à l'inéluctable loi.

Dans la perpétuelle bataille de la vie, c'est un changement de ligne. A qui le tour maintenant? Nous avons vu toutes les castes, toutes les classes prendre successivement la direction du combat, être victorieuses et dominatrices, puis vaincues, dépossédées et reléguées parmi les invalides. Aujourd'hui voici le quatrième état qui réclame, se lève, se tâte, se reconnaît, se groupe et, par ses menaces, par ses violences, déclare tout net que son heure est venue et qu'il veut dresser son étendard au-dessus de tous les autres. Il est le nombre ; s'il devient le maître, gare à l'application sociale et politique des théories de Darwin : combat pour la vie et sélection; c'est-à-dire : émeute en permanence et despotisme! Ces doctrines, bien avant que leur auteur les eût formulées, ont déjà été expérimentées en France : la Terreur, complétée par la loi de Prairial, en a été l'expression même.

L'intention déclarée de ces partisans de la propagande par le fait — c'est leur mot — de ces soldats de la revendication à outrance, est la destruction du capital. Dans bien des cas, le capital a, sans contredit, pour point de départ et base première le produit du travail prolétaire mis en œuvre par une intelligence directrice; mais c'est ce capital qui, à son tour, fait vivre le prolétariat en échange de son action laborieuse; mutuellement ils se soutiennent, pour ne dire ils se sustentent; si bien que si le capital était supprimé, le salaire serait supprimé du même coup; le patronat mourrait, cela est certain, mais de quoi subsisterait le prolétariat? Je crois qu'il est juste de dire qu'ils ne peuvent se passer l'un de l'autre. La question tourne dans un cercle vicieux; trouvera-t-on une issue pour l'en faire sortir? je le souhaite plus que je ne l'espère.

Certains théoriciens de la rénovation pensent que, pour faire régner l'âge d'or, il suffirait de remettre toute richesse aux mains de l'État qui en serait le souverain dispensateur. L'État propriétaire exclusif: c'est une conception qui a hanté bien des cerveaux plus visionnaires que réfléchis. L'État père de famille, — c'est ainsi qu'ils disent, — se substituant à l'impulsion, à la direction paternelle et à l'initiative de l'individu, quel rêve ou plutôt quel cauchemar! Toute liberté, toute émulation, toute satisfaction morale du devoir accompli disparaîtraient : ce serait la barbarie organisée, réglementée, numérotée, surveillée. Enclose dans une telle machine pneumatique, l'humanité étoufferait et, mise en droit de légitime défense, briserait cet instrument d'oppression; elle reviendrait à la libre initiative, à la libre concurrence, à la libre discussion, sans quoi rien de viable ne sera fait en ce bas monde. L'exercice de la liberté est souvent pénible, car, en même temps que le droit a la liberté individuelle, il implique le respect de la liberté d'autrui ; c'est là cependant le principe dont il ne faut dévier sous peine d'abaissement moral et de compromis sans dignité.

La plupart de ceux qui rêvent de devenir les maîtres, soit par le seul fait du suffrage universel conquis à leurs idées, soit par un acte brutal, me semblent s'appuyer sur un principe erroné qui fausse toutes leurs conceptions. Il résulte d'une conversation que j'ai eue avec les plus irréductibles d'entre eux, qu'ils veulent, s'ils parvenaient au pouvoir, proclamer et organiser l'égalité sociale. Je crois que, comme presque tous les théoriciens procédant de J.-J. Rousseau et de Proudhon, ils se payent de mots dont ils ignorent la portée et même la signification précise. A de fausses prémisses la déduction logique répond par des conclusions extravagantes. L'égalité sociale comporte égalité de vigueur, de santé, d'intelligence, de fortune, d'habileté et de prévision. Hors de ces conditions, qui sont refusées aux hommes aussi bien par la nature que par la civilisation, l'inégalité éclate avec toutes ses conséquences. Ces révolutionnaires dogmatiques ne s'aperçoivent même pas que l'inégalité est d'essence et de volonté humaines. Parmi les plus riches comme parmi les plus pauvres, parmi les plus intelligents comme parmi les plus bêtes, nul ne veut être l'égal de son prochain et chacun se croit supérieur à lui. J'admets que le coup de baguette d'un génie facétieux établisse, en ce jour, l'égalité de toutes les fortunes; deux heures après les fortunes seront déjà inégales; il me suffira de vendre ma culotte à mon voisin, pour augmenter mon capital d'argent au détriment du sien.

Ce que ces hommes ont entrevu dans leurs élucubrations, ce n'est point l'égalité sociale, comme ils se l'imaginent, c'est l'équité sociale; et ce n'est point la même chose. Elle n'est pas encore, je le reconnais; mais elle sera, car elle doit être. La justice veut que l'homme puisse vivre de son travail. Vivre, pour l'homme de nos civilisations, ne signifie pas seulement, comme pour le sauvage, pourvoir à la subsistance du jour : en nos sociétés de besoins multiples, le pain quotidien est plus complexe. Le travail doit être rémunéré de telle sorte qu'il permette d'élever les enfants, de leur donner les notions indispensables au développement de leurs aptitudes; il doit assurer le bien-être hygiénique d'où résulte la santé; il doit fournir à l'homme prévoyant l'épargne promettant la sécurité à la vieillesse, qui sera libérée de la charité publique et de l'hospitalité des asiles.

Il me semble que c'est là le but vers lequel doivent tendre les gens de bien pour qui l'équité sociale n'est point une utopie. On a déjà marché à grands pas dans cette voie depuis une quarantaine d'années, mais on est loin encore du résultat entrevu. Le problème est-il insoluble? Je ne le pense pas. Un jour, il sera posé d'une façon impérative : on fera bien d'y songer. Comme toutes les fois que des intérêts contradictoires, pour ne pas dire hostiles, sont en litige, la question est fort embrouillée ; sera-t-il possible de la dénouer pacifiquement? J'en doute, et cependant quel triomphe pour la justice, quel bienfait pour l'humanité! N'est-ce pas plutôt par la force qu'elle sera résolue et que sera réalisé le progrès qui, sans doute et selon la loi historique, se trouve en germe dans les revendications excessives que l'on ne ménage ni aux gouvernements, ni à la richesse, ni à l'intelligence? On peut le craindre, ou du moins croire que l'on s'y attend, car si je constate des projets agressifs, partout j'aperçois des préparatifs de défense.

A cet égard la situation de l'Europe est intéressante à étudier et fournira plus d'une glose aux historiens futurs. « La paix est le rêve des sages, la guerre est l'histoire des hommes » ; on se souvient sans doute en haut lieu de cette parole du comte de Ségur, car il n'est question que de poudre sans fumée, de fusils à répétition et d'autres engins qui ne paraissent pas destinés à prolonger la vie humaine. Tous les États sont sous les armes. Pour protéger leurs frontières, pour résister à leurs voisins ou pour les attaquer? Certainement c'est là le motif principal, c'est là l'excuse ; mais derrière le patriotisme, derrière le souci de la sécurité se cache peut-être une autre raison que l'on n'aimerait point à dire : les armées permanentes et nombreuses font aujourd'hui office d'ateliers nationaux; si elles sont officiellement tournées contre le danger extérieur, elles ont aussi l'avantage, par le fait même de leur existence, de neutraliser en partie le péril intérieur. Ce qui est au régiment n'est pas à la grève et la grève s'accroîtrait de ce qui ne serait pas au régiment. La paix fût-elle établie sur des bases de porphyre et d'airain, l'Europe ne désarmerait pas, afin d'ajourner le plus longtemps possible l'explosion de la lutte sociale. Des voix mystérieuses et lointaines — si lointaines qu'on ne sait d'où elles sont venues — disent que cet état d'armement général ne peut durer, car une prophétie annonce que les régiments eux-mêmes se mettront en grève. Il sera sage de n'en rien croire.

Si elle éclate, cette lutte sera sans merci; ne pourrait-on la conjurer? Après les guerres, il est souvent d'usage de réunir un congrès; les vainqueurs et les vaincus, aussi épuisés les uns que les autres, discutent les questions qui ont fait naître le conflit et amené l'effusion du sang. Une à une les difficultés sont surmontées ou tournées; on se frappe dans la main et l'on s'embrasse sur parchemins diplomatiques. Puisque la guerre — la guerre des castes, la guerre de l'outil contre l'argent — est probable, ne serait-il pas sage d'assembler le congrès avant la bataille et d'y faire la besogne que l'on sera contraint de faire après? — On voit bien que je rêve encore, que je rêve toujours. — Le projet a de quoi séduire cependant, ne serait-ce que par sa nouveauté.

Ah! si l'on écoutait l'esprit de justice, on n'hésiterait pas et tout serait simplifié, non seulement pour les relations de classes sociales à classes sociales, mais aussi de peuples à peuples. Prêtez l'oreille, ouvrez votre cœur à ses conseils qui sont pour être suivis. Lui aussi, il recommande de ne pas faire à autrui ce que nous ne voulons pas qu'autrui nous fasse; il enseigne qu'il ne faut pas garder rancune du mal que nous font ceux qui précédemment en ont reçu de nous; il affirme qu'il n'est ni correct, ni bienséant de confondre les regrets avec la haine et la tristesse avec la colère; il dit que le patriotisme est l'amour pour sa patrie et non point l'animosité contre la patrie des autres. Il prêche la paix, car il sait que toute guerre, si légitime qu'elle soit, enfante les iniquités et mutile les âmes aussi bien que les corps.

Ces idées ne sont sans doute que des billevesées, mais si elles pouvaient prévaloir dans le congrès que j'appelle de mes vœux, il me semble qu'il serait possible de parvenir à tomber d'accord sur bien des questions. Ces questions, je le reconnais, sont enchevêtrées les unes dans les autres, complexes, obscures par leur profondeur même, parfois à peine ébauchées, pénétrées de sophismes, fertiles en malentendus et difficiles à résoudre. Ce ne serait pas trop de les livrer à la discussion des délégués les plus intelligents, non seulement des différents États d'Europe, mais des diverses classes de la société européenne. Toutes les sectes devraient y être représentées, car il n'en est pas une, quelque insensée qu'elle soit, qui ne puisse, ne fût-ce que par hasard, faire entendre une parole de vérité. Elles sont moins inconciliables que l'on ne pense ; elles ont un ensemble commun de revendications, c'est sur l'interprétation qu'elles se disputent bien plus que sur le fond même. Si elles pouvaient être animées de l'esprit de sacrifice, qui est une des formes de l'esprit de justice, elles en arriveraient peut-être par de mutuelles concessions à promulguer le dogme d'où sortirait le salut : elles donneraient alors la loi nouvelle, et c'est une gloire faite pour les tenter.

Dans ces grandes assises de la conciliation des intérêts et de l'apaisement, le rôle de la France serait considérable, car par la netteté de ses idées, par la précision de sa langue, elle trouverait la formule de l'équité sociale, comme en 1789 elle a trouvé la formule de l'égalité civique et civile dont la Révolution française n'a été que la conséquence. Que cela soit ! et une fois de plus la France se sera engagée la première sur une route où l'humanité trouvera des destinées meilleures et moins disparates. Elle le fera, s'il se peut, avec son grand cœur et sans exiger de gratitude, car elle sait par expérience que la reconnaissance est un sentiment subjectif : on l'éprouve, on ne l'inspire pas ; elle sait, notre vieille mère, que beaucoup de gens peuvent excuser une injure, mais que rarement ils pardonnent un bienfait.

Cette fois, mon rêve est insensé. Espérer que l'homme ne sera plus l'homme, n'est-ce point prêter à rire ? Les moyens d'action que la science mettra à son service seront de plus en plus perfectionnés, ils se permettront tous les prodiges et se joueront de tous les obstacles ; mais Lui, hélas ! le roi de la création, comme il le proclame, ne sera-t-il pas toujours le même ? A cette question, Voltaire, de sa voix aigre, a répondu depuis longtemps : « Croyez-vous, dit Candide, que les hommes se soient toujours massacrés comme ils font aujourd'hui ? qu'ils aient toujours été menteurs, fourbes, perfides, ingrats, brigands, faibles, volages, lâches, envieux, gourmands, ivrognes, avares, ambitieux, sanguinaires, calomniateurs, débauchés, fanatiques, hypocrites et sots —? Croyez-vous, dit Martin, que les éperviers aient toujours mangé des pigeons quand ils en ont trouvé ? »

Est-ce donc vraiment Martin, le manichéen, le pessimiste, qu'il faut croire ? Qu'importe ! les illusions sont peut-être ce que l'âme a de meilleur, et j'en ai eu, j'en ai encore, jusqu'à pouvoir être déçu même après ma mort. Tant mieux pour moi, car mon rêve aura persisté jusqu'à la fin. Ma folie est en moi, j'en ai peut-être vécu. Elle me prouve qu'en mes dernières années je ne suis pas plus sage qu'aux heures de ma jeunesse, et que le besoin de croire à la perfectibilité humaine est un mal incurable. J'en ai pris mon parti ; on n'en meurt pas, mon âge le démontre. On me proposerait d'en guérir, accepterais-je ? — Non.

A ceux qui railleront ma naïveté, à ceux qui diront que les prévarications sont la destinée même de l'espèce, puisque

L'homme est un Dieu tombé qui se souvient des cieux,

je suis encore, je suis toujours prêt à répondre : — Non, il est plus vrai, il est plus sain de dire :

L'homme est un Dieu futur qui monte vers les cieux.

Que Lamartine me pardonne d'oser toucher à l'un de ses plus beaux vers !

Décidément, je crois que j'ai eu raison de ne point faire de politique, car l'esprit pratique m'a été refusé. Non seulement je le confesse, mais je m'en vante. Si c'est un vice, je m'en console, en me répétant la parole de Michelet : « Il n'y a de tentant que l'impossible. »

Hélas ! je suis incorrigible, voilà que je voudrais rêvasser encore : lecteur, prenez patience, c'est la dernière fois. — J'ai donc rêvé qu'en ces jours solennels où le sort du monde se décidera, — s'il se décide — où les classes hostiles marcheront l'une vers l'autre, les mains tendues, sur un terrain d'entente enfin défriché, j'ai rêvé que la France, dégageant de leurs nuages les idées allemandes si souvent excellentes, adoucissant la dureté pratique jusqu'à la cruauté des idées anglo-saxonnes, apporterait en ce champ de Mai socialiste sa grâce latine, sa bonne humeur gauloise et que, pour mieux faire accepter des théories qui paraissent redoutables, elle saurait les revêtir d'une forme à la fois très précise et très douce.

Peut-être — et je le souhaite ardemment — sera-t-elle le scribe prédestiné qui rédigera le contrat social, le vrai, non point quelque chose d'analogue à celui que J.-J. Rousseau a construit de toutes pièces en vue du fantôme qu'il prenait pour une créature humaine et que son imagination seule avait façonné, mais le contrat réel, tenant compte de l'être multiple qui est l'homme et codifiant les lois moyennes appropriées à ses imperfections, à ses instincts, à sa faiblesse, à ses vertus, à ses devoirs et à ses droits. Un tel livre est-il possible ? Je l'ignore, mais je crois que s'il était écrit, ce serait le flambeau dont l'avenir serait éclairé.

Je viens de promettre de ne plus rêver, ce qui me condamne à m'arrêter sous peine de manquer à ma parole. J'ai donc fini ; mais je sais que, parvenu à un certain âge, on doit parler comme si l'on parlait pour la dernière fois; je sais, en outre, qu'à toute œuvre, ne contînt-elle que des songeries crépusculaires, il faut une conclusion. Je formulerai brièvement celle qui doit terminer ces pages et je l'adresserai, sous forme de conseil, aux écrivains, à mes camarades d'encrier vers lesquels j'ai toujours regardé avec une prédilection fraternelle : aux conscrits, ainsi qu'aux capitaines, aux débutants pleins de superbe, aux anciens pleins d'humilité, aux gens de plume connus, à nos maîtres célèbres, aux victorieux, aux incompris, aux vieux soldats de lettres qui, pareils à moi, épuisent « les restes d'une voix qui tombe et d'une ardeur qui s'éteint », je répéterai la parole prononcée en des jours néfastes, digne d'être le mot d'ordre d'une nation vivace, respectueuse de son passé, soucieuse de son avenir, et je dirai :

Laboremus, travaillons !

TABLE DES MATIÈRES

Avant-propos 1
   I. — Vesper 2
  II. — La vanité 23
 III. — L'antagonisme 43
 IV. — Les paysages 63
   V. — La fonction 81
 VI. — Les illusions 103
 VII. — Le service militaire 122
VIII. — L'enseignement 143
 IX. — L'histoire 163
   X. — Le document 185
 XI. — L'esprit d'opposition 205
 XII. — Napoléon 225
XIII. — La politique 247
XIV. — Le moyen de parvenir 269
 XV. — Les lettres 289
XVI. — Le langage et le socialisme 313

FIN DE LA TABLE DES MATIÈRES.

4517-93. — Corbeil. Imprimerie Éd. Crété.

www.ingramcontent.com/pod-product-compliance
Lightning Source LLC
Chambersburg PA
CBHW060331170426
43202CB00014B/2740